企业社会责任传播：
理论与实践

Communication of
Corporation Social Responsibility:

Theory and Practice

郑保卫／顾问

陈　绚／策划

张文祥　李新颖／著

社会科学文献出版社
SOCIAL SCIENCES ACADEMIC PRESS (CHINA)

本研究项目得到乐施会（Oxfam Hong Kong）资助，书中所述仅代表作者观点，不代表乐施会立场。

序　言
企业、媒体与社会责任传播

郑保卫

　　近年来屡屡发生的食品安全、药品安全等社会热点事件，让人们对一些企业只顾追逐经济利益而不顾社会与公众利益的不负责任的做法越来越反感。企业社会责任（Corporate Social Responsibility，CSR）由此而迅速成为一个与公众利益密切相关的现实话题，同时也成为一个学界关注的理论问题，相关研究成果陆续出现，研究的领域和深度也在不断拓展。不过在这些成果中，从新闻学和传播学的视角来探讨企业社会责任，特别是研究企业社会责任传播问题的成果却不多见。从这个意义上说，该研究算是开了个头。

　　有关企业社会责任的理念，究其源头产生于19世纪的西方。提姆·巴内特（Tim Barnett）在《企业社会责任》（Corporate Social Responsibility）一文中指出，企业社会责任指的是"社会在某一特定时间内对商业机构在经济、法律、伦理及其他任何方面的期望"。改革开放之后，企业社会责任理念被介绍到中国，引发了国人对企业社会责任问题的关注，但是社会对此概念也存在不少争议，许多企业仅将其当做企业公关的一种手段，而其具体体现大多反映在一些企业开展慈善活动上。从其理论内涵上看，企业社会责任更重要地体现在企业对自身的经营活动设立明确的准则并切实实行，以减少其对社会、环境产生的负面影响。其中很重要的一点是，企业与政府、民众、媒体、NGO 等多方要进行良性互动，用以维护社会与公众利益。

新闻媒体作为一种信息传媒和社会助推器，对推动企业更好地承担社会责任，维护社会公共利益具有重要作用。新闻媒体是企业与社会公众沟通交流的中介和平台，是受众了解企业的窗口，媒体通过客观、真实的新闻报道可以反映企业承担社会责任的情况，而其所拥有的社会监督功能，可以监督企业更好地履行其社会责任。从新闻学与传播学的角度研究企业社会责任的传播问题，对促进企业发展、发挥媒体公共职能、构建和谐社会具有重要意义。

首先，加强企业社会责任的传播有利于提升我国企业的社会责任意识，实现健康而负责任的发展。尽管企业社会责任概念已经在全球范围内得到广泛传播，但是对于许多中国企业而言，究竟何为企业的社会责任，企业应该承担哪些社会责任，承担社会责任对企业自身来说到底意味着什么，如果不承担社会责任对企业又会带来怎样的影响，对于这些问题很多企业及其管理者的认识都不清晰，甚至是模糊和混乱的。由于对企业社会责任理解存在误区，我国许多企业在履行社会责任的实践中普遍存在方向不明、行为迟缓等问题，履行社会责任的实践活动处在一种无序状态，缺乏有序性、连续性和规范性。本研究的主旨之一，就是通过对企业社会责任内涵及相关知识的传播，为企业承担社会责任提供系统化的论证和方向性的引导，使企业明确社会责任的内涵，知晓企业应该承担的具体责任，理解社会责任和企业生存与发展的利害关系，从而提升企业自身的社会责任意识，为企业社会责任实践活动的开展扫除理念上的盲区与思想上的障碍。

其次，对企业社会责任的传播是新闻媒体实现其公共职能的一种体现。新闻媒体所具有的传播信息、引导舆论、监督社会和文化传承等功能，使得其在企业社会责任传播与普及的过程中扮演着十分重要的角色。可以说，新闻媒体的积极参与，是企业履行社会责任的必要手段。随着企业社会责任的传播与普及，新闻媒体作为一种强有力的外部推力，在推动企业社会责任发展过程中的作用得到了学界、业界和社会的一致肯定。因此，为了促进企业切实履行其应尽的社会责任，必须加强企业社会责任的传播与普及，提高社会各界对企业社会责任的认识，以便更好地推动企业履行社会责任。

在积极传播与普及企业社会责任的同时，新闻媒体对企业履行社会责任还负有监督的职能。新闻媒体具有强大的舆论引导与监督功能，对企业树立社会责任意识和履行社会责任具有重要影响。新闻媒体的监督职能主要是通过对国家事务和社会生活中出现的违反公共道德或法律、法规的行为进行揭露和批评来体现的，正是借助媒体传播所形成的舆论压力使那些被揭露和批评的问题得到及时的纠正和解决，促使涉事各方更好地履行其社会职责，促进整个社会的和谐发展。近年来企业一旦出现问题，新闻媒体通常都会以最快的速度将事实呈现给公众，进而引发社会舆论的监督。

由于目前我国的一些法律还很不健全，企业的违法成本相对较低，致使一些企业逾越了基本的商业道德底线，"资本无道德，财富非伦理，为富可以不仁"的现象在企业活动中十分常见。新闻媒体对违反社会责任、触犯法律的现象进行曝光，虽然不具有制裁违法行为的法律强制力，但能从道义方面进行谴责，也可以督促立法部门完善相关法律，所以发挥新闻媒体在企业社会责任建设中的公共职能，形成良好的舆论监督环境就显得更为重要。因此，在企业社会责任建设中应充分发挥媒体的舆论监督职能，推动企业积极承担社会责任，鼓励企业增强守法意识、人文意识、环保意识，做到遵纪守法、文明经商，营造良好的经营环境和生存环境。

我国现行的媒介制度，使得许多媒体在与企业的关系中往往处于强势。一些媒体滥用社会和公众所赋予的传播权利（权力），对企业居高临下，在进行新闻报道时出现了媒介越权、新闻寻租和舆论失衡等问题，企业社会责任和媒体社会责任纠结为一道难解的题。特别是随着传媒市场化、产业化进程的加快，许多非时政类报刊完成转企改制，即使是未转为企业的媒体也要依靠自身收入实现再生产，媒体自身商业利益驱动使得不少媒体行为屡屡偏离正确方向，甚至突破媒介伦理和法律底线的失德违法现象时有发生。

这些现象提醒我们：作为社会监督者的新闻媒体，也应接受社会监督。媒体和企业一样，也是社会责任主体，同样也应承担社会责任。

2010年10月，胡锦涛同志在出席世界媒体峰会开幕式时特别提到

"媒体的社会责任"。在 2013 年举行的全国宣传思想工作会议上，习近平同志强调，"必须强化媒体社会责任、提高新闻队伍素质，做到守土有责、守土负责、守土尽责"。

对社会责任的担当，是新闻媒体的生存之道，也是其长远发展之道。媒体社会责任的内涵是什么？媒体应如何承担社会责任？媒体是否应和企业一样发布社会责任报告？媒体应建立怎样的社会责任评价体系？如何处理媒体与企业的关系？媒体应怎样监督企业？这一系列问题都亟待新闻学与传播学界进行认真研究。

本研究在企业社会责任传播的视野下，对媒体社会责任的现有研究成果做了梳理，提出"责任"应成为当前我国新闻传媒管理和功能要求的关键，要想保持自身的核心价值，就要以责任造就公信力，以此统一共同的追求和价值取向；媒体和企业的关系已不再是单一的"宣传与被宣传"关系，而是呈现各种复杂的情况：秉持新闻专业理念的客观报道和理性监督值得嘉许；相反，那些以权谋私、以稿谋私，搞虚假报道、"有偿新闻"和新闻敲诈的做法是违背职业伦理和专业规范的。

另外，由于我国没有相应的专门性的法律保障和依据，新闻媒体在对企业实施监督时往往阻力较大，甚至会因监督、批评企业而受到企业乃至政府相关部门的打压和惩罚，在对一些上市公司的监督报道中，这一问题尤为突出。

通过各种途径，促进新闻媒体切实承担好社会责任，是化解媒体与企业矛盾，确保媒体长远健康和可持续发展的根本性取向。本研究发现，我国新闻媒体几乎没有发布过社会责任报告，没有在阳光下披露自身公信力程度的制度安排。媒体发布社会责任报告，是媒体进步的需要，也是媒体从事企业社会责任传播的需要。因为只有接受社会监督的媒体，才是推动企业进步、促使企业承担社会责任的重要监督力量。

本研究还讨论了政府、NGO 在企业社会责任传播中的作用，结合具体案例分析政府的企业社会责任实践、NGO 与企业的沟通等具体问题。这体现出研究者具有较强的问题意识和探索精神。

本研究是在乐施会（Oxfam Hong Kong）的资助下完成的。作为致力于扶贫与发展事业的著名 NGO，乐施会曾资助过中国人民大学新闻与社会发展研究中心的"中国气候传播项目",目前该项目已完成并出版了《气候传播：理论与实践》一书。《企业社会责任传播：理论与实践》是乐施会资助完成的另一个重要成果,我们期待这些成果能对未来学术研究和相关社会实践有所裨益。

（作者系中国人民大学新闻学院责任教授、博士生导师,教育部国家重点研究基地中国人民大学新闻与社会发展研究中心主任,全国新闻学研究会会长,中国气候传播项目中心主任,教育部社会科学委员会学部委员兼新闻传播学科召集人）

目　录

绪　论

一　企业社会责任问题的由来

企业社会责任（Corporate Social Responsibility，CSR）的思想产生于 19 世纪的西方，指的是"社会在某一特定时间内对商业机构在经济、法律、伦理及其他任何方面的期望"。[①]

但早在古希腊时期，就要求商人在逐利的同时要考虑公共道德和社会福利。19 世纪末，随着工业革命的开展，以美国、英国等国家为代表的西方社会迎来了经济高速发展的黄金时期，商业领域的收购和兼并活动使公司规模急剧扩大，出现了许多大型企业。这些大型企业不仅在经济领域具有绝对的霸主地位，而且它们所拥有的政治和社会影响力也在与日俱增。这些大型企业除了逐利之外，极少关注其对企业员工、社会公众、社区发展及环境保护等所应承担的责任。这就引起了人们对企业与社会关系问题的思考，由此产生了有关企业社会责任的讨论。

1851 年，英国企业家骚特（T. Salt）明确地表达了一个有现代企业社

---

① 原文为"Corporate social responsibility（CSR）can be defined as the 'economic, legal, ethical, and discretionary expectations that society has of organizations at a given point in time'（Carroll and Buchholtz 2003, p. 36）"，摘自题为"Corporate Social Responsibility"的文章，Tim Barnett, Reference for Business（*Encyclopedia of Business*, 2nd ed.），2012, http://www. referenceforbusiness. com/management/Comp – De/Corporate – Social – Responsibility. html。

会责任含义的基本理念："企业有义务促进社会的发展。"[1] 1895 年，美国著名社会学家斯摩尔（Small）提出，"不仅政府机构，私人企业也担负着公众期望"。[2] 美国钢铁大王安德鲁·卡内基（Andrew Camegie）因对员工福利、慈善及社会问题的贡献而受到世人的尊敬，他在《财富的福音》中曾明确指出企业或企业家作为社会财富的受托人有义务运用所掌握的资源为整个社会而不是仅仅为股东谋取利益。1924 年，英国学者奥利弗·谢尔顿第一次从学术角度提出了"企业社会责任"的概念，他把企业社会责任与企业经营者满足企业内外各类人需要的责任联系起来，并认为企业社会责任包含道德因素。[3] 自企业社会责任概念提出到现在的几十年间，有关企业社会责任概念、内容的分歧一直存在，关于企业是否应承担社会责任、承担怎样的社会责任的争议亦从未停止。从某种意义上来说，也正是因为有了这些争辩，才使得企业社会责任的内涵不断丰富，外延不断拓展，加速了企业社会责任意识在全球范围内的迅速提升。

企业社会责任理念的提出并没有在社会各界取得一致的认同，反而引起了激烈的讨论。其中比较著名的是 20 世纪 30 年代美国大学的两位教授就企业是否应该承担社会责任发生的一场激烈辩论，即"伯利—多德论战"。伯利（Adolf A. Berle）是美国哥伦比亚大学法学院的教授，1931 年他提出了如下观点：股东的利益应该始终优于企业其他潜在利害关系人，因此企业及其管理者的权力只应当服务于为所有股东带来可判定的利益。伯利教授的观点代表了传统的企业理论观点，认为企业的管理者是受股东的委托，是股东权益的受托人，所以其行为应唯股东利益是从，因此在经营活动中应将如何实现股东利益最大化作为考虑问题的出发点和衡量经营活动效果的落脚点。他的观点一经提出立即引起了来自哈佛大学法学院教授多德（Merrick Dodd）的强烈反对。多德认为，除股东利益之外，企业

---

[1] 转引自 Frederick, W. C., "From CSR1 to CSR2: The Maturing of Business – and – Society Thought," *Business and Society*, 1994, 33 (2): 150 – 164。

[2] Small, A. W., "Private Business is a Public Trust in America," *Journal of Sociology*, 1895 (1): 282. 转引自张国庆主编《企业社会责任与中国市场经济前景》，北京大学出版社，2009，第 28 页。

[3] See Oliver Sheldon, *The Philosophy of Management*. London: SirIsaae Pitmanand Sons Ltd., 1924, p. 74.

行为还受到公共利益的影响，企业是既具有赢利功能又具有社会服务职能的一个经济机构，它既受托于股东，也受托于更为广泛的社会，所以企业的目的应该是双重的，既包括股东利益也包括社会利益，作为企业的管理者应该以此为目的，对雇员、消费者、环境和社会公众都应该承担相应的社会责任。这场论战一直延续了20多年，最终以伯利教授公开承认多德教授的观点而告终。

　　20世纪50年代，企业社会责任的问题再度引起学者们的关注，他们从企业家个人道德层面出发讨论企业开展社会责任的支持行动。1953年，被称为"企业社会责任之父"的霍华德·R.鲍恩（Howard R. Bowen）在其名著《商人的社会责任》一书中提出"商人应该为社会承担责任"的观点，认为"企业有义务按照社会所期望的目标和价值观的要求，进行决策，做出决定"，① 并明确和规范了"企业社会责任"的概念，开创了现代企业社会责任研究的领域。与此同时，以哈佛大学教授莱维特（Levitt）、自由市场经济学者哈耶克（Hayek）和弗里德曼（Friedman）为代表的学者站在反对者的立场上对企业社会责任提出了不同的声音。1958年，哈佛大学教授莱维特针对理论界日渐高涨的企业社会责任思潮提出警告，认为自由企业的本质就是不断去创造利润，而非承担社会责任。1960年，哈耶克指出让企业来承担社会责任是有悖于自由的，因为企业参与社会活动必将导致政府干预的不断强化，从而影响到自由市场经济的运行。1962年，弗里德曼也表达了相同的观点，认为企业管理者承担社会责任是有成本的，这些成本会通过减少对股东的回报、提高商品的价格、降低员工的工资来得到补偿，这些都是违背自由社会精神的，尤其是减少股东回报的做法根本上颠覆了自由经济。因此，弗里德曼认为，在自由经济中，企业有且仅有一个社会责任，即在法律法规许可的范围内，处在游戏规则中，也就是处在开放、自由和没有欺诈的竞争中，利用其资源去从事经营活动以增加利润。

　　20世纪60年代初，针对企业是否应承担社会责任的问题，伯利教授与曼恩（Manne）教授在《哥伦比亚法学评论》中表达了各自的观点，发

---

① See Bowen, H., *Social Responsibility of the Businessman*. New York：Harper and Row，1953.

起了另一场关于企业社会责任的著名论战。曼恩教授认为公司首先是个经济组织，他批评了将企业经营者视为企业所有利益相关者的委托人的说法，他认为，"企业的管理者根本不具备承担社会责任的能力，让企业承担社会责任是对自由经济的破坏，如果推行企业社会责任，将会给公司带来根本性的改变"。伯利教授则把公司视为一种社会机构，重申了多德教授早期的观点，据此他反驳道，"在现代市场经济条件下，由于垄断的存在，往往几家公司就控制一个行业，亚当·斯密的自由市场理论所基于的完全竞争的市场条件已经不存在了，以自由市场的逻辑对待现代公司的责任是不合适的"，① 指出企业承担社会责任的重要性。此外，一些学者也从其他角度来阐述支持企业承担社会责任的原因。弗莱德里克（Frederick）在 1960 年强调，"企业有责任为社会进步做出贡献，社会责任意味着商人在追求经济利益最大化的同时满足社会的期望，促进社会进步。他强调生产的经济意义在于，生产和分配应以提高总体社会福利为目标"。② 1967年，戴维斯（Keith Davis）将企业社会责任定义扩大到包括机构和企业，这是对企业社会责任认识的一个重大飞跃，他提出了著名的"责任铁律"，即"商人的社会责任必须与他们的社会权力相称"。他指出，"企业决策和行动的采取，至少部分地要考虑企业直接的经济和技术利益以外的因素"，③ "社会责任是决策者在考虑自己利益的同时，也有义务采取措施保护和改善社会福利"。④

直到 20 世纪 70 年代，理论界和业界关于企业社会责任的争论一直未断，越来越多的学者从不同视角出发对企业社会责任展开了全面、深入的研究，企业社会责任的观念和思想逐渐明晰，为后续企业社会责任的理论研究和实践发展奠定了基础。约翰·B. 库伦（John B. Cullen）在《多国管

---

① 参考任荣明、朱晓明主编《企业社会责任多视角透视》，北京大学出版社，2009，第14～15 页。

② Frederick, W. C., "The Growing Concern over Business Responsibility," *California Management Review*, 1960（2）: 54–61.

③ Keith Davis, "Can Business Afford to Ignore Social Responsibility?" *California Management Review*, 1960（2）: 70.

④ Keith Davis and Robert L. Blomstrom, *Business and Society: Environment and Responsibility*. New York: MeGrraw-Hill, 3rd ed., 1975, p. 39.

理：战略要径》一书中指出："社会责任是指企业对社会负有超越盈利的责任这样一种思想，也就是说，社会责任意味着一个公司不仅要为股东谋利益，还要考虑其他成员的利益。它通常关注于公司作为一个组织，其政策和程序所形成的伦理后果。"① 斯蒂芬·P. 罗宾斯（Stephen P. Robbins）在《管理学》一书中区分了社会责任与社会义务，认为企业只要履行了经济和法律责任，就算履行了社会义务，而社会责任则是在社会义务的基础上加了一个道德责任，并明确指出："企业社会责任是企业追求有利于社会的长远目标的义务，而不是法律和经济所要求的义务。"

自从企业社会责任问题提出以来，关于企业是否应该承担社会责任一直存在泾渭分明的两种看法，争论也从未停歇过。支持者与反对者分别从自身所持观点出发展开了全方位的辩论：一方是以多德、鲍恩、伯利为代表的学者，认为企业作为社会的一部分，其生存与发展与社会的发展密切相关，所以企业应承担起社会责任，而非将逐利作为企业经营的唯一目标。他们认为承担社会责任不仅可以改善企业的社会形象，能够减少企业的财务风险从而给企业带来经济利益，而且可以实现社会利益的最大化，从而有利于企业的长期生存和发展，所以企业应积极履行其社会责任。另一方以哈耶克、弗里德曼等学者为代表，他们认为企业的唯一责任就是对股东负责，经济责任是企业应该承担的唯一责任，要求企业承担其他社会责任会增加企业的经营成本，分散企业对其主要目标的关注度，背离企业的本质目标并违背利润最大化原则，给企业带来潜在的风险。同时，过分强调企业在经济责任之外的社会责任，会导致企业政治功能的强化，从而给国家对经济事务的管理带来极大风险，因而不主张企业履行社会责任。正是在这两种思想的交流与碰撞中，企业社会责任的理论和实践都得到了长足发展。

企业社会责任这一概念被介绍到中国，各企业对其日趋重视。尽管社会对此概念仍有很多争议，多数时候企业仅把企业社会责任当作公关的手段之一，企业社会责任的内容也大多限于慈善，但事实上，企业社会责任

---

① 〔美〕约翰·B. 库伦：《多国管理：战略要径》，邱立成译，机械工业出版社，2002，第406页。

更重要的是企业对自身的经营活动设立明确的准则并切实实行，以减少其社会、环境方面的负面影响，其中很重要的一点是企业与政府、民众、媒体、NGO 等多方的良性互动。其中，政府和社会对企业的监督是不可或缺的。

进入 21 世纪，随着中国经济快速发展，"企业社会责任"已不仅是西方问题，也是中国的问题。特别是食品、药品安全事件的屡屡发生，让人们对各类企业只顾追逐利益、不负责任的恶劣做法越来越反感。企业社会责任已不仅仅是理论问题，更是一个与公众利益密切相关的实际问题。结合近年来发生的具体案例和热点事件，从企业行为和媒体新闻报道入手，以传播学视野探讨企业社会责任传播，不仅是我国学界对该领域的理论开拓之举，而且对新闻传播业、企业和政府管理等也有现实指导意义。这是本书的研究主旨，以下对此进行具体阐述。

二　企业社会责任传播的意义

企业社会责任是一个与时俱进、事关社会公共利益的课题。媒体作为社会进步的助推器，对推动企业更好承担社会责任，维护社会公共利益具有重要作用。企业承担社会责任，需要媒介的参与和监督。媒介是企业与社会公众沟通交流的中介和平台，是受众了解企业的窗口，大众传媒通过客观、真实的新闻报道反映企业承担社会责任的情况，运用舆论监督的功能，能够促使企业更好地履行其义务。从传播学角度研究企业社会责任问题，对促进企业发展、发挥媒体公共职能、构建和谐社会具有重要意义。

1. 企业社会责任传播可以促进企业发展

首先，企业社会责任传播有利于提升企业自身的社会责任意识。时至今日，尽管企业社会责任概念已经在全球范围内得到广泛传播，但是对于很多企业而言，究竟何为企业社会责任、企业应该承担哪些责任、承担社会责任对企业意味着什么、不承担社会责任对企业会带来怎样的影响，诸如上述问题在很多企业及其管理者的思维中仍然是非常模糊和混乱的。例如在我国，随着企业社会责任理念的国际化发展，不少企业已经认识到企业社会责任对企业发展的重要性，并开始把社会责任理念融入企业经营活动中。但是，由于对企业社会责任理解存在误区，很多中国企业在履行社会责任实践活动中普遍存在方向不明、行为迟缓等缺陷，导致我国企业的社会责任活动处在一种无序的状态，缺乏规范性。本书的主旨之一，就是通过企业社会责任的传播，为企业社会责任建设提供系统化的论证和方向性的引导，使企业明确社会责任的概念，知晓企业应该承担的具体责任，知悉承担社会责任对企业生存与发展的影响，从而提升企业自身的社会责任意识，为企业社会责任相关活动的开展扫除理念上的盲区与思想上的障碍。

其次，企业社会责任传播可以促进企业积极承担和履行社会责任，增强企业的竞争力，促进企业的发展。通过传播企业社会责任，可以促进企业在创造利润、对股东利益负责的同时，承担起对消费者、债权人、员工、社区和环境等利益相关者的社会责任，维护消费者权益、保证安全生产、遵守商业道德、重视职业健康、促进社区发展、保护生态环境、保护弱势群体、支持慈善事业、开展社会公益等。通过履行社会责任，一方面可以理顺企业内部的各种关系，增强企业的凝聚力和向心力；另一方面可以树立企业良好的公众形象，为企业的生存发展创造良好的外部环境。在内部和外部环境的和谐互动中，增强企业的竞争力，为企业的发展提供动力。

2. 企业社会责任传播是媒体公共职能的体现

随着企业社会责任理念的传播与普及，大众媒体在推动企业社会责任发展过程中的作用也得到了学界和业界的一致肯定。特别是在中国，大众媒体成为企业承担社会责任强有力的外部推动力量。为了促进中国企业切实履行其应尽的社会责任，必须加强对企业社会责任理论的传播，提高社会各界对企业社会责任的认识，以便更好地开展企业社会责任活动。这一切目标的达成都需要媒体肩负起企业社会责任传播的重担。媒体是社会公器，具有传播信息、引导舆论、监督社会和文化传承等功能。由于自身的功能和属性，大众媒体在企业社会责任的传播过程中扮演了十分重要的角色，媒体的积极参与被看作企业履行社会责任的必要手段。媒体对企业社会责任的传播也是媒体发挥公共职能的重要体现。

在积极传播企业社会责任的同时，媒体对企业履行社会责任的情况还负有监督职能。媒体具有强大的舆论引导与监督功能，对企业树立高度的社会责任意识和积极履行社会责任有很重要的影响。媒体的监督职能对包括企业在内的整个社会组织都发挥着重要的作用，新闻媒体的舆论监督在企业社会责任建设过程中是必不可少的。媒体监督职能的发挥主要是通过对国家事务和社会生活中出现的违反公共道德或法律、法规的行为进行揭露和批评，借助舆论压力使这些问题得到及时的纠正和解决，促使涉事方更好地履行其社会职责，促进整个社会的和谐发展。近几年，企业一旦出现问题，各种媒体以最快的速度将事实呈现给公众，引发社会舆论的监督。由于法律自身的不健全，我国企业的违法成本很低，很多企业甚至丢弃了底线性的商业道德，底线失守使得"资本无道德，财富非伦理，为富可以不仁"的现象十分常见。媒体对违反社会责任、触犯法律的现象进行曝光，虽然不具有制裁违法行为的法律强制力，但能从道义方面进行谴责，可以督促立法部门完善相关法律，所以发挥媒体在企业社会责任建设中的公共职能，形成良好的舆论监督环境就显得更为重要。因此，在企业社会责任建设中应充分发挥媒体的舆论监督作用，加强外部的驱动力，推动企业积极承担社会责任，鼓励企业增强守法意识、人文意识、环保意识，遵纪守法，文明经商，营造良好的经营环境和生存环境。

3. 企业社会责任传播有利于和谐社会的构建

构建和谐社会已经成为我国的时代主题。改革开放以来，企业社会责任的缺失及其所带来的负面影响，已成为我国构建和谐社会所面临的一个突出问题。近年来，我国煤炭工业矿难频发、食品药品安全事故不断、环境污染破坏问题严重、劳动争议纠纷增多、假冒伪劣商品屡禁不止等缺失企业社会责任的现象屡见不鲜，损害了员工、消费者、社会公众的利益，加剧了企业和社会的矛盾。有研究者将我国企业和社会的矛盾归纳为以下八个方面：一是忽视自己在社会保障方面的作用，尽量逃避税收以及社保缴费；二是较少考虑社会就业问题，将包袱甩向社会；三是较少考虑环境保护，将利润建立在污染和破坏环境的基础之上；四是一些企业唯利是图，自私自利，提供不合格的服务、产品或虚假信息，与消费者争利或欺骗消费者；五是依靠压榨企业职工的收入和福利来为所有者谋利润，企业主沦落为资本的奴隶、赚钱的机器；六是缺乏提供公共产品的意识，对公益事业不管不问；七是缺乏公平竞争意识，一些在计划经济时期延续下来的垄断企业，大量侵吞垄断利润，并极力排斥市场竞争；八是普遍缺少诚信，国有企业对国家缺少诚信，搞假破产逃避债务，民营企业通过假包装到市场上圈钱。[①] 上述企业社会责任缺失行为制约着企业的可持续发展的同时，也对社会的和谐稳定构成了极大的威胁。

鉴于此，社会各界已经意识到企业承担社会责任对构建社会主义和谐社会的重要性。因此，从传播学视角对企业社会责任进行研究，不仅是我国企业社会责任建设的迫切要求，也是构建社会主义和谐社会的迫切要求。理顺企业与社会的关系，探索企业承担社会责任的途径与机制，成为当前构建社会主义和谐社会亟须解决的关键问题，因此，加强对企业社会责任传播研究显得尤为重要。构建社会主义和谐社会，是一个需要政府、企业和全社会各方面力量积极参与、共同努力的系统工程。因此，单靠企业自身解决这些问题是不切实际的，必须充分发挥企业、政府、媒体、社会公众等多方面的力量共同参与企业社会责任传播，促进企业社会责任建设。企业社会责任理念与我国构建社会主义和谐社会中企业要承担应有社会责任的理念有很多共通之处，例如，企业社会责任理念对企业与社会和谐发展关系的强调、对企业与利益相关者关系的平衡、对消费者和劳工权益的重视、对法规和伦理道德规范的尊重、对环境和自然资源的保护等，都是我国当前构建和谐社会的重要内容。[②] 通过企业社会责任传播，进而促进企业社会责任活动的开展，将对中国企业社会责任建设产生重要而深远的影响，促进我国和谐社会的构建。

[①] 金丹：《和谐社会背景下我国企业社会责任的构建》，四川师范大学硕士学位论文，2008。

[②] 刘德佳：《构建和谐社会进程中我国企业社会责任建设研究》，东北师范大学博士学位论文，2010。

第一章 企业社会责任概况

第一节 企业社会责任的内涵

从 20 世纪 70 年代开始，企业社会责任受到了理论界广泛关注，西方理论界和实业界的一些学者从不同视角出发对企业社会责任展开了全面深入的研究。然而，对企业社会责任的基本内涵尚未达成一致意见。正如 1975 年沃陶（Votaw）指出的，"企业社会责任具有一定的含义，但对每个人来说，并不代表相同的意思"。① 粗略算来，国内外学者和相关机构对企业社会责任的定义不下百余种，下面将选取其中比较有代表性的定义予以归纳和总结。

一 国外学者及相关机构关于企业社会责任的定义

1. 国外学者对企业社会责任内涵的理解

国外一般认为最早提出企业社会责任概念的学者是 20 世纪初的克拉克（Clark）和谢尔顿（Sheldon）。克拉克于 1916 年提出，经理人需要有自己应该承担一定社会责任的理念，这种观点对企业经营管理者的行为规则提出了要求，认为经理人的责任不仅限于对股东的回报，也应该对社会性事务负责。谢尔顿是最早从企业行为的角度提出企业社会责任观念的学者，

① Votaw D. Genius, *Becomes Rare in the Corporate Dilemma*: *Traditional Values and Contemporary Problem.* Cavendish Publishing Limited, 1975, p. Ⅱ.

他把企业社会责任与企业经营满足产业内外人们需要的各种责任联系起来，并且认为企业社会责任含有道德因素在内。

1979 年，卡罗尔（Archie B. Carroll）在《管理学评论》上发表了《公司社会表现的三维概念模型》一文，在总结前人观点的基础上提出了一个至今仍被广泛引用的经典性概念，即"企业社会责任是指社会在特定时期内对经济组织在经济上、法律上、伦理上和自行裁量的期望"。[①] 卡罗尔的这一定义也被称为企业社会责任"四责任理论"或"金字塔理论"。他将企业社会责任分为经济责任、法律责任、伦理责任和自愿责任四种，其中经济责任是基础，所占比例最大，从而突出了经济责任的重要性。往上依次是法律责任、伦理责任和自愿责任，由此指出了社会责任的其他内容（如图 1 - 1）。

图 1 - 1　Carroll 的企业社会责任概念维度

资料来源：Archie B. Carroll, "The Pyramid of Corporate Social Responsibility: Toward the Moral Management of Organizational Stakeholders," *Business Horizons*, 1991 (7/8)。

美国著名伦理学家理查德·乔治（Richard George）在《经济伦理学》一书中指出："企业的社会使命并非单纯来源于法律，其所承担的一般社会职责，即提供丰富的高质低价产品，事实上也是一种社会责任，它来自公众的需求，并通过各种途径表达出来。"[②] 斯蒂芬·P. 罗宾斯也在《管理学》一书中明确指出"企业社会责任是企业追求有利于社会的长远目标

① Archie B. Carroll, "A Three - dimensional Conceptual Model of Corporate Social Performance," *Academy of Management Review*, 1979 (4)：104.

② 〔美〕理查德·乔治：《经济伦理学》，李布译，北京大学出版社，2002，第 22 ~ 23 页。

的义务，而不是法律和经济所要求的义务"，并区分了社会责任与社会义务，认为企业只要履行了经济和法律责任，就算履行了社会义务，而社会责任则是在社会义务的基础上加了一个道德责任。哈佛商学院教授林恩·夏普·佩因（Lynn Sharp Paine）在《公司道德——高绩效企业的基石》一书中将社会责任作为所有非财务责任的总称，强调对基本道德准则和社会价值观的遵守是企业社会责任的核心。① 美国经济伦理学家乔治·恩德勒（George Enderle）给出如下定义："社会责任是指企业自主性的行为对其利益相关者、社会及环境造成或可能造成不利的影响时，用持有的公正倾向和自省纠偏意识，从而要求企业承担改变这些消极影响的成本。"② 概括来说，国外学者关于企业社会责任的代表性观点主要有以下几种。

（1）谢尔顿：公司的经营应该与产业内外各种人类需要的责任联系起来，与公司盈利相比，应该把社区的利益放在更加重要的位置，打破了公司的责任就是为股东赚钱的传统公司理论。

（2）鲍恩：企业经理人按照社会普遍期望的社会目标和价值观使用相应的政策，做相应的决策，或遵循相应的行动标准。

（3）戴维斯：认为企业逃避应履行的社会责任就会丧失社会赋予其的社会权利，从"责任铁律"（即社会权利和社会责任相对等的观点）出发，给企业社会责任下定义，认为企业履行社会责任至少部分动机是超出企业直接经济和技术利益之外的生意人的决策和行动。

（4）米尔顿·弗里德曼：企业的社会责任就是使利润最大化。

（5）弗里曼（Freeman）：职业经理人仅仅关注股东的利益是远远不够的，应充分考虑利益相关者（即职工、客户、供应商、当地社区等）的利益诉求，否则企业将会丧失这些群体的支持。

2. 国外相关机构对企业社会责任内涵的认识

在学界展开对企业社会责任定义讨论的同时，国外的许多学术机构和组织也对企业社会责任给出了自己的定义，其中影响力较大的有以下六种。

---

① 〔美〕林恩·夏普·佩因：《公司道德——高绩效企业的基石》，杨涤等译，机械工业出版社，2004，第4页。
② 田虹：《企业社会责任及其推行机制》，经济管理出版社，2006，第56页。

（1）1971 年，美国经济发展委员会（Committee for Economic Development, CED）在《工商企业的社会责任》的报告中阐述了"三个同心圆"的社会责任内涵："一是内圈责任，指有效履行经济职能的最基本的责任，包括产品、工作和经济增长等；二是中圈责任，指在履行经济职能的基本责任时保持对社会价值观的变化和社会问题的敏感，并将两者相结合，是政府作为社会的代理机构加在企业身上的成本；三是外圈责任，指积极投入到改善社会环境的活动中去的责任。"[①]

（2）1981 年，美国商业圆桌会议（the Business Roundtable）组织发表了一份企业责任声明，认为"企业应该平衡七方利益相关者的合法诉求，具体为：股东、顾客、雇员、供应商、投资者、社区和社会。顾客在公司的治理中应有主要权利。股东被视为只是提供了风险资本"，号召企业"既为私有利润也为公共利益服务"，其观点被称为"利益相关者资本主义"。[②]

（3）欧盟（European Union）也在企业社会责任领域进行了探索和尝试，先后提出四种企业社会责任的定义，影响最大的是 2001 年提出的定义，即企业社会责任是指企业在自愿的基础上，把社会和环境的影响密切整合到企业运营以及与利益相关者的活动过程中。

（4）世界可持续发展工商理事会（World Business Council for Sustainable Development, WBCSD）对企业社会责任的定义为："企业社会责任是指企业采取合乎道德的行为，在推进经济发展的同时，改善雇员及其家属、所在社区以及社会的生活质量。它特别是指企业在经营上须对所有的利害关系人负责，而不是只对股东负责。"同时指出企业社会责任的议题主要包括人权、员工权益、供应商关系、利益相关者的权益、环境保护和社区参与等若干方面。

（5）国际雇主组织（International Organization of Employers, IOE）认为企业社会责任是企业自愿性的举措，企业有权决定是否在超越国家法律

---

① See Committee for Economic Development, *Social Responsibilities of Business Corporations*. New York: Committee for Economic Development, 1971, p. 15.

② See Thomas A. Hemphill, "Legislating Corporate Social Responsibility," *Business Horizons*, 1997, 40 (2): 53–58.

范围之外作出其他社会贡献。

（6）国际标准化组织（International Organization for Standardization, ISO）认为，企业社会责任是指企业对社会和环境影响采取负责任的行为，即行为要符合社会利益和可持续发展要求，以道德行为为基础，遵守法律和政府间契约，并全面融入企业的各项活动。

二　中国学者对企业社会责任内涵的认识

20世纪90年代，随着中国经济全球化进程的加速，企业社会责任理论传入中国，企业社会责任概念和相关理论日益引起中国学术界和企业界的高度关注。在吸收国外研究成果的基础上，国内学者及相关机构对企业社会责任的定义进行了重新考量与创新，并提出了一些具有代表性的观点。

陈岱孙在《市场经济百科全书》中将企业社会责任定义为："企业的社会责任是企业为所处的社会福利而必须关心的道义上的责任，是企业经营环境的具体体现。企业应具体承担的社会责任包括两部分：第一，对社会利益集团承担责任。这些利益集团包括股东、债权人、顾客、雇员、政府和社会。第二，企业对解决社会问题应负的责任，主要包括就业机会均等、保护生态环境、保护消费者利益。"[①]

刘俊海指出："公司社会责任是指公司不能仅仅以最大限度地为股东们赢利或赚钱作为自己的唯一存在目的，而应当最大限度增进股东利益之外的其他所有社会利益，这种社会利益包括雇员（职工）利益、消费者利益、债权人利益、中小竞争者利益、当地社区利益、环境利益、社会弱者利益及整个社会公共利益等内容。"[②]

卢代富认为，企业社会责任是一种以企业的非股东利益相关者为企业义务的相对方的责任，是企业的道德义务和法律义务，是对传统的股东利润最大化原则的修正和补充，是企业在谋求股东利润最大化之外所负有的维护和增进社会利益的义务。[③]

李纪明认为，企业社会责任是指企业在所从事的各种活动中，应当对

---

① 本书编辑委员会编《市场经济百科全书》（上卷），四川人民出版社，1993，第261页。
② 刘俊海：《公司的社会责任》，法律出版社，1999，第6～7页。
③ 卢代富：《企业社会责任的经济学和法学分析》，法律出版社，2002，第96～100页。

所有本地与世界各地既受企业决策与活动的影响，同时又能够影响企业决策与活动的各利益群体（利益相关者）承担的相应的责任，以求得企业在经济、社会、环境等领域获得均衡的可持续发展能力，是个人本位向社会本位转化的集中反映。[①]

刘德佳认为，所谓企业社会责任，就是企业作为一种社会存在对社会所需承担的责任，就是企业在创造利润、对股东利益负责的同时，还要承担起对债权人、员工、消费者、社区和环境等利益相关方的社会责任，包括遵守商业道德、保证安全生产和职业健康、保护劳动者的合法权益、保护消费者权益、保护弱势群体、支持慈善事业、捐助社会公益、保护环境等。企业社会责任有八项内容，即企业对股东、债权人、员工、消费者、社区、政府、社会公益事业和环境的责任。[②]

综上所述，不同的学者和机构从不同的视角出发对企业社会责任进行界定，认识往往存在一定的分歧与差异。随着企业在社会上的影响力越来越大，企业社会责任的概念日益成了焦点问题。进入 21 世纪后，企业社会责任的概念常常被"企业公民"所取代。"企业公民"这一概念的核心观点是，企业的成功与社会的健康发展密切相关。企业在获取经济利益的时候，要通过各种方式来回报社会。"企业公民"的要素构成有社会责任和道德责任两大类。目前，国际社会对企业责任概念的普遍定义是：企业社会责任是指企业在创造利润、对股东承担法律责任的同时，还要承担对员工、消费者、社区和环境的责任。其中，维护消费者权益、劳工利益和保护环境是企业社会责任的核心内容。企业的社会责任要求企业必须超越把利润作为唯一目标的传统理念，强调要在生产过程中对人的价值的关注，强调对消费者、对环境、对社会的贡献。从这个定义来看，所谓企业社会责任就是企业作为社会活动的主体对社会所需承担的责任，不仅包含经济责任和法律责任等底线性的责任，还包含环境保护、社会公益等更高层次的道德责任。

---

① 李纪明：《资源观视角下企业社会责任与企业绩效研究》，浙江工商大学博士学位论文，2009。

② 刘德佳：《构建和谐社会进程中我国企业社会责任建设研究》，东北师范大学博士学位论文，2010。

第二节 企业社会责任的基本内容

对企业社会责任的内容，不同的国家、不同的时期有不同的界定。由于在定义的界定上存在许多分歧与差异，国内外学者和社会组织对企业社会责任内容的划分也各有不同。对于这个问题，不同学者或机构从不同的视角出发提出了许多不同的看法。如美国学者乔治·A. 斯蒂纳和约翰·F. 斯蒂纳所言，确定企业社会责任的内容没有什么神奇的标准或试金石，但不同性质、不同类型的企业在企业社会责任方面有一些共性的原则。他们提出了五点建议："第一，没有一个（企业社会责任）公式适用于所有企业或者任何单独的企业；第二，必须将企业看成一个具有强烈的利润动机的经济组织，而不能期望企业可以在没有财务刺激的条件下，去完成非经济的目标；第三，企业有责任消除那些由它们引起的不良的社会影响；第四，社会责任因企业的特点的不同而发生变化；第五，（企业的）经理们可以受一个国家公共政策基本导向的引导。"下文将对国内外学者和社会组织关于社会责任的内容划分进行详细阐述。

一 "三个同心圆理论"

1971 年，美国经济发展委员会发布的《工商企业的社会责任》报告指出，企业主动承担社会责任可以使企业管理者更加灵活、高效率地开展经营活动。文中指出："今天的社会已经扩大了对企业的期望，我们可以用'三个同心责任圆'来说明：最里圈包括明确的有效履行经济职能的基本责任，比如产品、就业以及经济增长等。中间一圈包括在执行这些经济职能时对社会价值观和优先权的变化采取一个积极态度的责任，比如尊重环境保护、雇员以及与雇员之间的关系，以及消费者希望得到更多的信息、公平对待、避免受到伤害等。最外圈包括新出现的不明确的责任，也就是企业必须保证越来越多地参与到改善社会环境的活动中来。"[①] 这份报告所

---

① See Committee for Economic Development, *Social Responsibilities of Business Corporations*. New York: Committee for Economic Development, 1971, p. 11.

提出的"三个同心圆理论"考虑到了企业社会责任的全面性和历史条件等因素，对企业社会责任内容的界定具有一定的参考价值（见图1－2）。

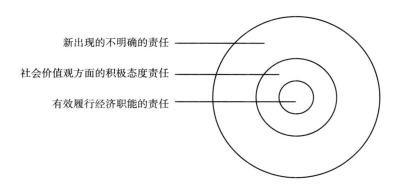

新出现的不明确的责任

社会价值观方面的积极态度责任

有效履行经济职能的责任

图1－2 企业社会责任的三个同心圆模型

资料来源：Committee for Economic Development, *Social Responsibilities of Business Corporations.* New York：Committee for Economic Development，1971。

二 "金字塔理论"

"金字塔理论"由企业社会责任领域的著名学者卡罗尔教授于1979年提出，时至今日仍是该领域最有影响力的理论。该理论首先对企业社会责任的内容进行了明确的界定，认为企业社会责任的内容可以分为四个方面，即经济责任、法律责任、伦理责任和自愿责任，因此这一理论也被称为"四责任理论"。这四方面的内容级别依次提升，较低一层是上一层的实现基础，如同埃及的金字塔，因此被称为"金字塔理论"。同时卡罗尔也对企业不同性质的责任进行了比较分析，在四种责任中，经济责任是基础，占最大比例，法律责任、伦理责任和自愿责任依次向上递减。经济责任为一切社会责任的基础性条件，是指企业要在股东或者所有者获利的基础之上，向消费者提供价格合理、质量可靠的商品或者服务。在履行了最底层的经济责任之后，企业所要面对的就是法律范畴内的责任，即企业要在法律法规许可的范围内从事生产经营活动。比法律责任更高一层的是伦理责任，作为一种道德责任，伦理责任的承担要基于社会发展水平所处的阶段，同时应符合地方文化传统和社会大众的期望，对约束企业的商业行为有着积极的作用。最高一层的社会责任被称为自愿责任或自由决定的责任，即没有法律法规的强制约束，让企业在自愿的基础之上从事社会公众期望的责任活动，如捐赠等。卡罗尔认为："经济责任是基本责任，对不同利益相关者的关注各有侧重，影响最大的是所有者和员工；法律责任是期望企业依法经营，对所有者来说很关键；伦理责任是指企业有义务去做那些正确的、正义的、公平的事情，避免或尽量减少对利益相关者——雇员、消费者、环境等的损害；慈善责任是期望企业成为一名好的企业公民，即是说，期望企业履行慈善责任，为社区生活质量的改善做出人力和财力方面的贡献。"①

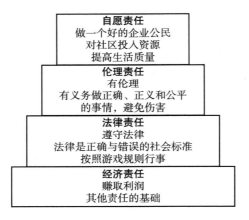

图 1 - 3 企业社会责任金字塔模型

资料来源：Archie B. Carroll，"The Pyramid of Corporate Social Responsibility：Toward the Moral Management of Organizational Stakeholders," *Business Horizons*，1991，34（4）：39 - 48，42。

三 "戴维斯理论"

美国学者戴维斯从利益相关者的视角，较为全面地提出了企业社会责任的内容。我国学者陈昌成将戴维斯关于企业的社会责任内容概括为十个方面：①对股东的责任：证券价格的上升，股息的分配（数量和时

---

① 〔美〕阿奇·B. 卡罗尔、安·K. 巴克霍尔茨：《企业与社会：伦理与利益相关者管理》，黄煜平译，机械工业出版社，2004，第23页。

间）；②对职工或工会的责任：相当的收入水平、工作的稳定性、良好的工作环境、提升的机会；③对政府的责任：对政府号召和政策的支持，遵守法律和规定；④对供应者的责任：保证付款的时间；⑤对债权人的责任：对合同条款的遵守，保持值得信赖的程度；⑥对消费者、代理商的责任：保证商品的价值（产品价格与质量、性能和服务的关系），产品或服务的方便程度；⑦对所处社区的责任：对环境保护的贡献，对社会发展的贡献（税收、捐献、直接参加），对解决社会问题的贡献；⑧对贸易和行业协会的责任：参加活动的次数，对各种活动的支持（经济上的）；⑨对竞争者的责任：公平的竞争，增长速度，在产品、技术和服务上的创新；⑩对特殊利益集团的责任：提供平等的就业机会，对城市建设的支持，对残疾人、儿童和妇女组织的贡献。①

四　"三角理论"

2003 年学者陈志昂和陆伟在《企业社会责任三角模型》一文中提出了企业社会责任的"三角模型"，即"三角理论"。该模型将企业社会责任的内容分为三个层级，从下向上依次是法规层级、标准层级、战略与道义层级。其中，法规层级是企业社会责任行为的第一个层级，也是供应基础，一个社会绝大多数企业社会责任行为都是由这一层级提供的，因此对企业社会责任行为供给的强制性和基础性是最强的。在这一层级上企业要严格按照法律和规章的规定行事，属于服从性行为。第二个层级为标准层级，企业社会责任行为是按照社会风俗习惯（可称为社会标准）、行业标准实施的，属于依从性行为，这一层级对企业社会责任行为供给的强制性和基础性有所减弱，不如法规层级那么重要。最上面的层级是战略与道义层级，在所有层级中这一层级的强制性和基础性是最弱的，战略区包括的行为是管理者基于战略意义上的考虑而采取的行动，道义区包括的行为是管理者基于其自身价值判断而实施的行为。②

综上，企业社会责任不是单一的概念范畴，而是包括若干个组成部

① 陈昌成：《戴维斯模型》，《中国企业报》2005 年 3 月 7 日。
② 陈志昂、陆伟：《企业社会责任三角模型》，《经济与管理》2003 年第 11 期。

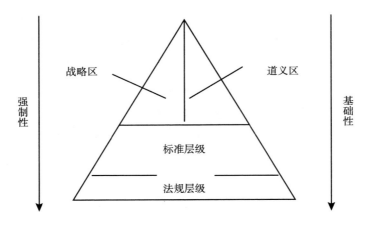

图 1 - 4　企业社会责任"三角模型"

资料来源：陈志昂、陆伟：《企业社会责任三角模型》，《经济与管理》2003 年第 11 期。

分，具体而言企业社会责任包含以下八项基本内容：企业对股东的责任、企业对债权人的责任、企业对员工的责任、企业对消费者的责任、企业对社区的责任、企业对政府的责任、企业对社会公益事业的责任和企业对环境的责任。

第三节　中国企业社会责任承担现状

与西方经历了几百年的市场经济体制不同，中国市场经济体制改革只有 30 多年时间。我国一直实行粗放型经济发展战略，以经济增长为最终目标，导致企业片面追求经济利益，给社会带来了巨大问题，环境污染、员工身心健康受损、侵犯消费者权益等现象屡见不鲜，使中国企业面临的发展环境日趋恶化。

2011 年 11 月 8 日，中国社会科学院撰写的《中国企业社会责任研究报告（2011）》（企业社会责任蓝皮书）正式发布，课题组参考了国际企业社会责任指标体系，国内企业社会责任倡议书及世界 500 强企业的社会责任评估体系，分别调研了中国境内的国企、民企、外企的百强企业，从商业贿赂制度、产品合格率、社保健康培训、节能减排等方面进行了综合评估。结果显示，无论是国企、民营企业还是外资企业，社会责任得分都少得"可怜"，甚至有 26 家企业得分是 0 分甚至是负分，平均得分仅为 19.7 分，相当于学生百分试卷仅仅得了不到 20 分。调查显示，中国企业社会责任整体水平尚处于起步阶段，七成企业严重缺乏社会责任，近半数国企尚在旁观。①

《中国企业社会责任研究报告（2012）》显示，中国 100 强企业中，有 42 家企业的社会责任发展指数在 40 ~ 60 分，处于追赶者阶段。这些企业较为积极地披露企业社会责任信息，但披露信息的全面性和实质性有所欠缺，在推进社会责任工作、构建社会责任管理体系方面也有待加强。185 家企业的社会责任发展指数处于 20 分以下，处于旁观者水平。这些企业的社会责任信息披露十分缺乏，在推进社会责任工作、构建社会责任管理体系方面还未起步。②

2014 年 1 月 17 日，中国社科院经济学部企业社会责任研究中心第三次向社会发布的《中国企业社会责任报告白皮书（2013）》，以企业社会责任报告的完整性、实质性、可比性、可读性、平衡性和创新性六大指标为评价维度，对中国 2013 年发布的 1084 份报告进行逐一评价、打分，得出了中国企业社会责任报告的得分、排名及企业社会责任报告发展阶段特征。白皮书显示，尽管中国企业社会责任报告数量在增长，但报告信息披露不完整，仍然存在定量数据披露不足、"报喜不报忧"的问题。多数企业没有披露连续的关键绩效指标并准确说明企业社会责任履责水平在同行业中所处位次。③

下文将对中国企业社会责任的历史沿革、企业社会责任缺失的表现及成因进行分析阐述，以期呈现我国企业承担社会责任的整体状况。

一　中国企业社会责任的历史沿革

在经济体制由计划经济向市场经济的转变过程中，中国企业承担社会

---

① 《中国企业社会责任研究报告（2011）》，参见百度百科，http：//baike. baidu. com/view/ 6846242. htm，2013 年 12 月 5 日访问。
② 陈佳贵等：《中国企业社会责任研究报告（2012）》，社会科学文献出版社，2012。
③ 《社科院发布〈中国企业社会责任报告白皮书（2013）〉》，参见经济参考网，http：// jjckb. xinhuanet. com/2014 - 01/17/content_ 487886. htm，2014 年 4 月 4 日访问。

责任的方式和范围有所不同。概括而言，我国企业社会责任的历史沿革大体可以分为以下三个阶段。

1. "企业办社会"阶段

在计划经济体制下，中国企业承担的企业社会责任是一种"企业办社会"的模式。所谓"企业办社会"，主要是针对计划经济体制下的国有企业而言的，企业建立和兴办了一些与企业生产经营没有直接联系的机构和设施，承担了产前产后服务和职工生活、福利、社会保障等社会职能，如企业办学、办医院、办幼儿园、办劳服公司、办生活服务公司以及从事公共设施建设等。这些均属于社会职能，多带有纯粹福利性、供给性和安置性的特点，不考虑经济效益。这种制度的直接后果是，国有企业形成了"大而全""小而全"的局面，每个企业就是一个小社会，为职工提供"从摇篮到坟墓"的一揽子社会福利。不仅如此，很多企业除了要对职工本人负责外，还要对其子女的入学、就业负责。因此，人们一直把国有企业形容为兼有生产、社会保障、社会福利和社会管理功能的"社区单位"。"企业办社会"与我们现在所倡导的企业社会责任是不一样的：①企业社会责任是市场经济下的特有现象和制度，而"企业办社会"是传统计划经济下的特有现象和制度；②企业社会责任的受益者非常广泛，包括股东、公司员工、消费者、债权人、社区居民和社会公众等，而"企业办社会"的受益者仅限于国有企业的职工；③企业社会责任一般不包括社会保障的内容，而"企业办社会"的核心内容就是社会保障。在"企业办社会"的模式下，企业的资金来源于国家，而受益的群体却局限于企业内部的职工，忽视了政府、公众、社区居民、消费者等利益相关者的利益，其所承担的责任也只是保障职工的福利，没有考虑对资源的合理利用，以及对环境和其他利益相关者的保护。

2. 企业片面逐利的经济责任阶段

改革开放至 20 世纪 90 年代中期是我国计划经济体制向市场经济体制转轨初期，也是我国企业社会责任演变的第二个阶段。以市场经济为主的经济体制改革在很大程度上冲击了整个社会的价值观，很多人有了"金钱至上"的观念，企业在生产经营中也表现出对利润的盲目追逐，忽视了其本应承担的社会责任，导致社会问题严重。主要表现为：传统的商业伦理被许多企业经营者抛之脑后，他们只顾自己的利益，多数企业唯利是图，经济行为短期化，漠视政府责任、环境责任和社会责任，偷税漏税、排污失范、高能耗生产、侵害劳动者和消费者权益等行为屡有发生，企业社会责任缺失，处于"将利润放进钱包，包袱扔给政府，责任社会承担"状态。此外，由于处在转型初期，各项经济制度尚未完善，这一时期出台的法则也只是企业运作的一个粗糙的行为准则，没有具体的条款对企业责任进行规定，缺乏可操作性，规范企业行为的法律规范从实质层面来看大多数处于空白状态。最后，很多地方政府过分关注企业利润和税收对 GDP 的贡献，把经济效益作为衡量企业价值的唯一标准，忽视企业道德建设和社会效益，没有发挥政府在企业履行社会责任中的引导与管理功能，在一定程度上纵容了企业社会责任的失范行为。

3. 企业承担社会责任的整合阶段

企业的社会责任根源于它在社会经济生活中所扮演的角色。计划经济条件下政企不分所遗留的"企业办社会"模式，是不符合社会主义市场经济体制要求的。市场经济体制改革初期的企业唯利是图、漠视自身社会责任的行为更应引起警醒与反思。20 世纪 90 年代中期至今我国市场经济体制逐步完善，企业与社会的关系也在不断理顺，企业的生存发展与其所处的社会环境息息相关已成为整个社会的共识。在经济全球化的过程中，受国际社会企业社会责任运动的冲击，中国社会的企业社会责任意识不断觉醒，承担企业社会责任已成为企业经营活动中的应有之义。与此同时，在应对国际社会压力和构建和谐社会的目标背景下，政府明确提出企业在自身经营的同时要承担相应的社会责任，推动企业关注劳工、消费者、社区、环境等利益相关者的诉求。加之非政府组织、媒体以及社会各界人士共同努力，推动企业从现状中觉醒，积极履行企业社会责任，因此这个阶段可以称作企业承担社会责任的整合阶段。

近年来，政府出台了一系列与企业社会责任相关的法律法规，如 2005 年 10 月通过的《公司法》第 5 条就作出明确规定："公司从事经营活动，必须遵守法律、行政法规，遵守社会公德、商业道德，诚实守信，接受政府和社会公众的监督，承担社会责任。"这一系列举措，旨在推动中国企业社会责任建设进入规范化轨道，形成既有中国特色又能与国际接轨的中国企业社会责任体系。据统计，从 1997 年到 2004 年 7 月，先后有 8000 多家中国企业接受过跨国公司关于社会责任的审核，审核的地域范围和行业范围也在迅速扩大。截至 2005 年，全国有 50 多家企业加入全球契约中，有 10 万家以上的出口企业进行过 CSR 的审查或认证。2006 年 3 月 10 日，国家电网公司公开发布了第一份企业社会责任报告。2007 年的中央经济工作会议上，胡锦涛总书记明确提出"引导企业树立现代经营理念，切实承担起社会责任"的战略要求，表明企业社会责任问题已经成为我国经济、社会发展中的重大问题之一。

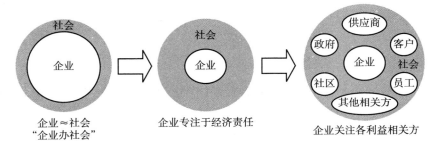

图 1-5 对国有企业与社会关系认识的变化

资料来源：李荡、祁少云、李文等编著《赢在责任》，石油工业出版社，2008，第121 页。

二 当前我国企业社会责任缺失的表现

在经济全球化背景下，企业社会责任的观念和意识已在我国普及开来，国内一些企业开始主动承担社会责任，在生产经营活动中自觉遵守商业道德、关心员工职业健康、保护社区环境、保障消费者权益。然而，在现实生活中，企业社会责任缺失现象比较普遍，一些企业缺乏应有的社会责任意识，违反劳动、环保和食品安全法规的问题比较严重，侵犯劳动者权益、破坏生态环境、制售假冒伪劣产品、损害社会公众利益等问题时有发生。主要表现为以下三个方面。

首先，侵害消费者权益。

消费者权益是指在市场经济条件下，消费者通过合理的价格购买商品后依法享有的受益的权利，主要包括产品质量保障、产品介绍、产品调换、有问题产品的纠纷解决，等等。商品质量直接关系着广大消费者的人身健康和生命安全，向消费者提供优质产品和优良服务是企业最基本的责任和义务。从整体上来说，中国企业侵犯消费者权益的现象广泛存在，从全国消费者协会组织受理的投诉情况可见一斑（见表1-1、表1-2）。有些企业却唯利是图、自私自利，缺乏保护消费者权益的意识，食品添加剂超标、生产大量假冒伪劣商品，严重损害了消费者的权益。南京冠生园月饼陈馅事件、苏丹红事件、金华火腿案、瘦肉精问题、三鹿毒奶粉事件、毒胶囊事件等一系列企业社会责任事件均反映出许多企业对社会责任和消费者权益的漠视，在危害社会公众食品安全的同时，给社会造成了极为恶劣的影响。有资料显示，每年我国假冒伪劣产品的总产值高达2000亿～3000亿元，给国家和企业造成的税收和利润损失高达1000亿元以上。据国外权威调查资料，当消费者了解到某企业在社会责任方面出现问题时，高达91%的人会考虑选择别的公司的产品；85%的人会将这方面信息分享给自己的朋友；83%的人会拒绝投资该企业；80%的人会拒绝在该公司工作。

企业是"消费与环境"主题中的核心力量，只有企业提供安全的产品与服务，才能保证消费者有安全的消费环境。履行对消费者的责任不仅是企业对消费者应尽的义务，也是营造企业健康发展环境的主要途径之一。

表 1-1　投诉性质变化表

单位：件，%

项目	2009 年前三季度	2010 年前三季度	变化幅度
质量	265897	252489	-5.04
营销合同	43099	43346	0.57
价格	25234	23705	-6.06
安全	9056	10514	16.10
计量	7510	7149	-4.81
广告	9134	9753	6.78
假冒	8600	10144	17.95
虚假品质表示	6050	7826	29.36
人格尊严	1488	1779	19.56

资料来源：中国消费者协会。

表 1 - 2　全国消费者协会组织受理投诉情况变化表

项目	2009 年前三季度	2010 年前三季度	变化幅度（%）
受理数（件）	452457	469051	3.67
解决数（件）	415336	440051	5.95
挽回损失（万元）	47405	44294	-6.56
加倍赔偿（件）	4653	5351	15.00
加倍赔偿金额（万元）	765	579	-24.31
政府罚没款（万元）	1590	1213	-23.71
来访咨询（万人次）	330	355	7.58

资料来源：中国消费者协会。

其次，漠视员工权益。

员工是企业最直接的利益相关者，与企业的命运息息相关，是企业价值创造的源泉。企业对员工的安全和各项权益负有重要责任，企业应该为员工创造良好的工作环境，提供不低于社会最低标准的福利和更好的发展机会。然而，在企业中侵犯员工权益的事情却十分常见。主要体现为：第一，劳资纠纷问题不断，压低劳动力价格、延长工作时间、拖欠工资问题普遍存在。据中华全国总工会对广东省的外资企业所作的调查，1/4 的员工不能按月领取工资；50% 的工人被迫每天工作 8 小时以上；62% 的工人一周工作 7 天；1/5 的人经常受到身体或精神上的骚扰；半数以上的工人收入低于最低工资标准。在劳动合同问题上，有些企业特别是一些私营企业故意不签劳动合同逃避责任。第二，员工工作环境差，存在很大的安全隐患，严重威胁员工的职业健康。目前，中国企业的生产安全存在极大的隐患。我国在煤矿、道路交通、危险化学品、烟花爆竹、建筑施工领域安全生产问题最为突出，每年在这些领域发生的重大事故给经济、职工生命带来了巨大损失。根据国家安全生产监督管理总局的统计，2001 ~ 2004 年，中国发生一次死亡 10 人以上的特大煤矿事故 88 起，大约平均每 4 天 1 起。2004年，死亡人数超过 30 人的特别重大事故 14 起，其中矿难 6 起，占 42.8%。2005 年上半年死亡人数比 2004 年同期上升了 3.3%，达到 2672 人。[1] 2006

---

① 李碧珍：《企业社会责任缺失：现状、根源、对策》，《企业经济》2006 年第 6 期。

年全国发生重大未遂伤亡事故 193 起，涉及煤矿、建筑、化工、电力、民航、渔业等行业和领域。2007 年，山西小煤窑事件引起全国的轰动。根据 2008 年 3 月 3 日的《经济参考报》报道，2007 年全国发生安全生产事故 506376 起，死亡 98340 人。中国煤炭产量是世界总产量的 35%，但矿难死亡人数占世界矿难死亡人数的 80%，矿难死亡率是美国的 100 倍、南非的 30 倍；国有重点煤矿在安全设备设施和安全工程方面欠账约 500 亿元。① 另外，劳工的职业健康面临极大的威胁。近年来中国受到职业病危害的人数超过 2 亿人，有毒有害企业超过 1600 万家。全国每年新发职业病病例都在万例以上，增长率超过 10%。一系列恶性事件的接连发生使企业对员工的社会责任以及对员工基本权益的保护等问题成为社会公众瞩目的焦点，问题的根源就在于企业责任伦理的缺失。因此，企业对员工的伦理责任是企业生存与发展的根基。

最后，缺乏环境保护意识。

长期以来，我国企业的成长大多具有粗放型经济的特点，在生产过程中很少考虑环境保护问题，将利润建立在破坏和污染环境、浪费资源的基础上，导致经济增长与自然环境之间的矛盾日益突出。历年的环境统计年报表明，全国污染物排放总量很大，污染程度处于相当高的水平，生态恶化的趋势尚未得到有效的遏制，部分地区生态破坏的程度还在加剧。水体污染、大气污染、固体废物污染、水土流失和矿产资源消耗严重。不少企业超标准地排放"三废"，导致环境污染、土地荒漠化、资源短缺、生物多样性锐减等现象发生。据国家环保总局《2007 年中国环境公报》统计，2005 年我国二氧化碳、二氧化硫、破坏臭氧物质 3 种污染物排放量都居世界第一。据中科院测算，环境污染使我们国家的发展成本比世界平均水平高出了 7%，环境污染和生态破坏造成的损失占到 GDP 的 15%。② 在排放污染物的同时，我国大多数企业生产能耗和物耗比较高，资源利用效率和再生产利用效率均较低。有数据显示，我国每创造 1 美元产值所消耗的能源是美国的 4.3 倍、德国和法国的 7.7 倍。目前，我国钢材消费约占全世

---

① 《国有企业绝非矿难的绝缘体》，《经济参考报》2010 年 4 月 1 日。
② 叶金枝、吴莺：《企业社会责任与和谐社会建设》，《党政干部论坛》2007 年第 1 期。

界的 1/4、水泥约占 1/2、氧化铝约占 1/4、煤炭约占 1/3、发电量约占 1/8，而 GDP 却不足全世界的 1/30。2005 年，我国的能源利用率为 33%，矿产资源总回收率为 30%。①

2012 年度中国企业社会责任发展指数数据显示，尽管中国企业整体从对社会责任的旁观阶段进入起步阶段，但仍有六成企业在"旁观"。责任管理指数低于责任实践指数，市场责任指数高于环境责任和社会责任指数。责任实践指数即为市场责任指数、社会责任指数和环境责任指数的均值。责任实践三个方面均处于起步阶段，其中，市场责任指数最高（24.6分），其次为社会责任指数（22.6 分），环境责任指数最低（21.5 分）。主要原因是企业对社会、环境信息披露重视不足。②

民营企业的环境保护意识更是欠缺。2012 年度企业社会责任发展指数数据显示，中国八成民营 100 强企业仍属于旁观者，企业社会责任发展指数平均得分为 15.2 分，少数企业得分为 0 或负数，这些企业仅少量披露甚至不披露任何环境信息。

三　当前我国企业社会责任缺失的原因分析

从现实层面来看，当前我国企业社会责任缺失的原因是多方面的，既有内因又有外因。内因主要是企业自身的逐利本性，加之社会责任意识淡薄，很难靠自觉行为去主动承担社会责任；外因主要表现在政府监管不力、现行法律法规不健全、消费者维权意识淡薄等方面，不能为企业社会责任的履行营造强有力的外在环境。具体而言，当前我国企业社会责任缺失的原因主要有以下几个方面。

首先，企业缺乏社会责任意识。

当前我国许多企业对企业社会责任的内涵缺乏清醒的认识，尚未形成正确的企业社会责任意识，这是很多企业未能有效承担社会责任的主要原因之一。许多企业将企业责任理解为合法经营，认为只要符合《国际劳工标准》、跨国公司的《企业社会责任守则》等规定即可。2006 年，

---

① 汤正华：《试析当前我国企业社会责任缺失的现状与成因》，《江苏工业学院学报》2008年第 4 期。
② 陈佳贵等：《中国企业社会责任研究报告（2012）》，社会科学文献出版社，2012。

中国企业家调查系统对全国 4586 个企业经营者的调查结果表明，被调查者中有 40.8％的受调查者认同"企业社会责任是企业发展到一定阶段后才能顾及的"说法，有 23.3％的人认为"企业社会责任是企业基本责任之外的责任"。2009 年 10 月 18 日，中国社会科学院发布的《中国企业社会责任研究报告（2009）》指出，从 2008 年分析结果看，我国 100 强企业的社会责任整体水平仍然较低，94 家企业的社会责任平均分为 31.7 分，整体处于起步阶段。在中国 100 强企业中，处于领先地位的企业仍是少数，仅有 14 家，约占样本总数的 15％。有 20 家企业居于"追赶者"地位，约占样本总数的 21％。2/5 的 100 强企业仍在"旁观"，没有采取实质性的管理措施，也未向社会披露相关的责任信息。此外，还有 1/5 强的企业仅仅是刚刚"起步"，社会责任管理不成体系，社会责任信息披露不全面、不准确、不及时。将这两类企业汇总可以发现，约有 2/3 的中国 100 强企业责任意识淡薄、责任管理落后、责任信息披露不足。①

　　其次，法律法规不健全。

　　现行法律法规制度不健全是导致我国企业社会责任缺失的原因之一。虽然我国现行的法律法规体系中有多部规定了企业社会责任的内容，如《公司法》《劳动法》《环境保护法》《消费者权益保护法》《企业所得税法》等，但这些规定仍不完备且明显滞后。例如，我国政府曾针对各种污染形式颁布过一系列法律法规，如《大气污染防治法》《水污染防治法》等，但现行的《环境保护法》规定太过原则，可操作性不强，导致政府在规范企业的环保责任时表现无力。《劳动法》也不完善，调整范围极其有限，我国目前在各类企业的就业人员约为 3.6 亿，其中农民工有 1.2 亿以上，但农民工的劳动关系不在《劳动法》调整范围之内。与我国经济高速发展形成鲜明对比的是，有些法律法规已显出明显的落后性，如 1988 年颁布的《污水处理设施环境保护监督管理办法》规定，擅自拆除或闲置处理设施的处 5000 元以下罚款，5000 元的罚款额度对今天的企业来说根本起不到任何惩戒作用，法律的规定形

---

① 《社科院：中国企业社会责任整体处于"起步"阶段》，中证网（广州），http://www.cs.com.cn/xwzx/jsbd/200910/t20091018_2236321.htm，2013 年 10 月 3 日访问。

同虚设，有法也难依。除了法律法规本身的不健全、滞后外，在执法过程中的许多问题亦对现行法律体系的约束力提出了挑战。很多法律法规政策在执行过程中往往阻力重重，究其原因在于强大的利益相关群体。例如，一些重污染的行业在某地落户后，往往会寻求当地利益集团甚至是政府部门的保护，逃脱法律的制裁，或者钻法律的空子，滋生寻租行为。由此可见，法律法规的不健全使企业社会责任缺乏系统的法律约束和保障，缺少了外部的监督和推动力量，使企业在承担和履行社会责任时不能有效地实现有法可依、有法必依，影响企业自觉地履行社会责任。

再次，政府监管缺位。

企业的逐利本性决定了其目标为追求利润的最大化，因此单纯依靠企业自觉履行社会责任是不切实际的，需要政府对企业进行强有力的监督来促使企业履行社会责任。然而，当前我国地方政府只考虑到当地经济发展状况和自身的政绩，缺少对企业履行社会责任的监管意识，造成政府在企业社会责任建设中的监管缺位现象。地方政府的财政收入在很大程度上来源于当地企业上缴的税，导致很多地方政府管理部门只注重企业的利润和税收，而对企业守法行为的监督力度不够，尤其是对企业在安全生产、环境保护、职业健康和员工权益保障方面的监管不严。例如由于某些高污染企业是当地的纳税大户，为了追求地方经济的发展，某些地方政府默许甚至纵容这些不良企业对环境的破坏，对于该企业所造成的环境污染和资源浪费视而不见，从而对一些企业逃避社会责任起到了纵容甚至推波助澜的作用。正如盛顺喜在《企业社会责任缺失的原因及对策》一文中所指出的："企业因不履行社会责任甚至违法而受到的惩罚不足以对企业产生警戒和约束作用，违法成本过低诱发企业甘冒风险来使自身利益最大化，而把成本转嫁给它的利益相关者，因此出现诸如毒牛奶事件、拖欠农民工工资、股市圈钱等恶劣现象。"[1]

最后，企业员工和消费者的维权意识薄弱。

企业员工和消费者是社会的最基本组成单位，也是社会经济活动的直

---

① 盛顺喜：《企业社会责任缺失的原因及对策》，《长沙大学学报》2005 年第 6 期。

接参与者，他们的维权意识直接影响企业的社会责任意识。与作为一个组织存在的企业相比，企业员工和消费者往往处于弱势地位，他们普遍缺乏法律知识和维权意识，在现实生活中即便自身权利受到侵害也很少能够进行有效的维权行动，这也是当前我国企业社会责任缺失的重要原因。因此，增强企业员工和消费者的维权意识，不仅可以提高个人维权的积极性，更会提升企业的社会责任感，加强企业对社会问题的关注，推动企业更好地履行社会责任。

第二章　企业社会责任传播

第一节　企业自身的社会责任传播

企业自身的社会责任传播，是企业社会责任传播的重要环节。随着企业社会责任理念的传播与发展，越来越多的企业开始通过广播、电视、报纸、杂志、网络等媒体形式来传递企业社会责任信息，并通过公司年度报告和企业社会责任报告等手段和方式定期向社会公众和利益相关者披露企业履行社会责任的动机、内容和社会反响等情况。实践表明，这种基于企业自身的社会责任传播不仅有助于构建企业的核心竞争力，树立良好的企业形象，形成可持续竞争优势，而且是提高企业经济绩效的一种重要手段。根据有关资料，《财富》500强企业正是通过年度报告向社会传播其履行社会责任的各类信息，才使得企业社会责任更为广泛地被社会公众所接受，客观上促进了社会责任与经济绩效关联性的研究。[①] 概括而言，企业传播社会责任的途径主要有以下三种。

一　通过大众媒体进行常态化的企业社会责任信息披露

近年来，随着企业社会责任理念的广泛传播，加之危机公关理论的兴起，越来越多的企业开始认识到企业的生存发展与外部环境之间是息息相

---

① 苏蕊芯、仲伟周：《企业传播、企业社会责任与经济绩效关联性研究综述》，《经济管理》2010年第7期。

关的。为了营造有利于自身发展的外部环境，企业必须加强与政府、社会团体、消费者、股东、投资方、社会公众等利益相关者的沟通与交流，加强彼此间的了解，减少信息不对称的情形。因此，企业大多非常重视对大众媒体的积极利用。通过报纸、杂志、广播、电视、新闻网站以及企业网站等媒体传播社会责任信息，已经成为企业与外部利益相关者进行沟通的一种常态机制。

企业对大众媒体的使用可以分为两种情况：第一种情况是利用报纸、电视等传统媒体向外界传递企业承担社会责任的信息，通过传统媒体的地位赋予功能来增强企业组织的合法性；第二种情况是积极利用网络媒体，在全方位展示企业社会责任信息的同时，加强企业与外部环境的互动沟通，防范或减少负面信息可能产生的不利影响。

对企业而言，传统媒体在传播企业社会责任信息、树立企业形象方面具有天然的优势。首先，传统媒体具有较高的权威性和公信力。根据信源可信度理论，基于传统媒体平台的企业社会责任信息可信度更高，更容易为投资方、消费者、政府部门、非政府组织等利益相关者所信服和接受。其次，传统媒体拥有成熟的运作模式与丰富的从业经验，可以及时、准确地传播企业社会责任信息，具有低成本、高效率的优势。但是，传统媒体在传播企业社会责任信息时的缺点也十分明显，同样需要引起企业的重视。第一，传统媒体的灵活性较差。通常来讲，传统媒体的版面和时间资源是比较紧张的，而且栏目的设置和信息的呈现方式也比较固定化，通过传统媒体传播企业社会责任信息，灵活性较差，呈现方式单一，普遍存在同质化的问题，缺少新意。第二，传统媒体的信息时效性问题。传统媒体的信息具有较强的时效性，时效性强是一把"双刃剑"，好处在于信息传递速度快，不好的地方在于信息的生命周期非常短，很难给受众留下深刻印象。因此，通过传统媒体传递企业社会责任信息、树立企业形象，是一项长期工程，需要进行持续不断的信息传递与反复刺激才能奏效。第三，传统媒体的把控性不强。传统媒体是独立于企业的，企业可以通过传统媒体来传播社会责任信息，但传统媒体并不为企业所掌控。所以，企业利用传统媒体的前提是要认真学习并掌握传统媒体传播信息的规律，学会与传统媒体打交道。

在企业社会责任传播中，网络媒体的作用也日益凸显，突出表现在对企业负面信息风险的规避上。企业对网络媒体的使用也分为两种形式：一种是利用门户网站来发布企业社会责任信息；另一种是建立企业网站，打造企业专属的社会责任信息沟通平台。无论是门户网站还是企业网站，都可以被企业使用来发布与社会责任相关的信息，应对各种对企业不利的负面信息，加深利益相关者对企业的了解，减少社会公众对企业的敌意，从而达到声誉管理的目的。

二　以企业年度报告的形式传播企业承担社会责任的信息

传统的年度报告主要梳理企业的财务业绩，在某种程度上可以看作企业的财务报告。近年来，受全球金融危机的影响，越来越多的专家和学者呼吁对传统的企业报告实行变革，在全球范围内涌现出了一种将至关重要的风险因素纳入企业报告之中，即将环境、社会、治理信息整合进企业年度财务报告中的综合报告模式（见图 2 - 1）。例如，丹麦早在 1995 年就要求大型公司在其年度财务报告中披露非财务信息；2010 年，南非发布《公司治理金报告 3》（*King Codes on Corporate Governance – King Ⅲ*），要求所有在约翰内斯堡股票交易所上市的企业都要提交年度综合报告；法国政府也要求员工人数超过 5000 人的公司，从 2012 年开始必须根据新环保法案发布综合报告。[①] 这种模式在传统会计报表中添加新会计科目或以附注形式对企业履行社会责任情况进行披露。具体做法是，在资产负债表的资产栏目中列示社会责任资产，如环境资产；在负债栏目中列示企业的社会责任负债，如企业的环境污染导致的社会损害；在所有者权益中反映社会责任权益项目；或者以附注的形式，反映企业承担和应履行社会责任情况。[②]

综合报告的编制，将企业社会责任表现纳入企业的年度报告中，与企业的财务业绩一起被视为企业长期竞争优势的重要来源之一。在年度报告中披露企业社会责任信息，能够将财务业绩与非财务业绩整合起来，

---

① 张鲜华：《基于可持续发展的企业年度报告研究》，《西北民族大学学报》（哲学社会科学版）2012 年第 3 期。

② 袁蕴：《企业社会责任信息披露研究》，西南财经大学博士学位论文，2007。

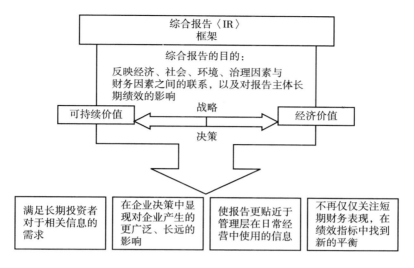

图 2-1　综合报告框架

资料来源：张鲜华：《基于可持续发展的企业年度报告研究》，《西北民族大学学报》（哲学社会科学版）2012年第3期。

弥补了传统年度报告单纯呈现财务信息的不足，使企业年度报告涵盖的议题更为全面。特别是诸如职业健康、工作环境、消费者权益、环境保护等责任议题的出现，不仅增加了企业年度报告的透明度与可信度，增进了利益相关者对企业的了解与信任，而且使各相关方更全面地了解公司发展战略和运营状况，更好地参与到企业活动中来，形成一个良性的互动关系。

从现有的情况看，企业社会责任信息在年度综合报告中的呈现方式主要有两种：一种是分散存在于年度报告的不同部分；另一种是以独立章节的形式出现。无论是分散于不同部分还是以独立章节出现，年度综合报告中的企业社会责任信息"多以确定和描述企业的社会责任实践活动为主，并辅以货币的和非货币的数额来度量这些活动，如公司法人治理结构、职工权益、污染物排放数量、妇女或者少数民族雇员的人数、节约的能源数量、公益捐赠的金额等相关信息"。①

----

① 苏蕊芯、仲伟周：《企业传播、企业社会责任与经济绩效关联性研究综述》，《经济管理》2010年第7期。

从对企业社会责任信息的传播效果来看，年度报告有其优势也有其不足。从优势的层面来看，首先，由于企业年度报告通常具有相关的法律法规进行约束，因此其信息的可信度较高。其次，与大众传播媒体上的信息具有易逝性特点不同，年度报告作为存档文件，可以永久保存；此外，年度报告中的信息发布是有规律的，相关方可以合理预期信息发布的时间，企业对信息发布的可控性也较强。从缺点来看，主要的问题就是年度报告对企业社会责任信息的披露多以分散的形式出现，缺乏系统性和规范性，不能全面、深入地反映企业社会责任实践活动的情况；另外，传播的范围比较有限，使得企业社会责任传播的广度不够。

三　编制并发布专门的社会责任报告来传播企业社会责任

20世纪60年代以来，环境污染、产品质量、员工福利、消费者权益保护等问题不断出现，并引起了社会各界的广泛关注，各方声音一致要求企业不能单纯地以股东利润最大化为目标，应对除股东之外的更广大的利益相关方负责，以实现可持续发展。在这种压力下，企业纷纷选择发布社会责任报告来披露企业社会责任信息，以应对日趋复杂的经营环境。与年度报告中对企业社会责任信息的零散披露不同，企业社会责任报告是企业用来专门传播社会责任信息的载体，也是企业与利益相关方沟通的主要途径。

企业社会责任报告，简称CSR报告，是企业将其履行社会责任的理念、战略、方式方法，其经营活动对经济、环境、社会等领域造成的直接和间接影响，以及取得的成绩及不足等信息，进行系统的梳理和总结，并向利益相关方进行披露的一种方式。[①] 早期的企业社会责任报告多为环境报告，后来随着企业社会责任议题的增多，现在企业的社会责任报告在内容和形式方面也日益多样，包括环境报告、雇员报告、安全报告、慈善报告等单项报告，以及囊括经济、环境、社会责任议题的可持续发展报告、企业公民报告等综合性报告。特别是在近几年里，企业通过社会责任报告的形式传播企业在环境保护、社区发展、消费者权益保护、员工健康等领

---

① "企业社会责任报告"，参见百度百科，http://baike.baidu.com/view/4327166.htm#5，2014年1月6日访问。

域承担社会责任的行为越来越普遍，逐渐成为社会公众感知企业责任意识的重要途径，也是利益相关方选择和评判企业的主要参考依据。根据专门统计和公布全球企业社会责任报告的 Corporate Register 的数据，在 1992 年全球有 26 家公司披露社会责任报告，1999 上升到 639 家。最新的数据显示，2006 年公布的企业社会责任报告增加到了 2235 份。企业社会责任报告数量呈现强劲的增长势头。1992～2006 年短短的 14 年间，全球的企业社会责任报告数量猛增了近 100 倍。①

在我国，尽管企业社会责任运动起步较晚，但近年来企业社会责任报告数量的逐年攀升也传递了一个非常积极的信号：越来越多的企业将社会责任纳入企业的经营活动，中国企业的社会责任意识正在逐渐觉醒。根据瑞森德企业社会责任机构的数据统计，2009 年在我国境内经营的企业发布了多达 600 多份的企业社会责任报告（包括以企业公民报告、可持续发展报告等名称发布的报告）。② 2006 年，国家电网公司发布中央企业首份社会责任报告，成为我国企业社会责任报告发展进程中的里程碑事件。2006 年 12 月 12 日，中国纺织工业协会发布了中国第一份有关企业社会责任发展状况的行业综合报告——《2006 中国纺织服装行业社会责任年度报告》。2007 年 7 月，山东省环保局委托青岛理工大学编写《山东省企业环境报告书编制指南》，并通过专家鉴定。2008 年 6 月，中国纺织工业协会发布《中国纺织服装企业社会责任报告纲要（2008 年版）》（简称 CSR – Gates），启动了纺织企业编制可持续发展报告的试点工作。自此以后，我国企业掀起了发布企业社会责任报告的热潮，企业社会责任报告数量逐年递增，而且呈现连续性。例如，中国平安自 2004 年发布企业公民报告以来，至今从未中断，从 2008 年起中国平安将"年度企业公民报告"改为"年度企业社会责任报告"，更加全方位地展示企业的社会责任承担情况，表明中国平安企业社会责任实践正在逐步走向成熟。

据统计，2012 年中国企业社会责任报告数量达到 1006 份，2013 年达

---

① 李赢：《企业社会责任报告：内容、质量及其影响因素——基于中国上市公司独立社会责任报告的实证研究》，西南财经大学硕士学位论文，2009。

② 代金云：《社会责任信息披露动因研究综述》，《中国集体经济》2012 年第 1 期。

到 1231 份，比上年同比增长 22.4%。其中连续 3 次及以上发布报告的企业占 66.7%，其中第 5 次发布社会责任报告的企业达到 335 家，占 30.9%。特种设备制造业、电力供应业、银行业、石油和天然气开采与加工业 4 个行业社会责任报告综合得分达到三星以上水平，中央企业社会责任报告质量最高，国有企业和外资企业的社会责任报告水平领先于民营企业。在中国企业社会责任报告的完整性、实质性、可比性、可读性、平衡性和创新性等六大指标中，实质性平均得分为 47.5 分，表现较好；其他性质得分都在 40 分以下，表现不佳，其中，可读性相对较好，可比性和平衡性相对较差（见图 2－2、图 2－3）。尽管有各种不足，但越来越多的中国企业确实把编制并发布社会责任报告当做传播企业信息、塑造企业形象的重要方式。

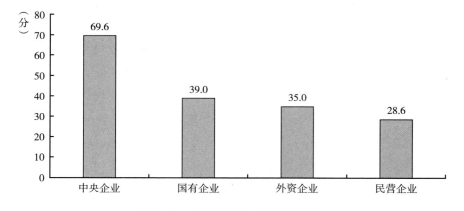

图 2－2　不同性质企业的报告得分

资料来源：《社科院发布〈中国企业社会责任报告白皮书（2013）〉》，经济参考网，http：//jjckb. xinhuanet. com/2014－01/17/content_ 487886. htm，2014 年 4 月 4 日访问。

企业社会责任报告可以将企业的社会责任实践活动以独立的书面化的形式集中呈现，便于企业社会责任信息在各个利益相关者之间传播，是一种十分高效的企业社会责任传播方式，有利于改善企业与利益相关方的关系，增进彼此间的理解与信任，避免或减少由于信息不对称所带来的冲突和摩擦。但是，现有的很多社会责任报告普遍存在报喜不报忧的缺点，仅仅将企业社会责任报告作为企业对外宣传的一个"面子工程"，通过简单罗列企业在社会公益、慈善救助等方面的表现来粉饰企

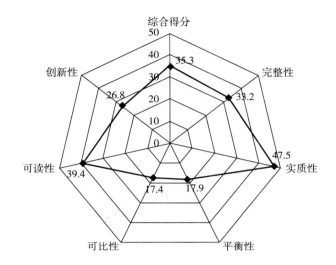

图 2 - 3 社会责任报告六大性质及综合得分比较

资料来源：《社科院发布〈中国企业社会责任报告白皮书（2013）〉》，经济参考网，http：//jjckb. xinhuanet. com/2014 - 01/17/content_ 487886. htm，2014 年 4 月 4 日访问。

业形象，根本没有认清企业社会责任报告的本质功能和作用。如此一来，不仅很难实现企业与利益相关方的有效沟通，反而会给利益相关方传递消极的企业信号，损害企业自身的形象。如果企业仅仅将企业社会责任报告当成一本公关宣传册，不能从改善企业经营的角度上认真对待企业社会责任报告，表面光鲜的企业社会责任报告也可能演变成增加企业风险的重要因素，这点是值得相关企业警觉和反思的。

第二节 媒体对企业社会责任的传播

近年来，随着媒体对企业社会责任问题关注的不断拓展和深化，媒体在企业社会责任构建中的地位和作用也在发生变化。具体而言，媒体对企业社会责任的传播方式有以下三种：一是将企业社会责任履行情况作为新闻事件进行报道；二是对企业履行社会责任状况进行评估；三是与其他机构合作开展企业社会责任研究。

一　将企业社会责任履行情况作为新闻事件进行报道

随着企业社会责任缺失的问题日益凸显，企业履行社会责任已从单纯的新闻报道事件逐步演变为一个重要的公众议题，进而成为媒体报道的焦点，涉及环境保护、安全生产、食品安全、医疗卫生等众多领域。总体而言，媒体对企业社会责任履行情况的报道主要通过两个途径：一是对问题企业违背社会责任的各种现象进行揭露；二是对履责企业承担社会责任的行为和举措进行宣传。通过正反两方面的报道，一方面将不负责任企业的行为公之于众，利用舆论压力迫使其履行企业社会责任；另一方面，通过对积极承担企业社会责任的企业予以充分的宣传表扬，不仅提升了这些企业的公众形象，而且为其他企业树立了承担企业社会责任的榜样，起到了很好的激励和示范作用。

2012 年 4 月 15 日，央视《每周质量报告》以《胶囊里的秘密》为题，曝光河北一些企业用生石灰处理皮革废料，熬制成工业明胶，再卖给一些企业制成药用胶囊，最终流入药品企业的违法行为，并对涉事的吉林修正药业、通化金马药业、长春海外制药集团等 9 家药厂 13 个批次药品进行了曝光。① "毒胶囊" 这三个字犹如一枚重磅炸弹，迅速引爆全国，成为全国各级各类媒体关注的焦点。在媒体对 "毒胶囊" 事件曝光的同时，政府部门迅速作出反应，采取了一些措施对问题药品进行处理，对生产企业进行整顿，并采取严厉措施打击非法明胶生产企业及问题胶囊制造企业。国家药监部门按照企业全覆盖、品种全覆盖、产品批次随机抽样的原则，在全国范围内对药用明胶和胶囊生产企业进行了全面排查，并定期公布药用明胶和胶囊抽检铬超标企业名单。公安部对 "毒胶囊" 事件也高度重视，第一时间部署河北、浙江、江西、山东等地公安机关介入侦查，积极会同有关部门开展查处工作，彻查严打 "毒胶囊" 犯罪。② 最高人民检察院于 5 月 2 日召开部分省级检察院查处 "问题胶囊" 事件所涉渎职等职务犯罪工

① 《央视曝吉林修正等药企用皮革废料做胶囊》，凤凰网资讯，http：//news. ifeng. com/mainland/detail_ 2012_ 04/15/13900906_ 0. shtml，2013 年 4 月 15 日访问。

② 《 "毒胶囊" 事件：公众期待一个让人信服的说法》，凤凰网资讯，http：//news. ifeng. com/mainland/detail_ 2012_ 04/19/13992947_ 0. shtml，2013 年 4 月 19 日访问。

作座谈会，高检院党组副书记、副检察长邱学强出席会议并讲话。他强调，各级检察机关要坚决查处"问题胶囊"事件所涉渎职等职务犯罪，以强化法律监督的实际成果保障人民群众的切身利益。① 卫生部发出《关于配合召回和暂停使用部分药品生产企业胶囊剂药品的通知》，要求各级各类医疗机构要积极配合药监部门召回铬超标药用胶囊事件相关药品生产企业生产的检验不合格批次药品；各级各类医疗机构立即暂停购入和使用铬超标药用胶囊事件相关药品生产企业生产的所有胶囊剂药品，待检验合格后方可购入和使用。② 2012 年 4 月 21 日，有关部门再次召开联席会议，研究部署了进一步工作安排。要求进一步形成由药监部门牵头，公安、监察、卫生、质检等部门参加的密切协作、配合办案的工作机制，全面清理整顿明胶生产和药用胶囊生产企业；派出多部门组成的联合督导组，再次赴浙江、河北、江西等地，督促当地政府对铬超标药用胶囊事件加快调查；继续全面开展药用明胶、药用胶囊生产企业和产品的排查检验工作，对所有产品进行检验，确保进入市场销售和使用产品的安全性。③ 在媒体和政府各部门的共同努力下，相关问题明胶生产企业被查封，涉事的胶囊产品被停用或停售，在多重压力下，一些药企通过媒体向社会公众致歉，并向社会承诺在日后的经营活动中积极承担社会责任。

在履行社会责任方面，海尔集团是国内企业的楷模，2008 年 3 月，海尔第二次入选英国《金融时报》评选的"中国十大世界级品牌"。2008 年 6 月，在《福布斯》"全球最具声望大企业 600 强"评选中，海尔排名第 13 位，是排名最靠前的中国企业。2008 年 7 月，在《亚洲华尔街日报》组织评选的"亚洲企业 200 强"中，海尔集团连续 5 年荣登"中国内地企业综合领导力"排行榜榜首，④ 充分显示了社会各界对海尔集团履行企业

---

① 《最高检：坚决查处"问题胶囊"事件所涉渎职等职务犯罪》，新浪新闻，http://news.sina.com.cn/o/2012 – 05 – 02/200524358763. shtml，2013 年 5 月 2 日访问。

② 《卫生部发出通知要求召回并停购涉事药企胶囊》，搜狐新闻，http://news.sohu.com/20120422/n341269232. shtml，2013 年 4 月 22 日访问。

③ 《有关部门全力以赴，查控铬超标胶囊》，《经济日报》多媒体数字报刊，http://paper.ce.cn/jjrb/html/2012 – 04/22/content_ 205214. htm，2013 年 4 月 22 日访问。

④ 《海尔集团企业社会责任资料》，人民网，http://finance.people.com.cn/GB/8215/164959/173801/10546235. html，2012 年 10 月 2 日访问。

社会责任的认可。28 年以来，海尔集团在"真诚到永远"的理念指导下，一直积极承担社会责任，投身社会公益事业，用真情回报社会。据不完全统计，截至 2009 年，海尔用于公益事业的资金和物品价值已超过 5 亿元。在自然灾害袭击之时，海尔集团体现了一个全球化企业的社会责任感。2008 年，海尔集团启动"重建家园"计划，支持四川抗震救灾，累计投入 1937 万元支援灾区重建。同一年，在古巴连续遭受飓风袭击后，海尔集团向古巴捐助总价值约 15 万美元的冰箱、彩电、电脑等家用电器。2009 年，中国台湾地区发生水灾，海尔在"跨越海峡的爱心——援助台湾受灾同胞赈灾晚会"上向台湾同胞捐款 200 万元人民币。海尔的社会责任意识与行动为社会各界树立了一个承担企业社会责任的典范。2009 年 7 月 16 日，中华慈善总会成立 15 周年纪念大会暨中华慈善事业突出贡献奖表彰大会在北京召开。会上，海尔集团荣获"中华慈善企业突出贡献奖"。2009 年 9 月 19 日，由中国企业 CSR 研究中心等机构主办的"六十华诞·责任中国——2009 中国企业社会责任研讨会"发布了"2009 中国企业社会责任榜 100 强"榜单，海尔集团荣获"2009 中国企业社会责任特别大奖"，海尔的"一枚金牌一所希望小学"活动案例荣获"2009 中国企业履行社会责任优秀案例"。海尔集团首席执行官张瑞敏曾亲自撰文《海尔是海》，提出"海尔应像海，为社会、为人类做出应有的贡献。只要我们对社会和人类的爱'真诚到永远'，社会也会承认我们到永远，海尔将像海一样得到永恒的存在"。

国家在"十一五"计划中将节能减排工作列为重点工作，海尔集团采取了一系列环保举措，成为节能减排标杆企业，其所付出的努力也得到社会各界的一致好评。2009 年 5 月，美国《商业周刊》公布"中国绿色经济大奖——企业奖"名单，海尔集团是唯一入选的中国家电企业。《商业周刊》对海尔的评价是："随着中国家庭日渐富裕，家电消费不断增长，海尔正努力让节能环保技术'平民化'。"2009 年 6 月，中国标准化研究院能效标识管理中心公布了 2009 年中国家电节能榜，海尔获首批"优秀节能家电企业"称号。鉴于海尔集团的优异表现，2009 年 7 月，中宣部向《人民日报》、新华社、《光明日报》、《经济日报》、中央人民广播电台、中央电视台、《科技日报》7 家中央级媒体下发通知，宣传企业大力研发、推广高效节能空调，促进节能减排，履行社会责任，惠及千家万户的情况，海尔集团是中宣部所确定的重点报道典型之一。《人民日报》、新华社等媒体已刊发报道海尔创新的文章。2011 年 6 月 17 日，由中华慈善总会、中国保护消费者基金会等联合主办的第三届中国企业社会责任年会在京召开，海尔集团荣获"2011 中国企业社会责任特别大奖"、"中国履行社会责任优秀企业家"（张瑞敏）、"中国社会责任环保奖"、"2011 企业履行社会责任优秀案例奖"等奖项，3 年蝉联"中国企业社会责任特别大奖"。① "中国企业社会责任特别大奖"的评选涵盖了环境保护与节能减排、供应链伙伴关系、良好的公众形象等十大项 44 小项指标，是对企业的全方位考核，只有在各方面均表现突出的企业才能进入榜单，而海尔集团能够连续 3 年获此殊荣，不仅是对海尔集团多年来在履行社会责任方面坚持不懈努力的高度肯定，同时也为中国家电业向着健康、绿色方面发展提供了参照。事实证明，一个有社会责任感的企业，消费者对其产品会更加信赖。世界权威市场调查机构欧睿国际（Euromonitor）最新数据显示，2010 年海尔集团独揽 6 个世界第一，并以 6.1% 的市场份额蝉联全球大型家电第一品牌。② 这反映了全球消费者对海尔全面履行社会责任的高度认可。专家表示，海尔获得多项殊荣不仅体现了其在可持续发展、履行社会责任等方面的行业领先性，同时也将激励更多的企业在绿色环保和社会公益事业等方面为我国和谐社会建设作出贡献。

二　媒体对企业履行企业社会责任状况进行评估

在实践中，很多媒体站在第三方的立场，通过调查、评选、颁奖等过程，对企业履行社会责任的状况进行评估，通过激励机制促使更多的企业积极参与企业履行社会责任活动。

《南方周末》是国内第一个完全以科学、可测的第三方数据为研究基础，对企业资产规模与社会责任作出综合研究与评估的机构，以新闻的力

---

① 《海尔连续三年蝉联"中国企业社会责任特别大奖"》，中国广播网，http：//www.cnr.cn/gundong/201106/t20110621_ 508121596. shtml，2012 年 9 月 19 日访问。

② 《情系教育爱心奉献，海尔再捐 600 万元援建希望小学》，新民网，http：//news.xinmin. cn/domestic/gnkb/2011/06/09/11089118. html，2012 年 9 月 19 日访问。

量，关注企业在社会责任方面的建设和所作努力。2004 年，《南方周末》在国内首创"中国（内地）民营企业创富榜"，率先开启了中国企业社会责任问题的调研，通过设立包括"经营状况""社会贡献""社会责任""公众形象"在内的综合评估体系，生成一张对中国民营企业在资产规模与社会责任方面作出全面评估的榜单，提倡企业家践行"为商有道、兼济天下"的"既富又仁"的价值观。2005 年，在"中国（内地）民营企业创富榜"的基础上，《南方周末》在企业社会责任评选中又增加了"世界 500 强企业在华贡献排行榜"，通过专业调研队伍、权威顾问团队，以"全球视野，中国立场"为立足点，对世界 500 强在华企业进行综合评估，推出权威的排行榜。2008 年 6 月 6 日，《南方周末》创办了南方周末·中国企业社会责任研究中心，在整合"中国（内地）民营企业创富榜"和"世界 500 强企业在华贡献排行榜"的同时，增设"国有上市企业排行榜"，提出了一个推动中国国有上市企业向"大行有义·大责无疆"发展的社会价值尺度。至此，《南方周末》的中国企业社会责任榜单涵盖了民营企业、外资企业和国有企业三类主要企业，简称"三榜"。① 同样是在 2008 年，《南方周末》联合中国民（私）营经济研究会、中华全国总工会宣教部、南开大学跨国公司研究中心、复旦大学管理学院等单位，以经营状况、社会责任、社会贡献、公众形象为指标，对中国国有上市企业、世界 500 强在华企业和民营企业的社会责任履行情况进行综合评价，开展中国企业社会责任评选活动，形成三大榜单向全社会传播"责任同行"的理念，倡导正确的企业责任方向，引导企业、社会的和谐发展。至今，这一评选活动已连续开展 5 年。

2011 年，《南方周末》开展了"中国企业社会责任创新奖"的评选活动，评选结果于 2012 年 1 月公布，沃尔沃集团、奇虎 360、腾讯公司、安利公司、宝洁公司等企业榜上有名，分别获得了企业社会责任战略管理奖、企业社会责任创新案例奖、企业社会责任基金会贡献奖、企业社会责任供应链管理奖。② 2012 年 9 月，《南方周末》主办中国企业社会责任年

① 《2009 年南方周末企业社会责任评选发布》，新浪财经，http://finance.sina.com.cn/hy/20100107/10497207521.shtml，2012 年 9 月 21 日访问。

② 《中国企业社会责任创新奖评选》，《南方周末》网站，http://www.infzm.com/content/67338，2012 年 9 月 21 日访问。

会颁奖盛典，"不做责任时代旁观者"的口号成为颁奖典礼的主线。关注食品安全的掷出窗外网和专注民间救援的壹基金救援联盟获颁年度特别关注奖。福耀玻璃集团董事长曹德旺、百年职校创办人姚莉、立人乡村图书馆创办人李英强、著名学者于建嵘、广东省卫生厅副厅长廖新波以及佳能（中国）总裁小泽秀树6人获评年度责任领袖。在揭晓6位年度责任领袖的同时，还颁发了责任案例、责任执行团队、责任执行官、责任报告、"三榜"最佳企业及优秀企业等多个奖项。本届年会还发布了由南方周末·中国企业社会责任研究中心、百度风云榜、凯迪网等数据调研与分析机构联合推出的《南方周末2012中国企业社会责任调研蓝皮书》，这是国内首份由传统媒体调研机构与新媒体调研机构联手打造的专门领域报告。① 南方报业传媒集团副总编辑王更辉说："我们无法提供答案，但是我们可以提供这样一个讨论和交流的平台，让中国最有可能提供答案的一群人坐在一起。我们相信，这是一个好的开始——开始让这个世界变得更好。"

在《南方周末》对企业社会责任持续关注的同时，《中国新闻周刊》、第一财经等也以自身的努力推动中国企业社会责任的发展。2008年1月16日，由《中国新闻周刊》和中国红十字基金会联合主办的第三届"中国·企业社会责任国际论坛暨2007最具责任感企业颁奖典礼"在北京举行。论坛上，16家经济效益与社会贡献均取得突出成绩的优秀企业荣获2007年"最具责任感企业"殊荣。② 2008年，首届"第一财经·中国企业社会责任榜"在社会和企业界引起了巨大反响，获得了广泛认同。在深入剖析和总结中国企业在社会责任范畴内的成就和经验基础上，2009年6月至11月，第一财经联合《中国新闻周刊》《环球企业家》《商业评论》《北京青年周刊》以及FT中文网、凤凰网、金融界等媒体同仁开展了第二届"中国企业社会责任榜"的评选活动，评选以"共创·共赢·共享"为年度主题，整合旗下广播、电视、日报、网站、周刊、论坛六大平台和第一财经

---

① 《第四届中国企业社会责任年会在京圆满落幕》，网易新闻，http：//news.163.com/12/0905/14/8AL7L60E00014AEE.html，2012年9月21日访问。

② 《2007第三届中国·企业社会责任国际论坛》，新浪财经，http：//finance.sina.com.cn/focus/3thzgqysh/index.shtml，2012年9月22日访问。

研究院的强势资源，并引入第三方认证机构——挪威船级社全程参与和独立评价，把中国境内合法注册并经营 3 年以上的独立法人企业或集团（烟草行业除外）纳入统一的研究框架，采用专业、权威的研究方法，细化和丰富奖项内容，设立了环境友好奖、员工关怀奖、社会贡献奖、产业创新奖、优秀实践奖等奖项，全面、公正和客观地展现企业在履行社会责任过程中的成就与创新，继续为在中国倡导 CSR 理念贡献一份主流媒体的力量。[①] 2009 年，在北京大学管理案例研究中心和《经济观察报》联合举办的中国"最受尊敬企业"评选中，青岛啤酒公司荣获了"最受尊敬企业"称号。2012 年 2 月 22 日，由中国新闻社、《中国新闻周刊》主办的"第七届中国·企业社会责任国际论坛暨 2011 最具责任感企业颁奖典礼"在钓鱼台国宾馆芳菲苑举行，国家开发银行、中国工商银行、中国石化、中国南车、大众汽车集团（中国）、现代汽车（中国）、安利（中国）、中国民生银行、中国平安、百度、陕鼓集团、旅游卫视 12 家企业获得"2011 最具责任感企业"奖项。[②] 2012 年 9 月，由《每日经济新闻》联合众多环保组织举办的"第三届中国企业环保清馨奖颁奖典礼"在北京举行，上海大众汽车、雪铁龙、水井坊等 16 家企业获奖。评选活动围绕企业供应链管理、企业内部管理、品牌与沟通、战略与治理、清馨案例进行界定和评价，旨在寻找绿色未来践行者。中国节能企业联合会会长沈海龙指出，"十二五"期间，中国节能环保企业发展面临来自国内外的巨大挑战，同时也有良好的机遇。作为企业，必须要承担社会责任，迎接新的企业转型以及绿色清馨时代。[③]

从上述媒体的努力中我们可以看出，《南方周末》、第一财经、《中国新闻周刊》等主流媒体凭借其自身强大的影响力，通过对企业履行社会责任的调研和评选，不仅为中国企业树立了承担社会责任的典范，也深入剖析和总结了中国企业在履行社会责任方面的成就和经验，为开展企业社会

---

① 《第一财经·中国企业社会责任榜》，第一财经，http：//csr. yicai. com/2012/wqhg. html，2012 年 9 月 23 日访问。

② 《2011 年"最具责任感企业"22 日揭晓》，和讯网，http：//news. hexun. com/2012 - 02 - 22/138545348. html，2012 年 10 月 8 日访问。

③ 温玉姣：《第三届环保清馨奖揭晓》，《中国环境报》2012 年 9 月 7 日第 6 版。

责任实践，推动企业社会责任理念在中国的普及提供了良好的沟通与学习平台。

三　媒体与其他机构合作开展企业社会责任研究

在企业社会责任传播活动中，媒体还与其他社会组织（如学术机构）、政府部门开展合作，通过举办讲座、研讨会以及开展课题研究等形式进行企业社会责任研究，推进企业社会责任理念的创新与发展。

为了进一步倡导企业社会责任的理念，由国家发改委、商务部、国务院国资委、国家工商总局、国家质检总局、国家安监总局、国务院侨务办公室、中华全国总工会指导，中国新闻社、《中国新闻周刊》主办的"中国·企业社会责任国际论坛"于 2005 年正式拉开帷幕。"中国·企业社会责任国际论坛"定位于"财富公益论坛"，倡导"责任创造和谐"的企业价值观，聚焦推动社会可持续发展的商业创新模式，推动社会责任理念在中国的普及。该论坛于每年"两会"前推出，是政府与企业重要的政策沟通参与平台，国内外政府、企业、学界带头人在此探讨社会责任在不同领域的践行情况。迄今为止，该论坛已成功举办 7 届，每年论坛都会根据国内企业在产品及服务品质、生产安全、环境污染等方面出现的新情况，聚焦不同的主题，如"第三届中国·企业社会责任国际论坛"将焦点锁定在品质、环保、公益三大领域，第七届论坛的主题为"转变开局：责任的重思与重构"，聚焦经济转型期的责任内涵，探寻经济发展方式转变，对责任进行重思和重构。①

2006 年 7 月正式开展的"2006 中国企业社会责任调查活动"，是国内首个面向全国优秀中外资企业开展的社会责任理念与实践的大型调查，本次调查的主办方是北京大学民营经济研究院和《环球企业家》杂志社；中央电视台、中华全国工商业联合会、中国光彩事业促进会、《经济观察报》作为联合机构参与整个调查过程并共同发布调查结果；北京大学光华管理学院、北京大学中国经济研究中心、清华大学经济管理学院、中欧国际工

---

① 《第七届中国·企业社会责任国际论坛：转变开局：责任的重思与重构》，和讯新闻，http：//news. hexun. com/2012/shzr/，2012 年 10 月 8 日访问。

商学院、长江商学院提供学术支持；民意调查工作由盖洛普咨询有限公司和零点研究咨询集团承担。众多媒体的加入使得本次调查更具广泛性和影响力，《人民日报》《中国企业家》《商界》《英才》《财经》《当代经理人》《21世纪经济报道》《经济观察报》《中华工商时报》《北京青年报》《中国日报》《经济日报》《新财富》《金融时报》《中国青年报》《中国经济时报》，以及凤凰网、新浪网等几十家媒体全程跟踪报道。调查活动全程持续6个月，重点关注2005～2006年度中国境内经营状况良好并在履行社会责任方面表现突出的各行业的不同所有制企业。调查活动以北京大学民营经济研究院完成的科研成果《中国企业社会责任调查评价体系与标准》为依据，对企业的股东权益责任、社会经济责任、员工权益责任、法律责任、诚信经营责任、公益责任、环境保护责任等指标进行量化比较，经过了多轮专家论证和实践操作检验，在指标完备性、操作可执行性、检验结果拟合度等方面均表现良好。企业通过自愿报名、组委会主动征询、专业人士推荐等不同方式参加调查，经过企业信息采集、技术计量、社会公示、专业调查机构民意调查、公众投票、专家评估等环节，调查最终产生前20家最具社会责任感的优秀企业以及企业单项奖和企业家个人奖，同时发布《中国企业社会责任状况白皮书》和《中国企业最缺乏社会责任感十大事件》，出版《中国企业社会责任案例》。[①] 这样一个由媒体、政府和学术机构联合举办的大型活动，无疑对社会公众很好地了解企业履行社会责任现状具有很大的促进作用。

《南方周末》一贯以"正义、良知、爱心、理性"作为办报的宗旨，作为一家深具责任感的新闻媒体，以专注的行为看待企业的社会责任。2008年成立的南方周末·中国企业社会责任研究中心致力于对企业社会责任体系进行研究，推动中国企业社会责任的健康履行。2008年8月31日，该中心与中山大学管理学院联合举办社会责任大讲堂。此后，社会责任大讲堂成为《南方周末》推行企业社会责任的主要途径之一。南方周末·中国企业社会责任研究中心联合学术支持单位，在全国高校邀请专家学者及

---

① 《2006中国企业社会责任调查活动介绍》，新浪财经，http://finance.sina.com.cn/hy/20060713/16212730063.shtml，2012年10月8日访问。

企业代表做主题演讲，使社会公众和企业了解企业社会责任领域的前沿问题，分享优秀企业的成功案例，为企业和社会的沟通提供交流平台。2009年，《南方周末》联合国内首推责任基金的兴业全球基金，共同打造全年主题为"资本力量　责任未来"的全新大讲堂活动，并于10月、12月分别在厦门大学、复旦大学和中国人民大学举行系列讲堂活动，受到了当地企业与高校师生的欢迎，获得了良好的反响。2010年社会责任大讲堂开展高校行活动，以企业社会责任在高校进行普及教育为目的，以政府、研究中心及企业领袖联盟为主要核心，打造政府官员、学者、专家和优秀社会责任企业领袖及学生们共同探讨社会责任的平台。南方周末·中国企业社会责任研究中心同时聘请政府官员、海内外知名学者及相关协会专家担任顾问，除对三大榜单及其他运营项目提供智力支持外，还定期发布特刊，并将研究中心、各学术支持单位的社会责任案例及研究成果结集出版，以持续推动企业社会责任理念传播。正如南方报业传媒集团社委文建明先生所言："作为一份有社会责任感的报纸，我们倡导企业的社会责任行为需要的是系统的认知与实践，而不是简单的捐助行为，慈善与社会责任是有很大概念不同的。企业的社会责任行为应该是长期的，作为整个企业经营管理的一部分，成为一种有延续性的可持续发展战略行为。"[1]

由商务部创办并主管的《WTO经济导刊》，自2004年关注企业社会责任以来，在企业社会责任宣传报道、研究咨询、培训研讨、国际交流等方面做了大量工作，已成为国内全面、持续关注企业社会责任研究动态、成果和实践的前沿媒体。《WTO经济导刊》主办的"企业社会责任国际论坛"，是国内专业化和国际化水平较高的社会责任论坛之一，论坛坚持"超越财富荣耀、责任引领未来"的理念，自2006年起，连续举办了6届，累计有近千家国内外知名企业的2000多人（次）参加论坛研讨，就60多个社会责任核心议题与国内外专家学者开展研讨交流，论坛期间共发布了4份年度《中国企业社会责任实践基准报告》，为社会各界了解中国企业社会责任发展现状、为中国了解全球社会责任最新趋势提供了一个窗口，亦为中国企业社会责任的研究者和实践者提供了交流碰撞的平台，提

---

① 方静：《南方周末，读懂企业社会责任》，《南方周末》2008年9月24日。

升了中国企业社会责任的实践水平，促进了中国企业社会责任的发展和国际交流。2008 年 4 月，由《WTO 经济导刊》、中德贸易可持续发展与企业行为规范项目、欧洲企业社会责任协会、日本社团法人海外事业活动关联协议会联合主办的"第三届金蜜蜂企业社会责任国际论坛"在北京举行。论坛期间推出了《国家责任竞争力》一书的中文版，并第一次发布责任竞争力中国报告。作为中国最具特色的社会责任报告专业交流平台，由《WTO 经济导刊》、中国可持续发展工商理事会共同举办的"责任沟通创造价值——第四届企业社会责任报告国际研讨会"于 2011 年 12 月 2 日在北京举办。本届研讨会，延续前三届企业社会责任报告国际研讨会的专业化、国际化特色，介绍全球社会责任报告最新发展趋势，交流高质量社会责任报告编制的经验，探讨社会责任报告的沟通与传播价值，并发布了《金蜜蜂中国企业社会责任报告研究 2011》与"金蜜蜂 2011 优秀企业社会责任报告榜"。2012 年 5 月 26 日，《WTO 经济导刊》联合腾讯财经、无限极（中国）有限公司在北京世纪金源大酒店举行"责任沟通创造价值——企业社会责任报告研讨会"。会议从当前社会责任报告发布现状分析入手，针对报告编制、使用中存在的突出问题，邀请有关企业和专家，通过实践案例的分析和讨论，探索报告编制、使用和传播的最佳路径。①

第三节　媒体在企业社会责任传播中的角色和作用

媒体是社会的喉舌，具有传播信息、引导舆论、监督社会和文化传承等功能。由于其自身的功能和属性，大众媒体在企业社会责任的传播过程中扮演着十分重要的角色，媒体的积极参与被看作企业履行企业社会责任的必要手段。具体而言，媒体在企业社会责任传播中的角色和作用表现在以下五个方面。

一　媒体是企业社会责任的提倡者

近年来，我国新闻媒体积极提倡企业社会责任，报纸、网络、电视、

---

① 企业社会责任中国网，http://csr-china.net/index.aspx，2012 年 10 月 9 日访问。

广播等都对企业社会责任问题进行了不遗余力的报道，使企业社会责任话题受到社会各界的广泛关注。大众传媒覆盖面广，反应迅速，影响力大，得益于上述特点，新闻媒体在企业社会责任传播中成功地扮演了提倡者的角色，成为企业社会责任建设的重要助推器。作为企业社会责任的提倡者，媒体以大量的篇幅对企业社会责任的概念、内容、理论基础等问题进行了详尽的介绍。在倡导企业社会责任方面表现非常突出的媒体是《WTO 经济导刊》。该刊自 2004 年起开辟了许多具有代表性的企业社会责任专栏，如企业社会责任研究板块、企业社会责任培训板块、企业社会责任运动板块以及企业社会责任新闻板块等，用来介绍企业社会责任的概念、发展历程、发展现状和实践案例等，成为国内企业社会责任交流和传播的重要平台。由民政部主管、中国社会工作协会主办的《公益时报》创办于 2001 年，是我国第一份全国性、综合性、公益类报纸，也是我国较早引进企业社会责任理念的媒体之一。进入 21 世纪后，"企业公民"一词成为企业社会责任领域里出现频率最高的词语，这一阶段被认为是企业社会责任发展的高级阶段，《公益时报》为"企业公民"概念在中国的传播作出了积极努力。2003 年 6 月，《公益时报》用 4 个专版开辟了《企业公民专刊》，主要介绍企业社会责任的相关理念和报道企业社会责任的行为。除了上述两家媒体外，企业社会责任在线（www. olcsr. com）和企业社会责任中国网（www. csr – china. net）、中国企业公民网（www. chinacccc. org）等网络媒体，社科院企业社会责任研究中心（www. cass – csr. org）、企业社会责任资源中心（www. csrglobal. cn）等机构也通过其网站为中国企业社会责任的传播与推广作出了积极的贡献。通过上述介绍可以看出，在对企业社会责任的宣传和传播上，媒体的力量得到充分的彰显和运用，媒体不只为我国引进了企业社会责任的概念，更为这一概念的具体落实做了许多工作，引导中国企业朝向良性化的方向发展。

二 媒体是企业社会责任信息的披露者

企业社会责任信息披露（Corporate Social Responsibility Disclosure, CSRD），是指企业向社会和更广泛领域的各利益相关群体披露其经济行为对社会和环境影响的行为过程。① 媒体对企业履行财务情况、员工权益保护状况、商品质量及消费者投诉状况、环境污染状况、社区关系状况等方面信息进行及时、准确的披露，不仅有利于增加企业的透明度，将企业的经营活动置于公众的视野之中，对企业社会责任承担情况进行全方位的监督，同时也可以减少企业与利益相关者之间的信息不对称，增进彼此间的互信互利，形成良好的市场经济秩序，对经济社会的稳定和健康发展具有深远的影响。

社会是企业赖以生存的基础，企业获取的经济利益来源于社会。政府、社区、自然环境、消费者等利益相关者提供企业生存与发展的外部条件。作为利益相关者，广大社会公众期望企业能更多地承担社会责任，因此，企业往往承载着更多的公众期望。企业由于承载着公众期望，必然会得到媒体的关注，而媒体的大量报道又提高了公司的可见度和知名度，并进一步邀请公众关注和监督企业经营行为。企业与其利益相关者紧密地联系在一起，企业的发展离不开利益相关者的支持，而企业的行为又会影响他们的利益。因此，企业应当承担对其利益相关者的社会责任，并主动披露相关信息。企业社会责任信息披露的内容主要涉及环境方面（污染防治、环境恢复、节约能源、废物回收等）、员工方面（职业健康、安全生产、就业安置、工资及福利等）、消费者方面（产品质量、消费者知情权和选择权等）、社会公益方面（慈善、捐赠等），基本涵盖了经济、环境和社会三个方面，其中环境问题是社会责任信息披露的重点。随着一系列环境法规的颁布以及环境问题的日益严重，我国企业社会责任信息披露的问题也逐渐提上日程并取得了一定的成就。根据我国有关法规，企业特别是上市公司对于所从事行业的污染情况及公司的治污投入，应该在公司的招股说明书和每年的相关公告中进行充分有效的披露。国家电网公司 2006 年 3 月 10 日发布的《国家电网公司 2005 社会责任报告》是我国央企发布的第一份企业社会责任报告。2008 年 1 月，国资委发布了《关于中央企业履行社会责任的指导意见》，要求有条件的企业定期发

---

① Gray, R. H., Owen, D., Adams, C. A., *Change and Challenges in Corporate Social and Environmental Reporting*. Hemel Hempstead: Prentice Hall, 1996.

布社会责任报告。

媒体被称为迫使企业对其经营行为的社会影响或后果负责的重要驱动力或压力来源，不仅是企业发布信息的重要平台，也是公众获取信息的重要渠道。凭借自身对公众舆论和行为的影响力，媒体在传播信息及引导公众舆论和行为方面的威力不言而喻。媒体对企业履行社会责任的行为进行报道，客观上使企业受到更多的公众关注，并通过引导公众行为对企业形成负面或积极影响，迫使企业作出积极回应。鉴于此，我国的权威媒体可以对企业的社会责任履行情况进行统计调查，根据企业社会责任的内容设置不同的指标，媒体所公布的企业的排名情况会影响企业在社会公众心目中的形象，从而促使企业自觉履行社会责任。社会公众会在获取企业社会责任信息的基础上作出价值判断，并作出相应的行为响应，公众的行为响应反过来又促使企业更多地履行社会责任，积极披露相关责任信息。在合法性驱动下，企业，尤其是广受媒体关注的高绩效企业，为了满足媒体和公众的信息需求，并获得正当的经营理由而倾向于主动披露更多的社会责任信息。目前正在盛行的"责任消费""责任投资"，都是以利益相关群体获取企业的社会责任信息为前提，把企业承担社会责任的表现作为评估和选择企业的依据。履行社会责任行为可以帮助企业塑造一个良好的经营环境，企业社会责任信息披露是企业改变公众对组织的合法性感知，建立良好的公共关系，改善企业形象，更好地激励员工、降低成本、增加收入，以及进行市场营销的有效战略手段，有助于企业获得长期竞争优势。概括地说，企业社会责任信息披露既是企业获得合法经营地位的工具，也是赢得市场竞争、获取经济效益的重要战略手段。例如，王老吉连续多年坚持开展"王老吉·学子情"项目，捐赠数千万元扶助贫困高考生，使3000多名贫困学子受益。汶川大地震后王老吉又捐出1亿元善款用于抗震救灾，其善举在社会上引起了强大反响，被媒体誉为"良心企业"。通过对社会责任的承担，王老吉获得了社会的认可。

三　媒体是企业行为的监督者

媒体对包括企业在内的整个社会组织都发挥着重要的监督作用，新闻媒体的舆论监督在企业社会责任建设过程中是必不可少的。媒体监督职能的发挥主要是通过对国家事务和社会生活中出现的违反公共道德或法律、法规的行为进行揭露和批评，借助舆论压力使这些问题得到及时的纠正和解决，促使涉事各方更好地履行其社会职责，促进整个社会的和谐与发展。

近几年，企业一旦出现问题，各种媒体以最快的速度将事实呈现给公众，引发社会舆论的监督。由于法律自身的不健全，我国企业的违法成本很低，很多企业甚至丢弃了底线性的商业道德，底线失守使得"资本无道德，财富非伦理，为富可以不仁"的现象十分常见。媒体对违反社会责任、触犯法律的现象进行曝光，虽然不具有制裁违法行为的法律强制力，但能从道义方面进行谴责，可以督促立法部门完善相关法律，所以形成良好的舆论监督环境就显得更为重要。例如，在三鹿奶粉事件被媒体曝光之后，我国废除了食品免检制度，制定并通过了《食品安全法》，建立了一系列重要的法律制度来保障公民的食品安全，不仅弥补了法律的不足，也为降低食品安全事故发生率，促进企业履行社会责任提供了法律保障。同时，媒体应当加大对《公司法》《产品质量法》《消费者权益保护法》《税法》《劳动法》《合同法》等与企业经营密切相关的法律制度的宣传，使企业树立良好的法律意识，能够做到诚信经营、依法纳税、按时履约、保障员工和消费者权益等。

媒体的舆论监督也有利于加强企业经营者的责任意识和道德意识，是其进行自律的助推器。事实证明，企业的逐利本性导致企业并不会自发地讲道德、履行社会责任。要使企业成为具有社会责任感和道德感的企业公民，需要媒体积极发挥舆论的批评和引导功能。一方面，媒体要通过社会舆论对逃避社会责任、置社会责任于不顾的企业进行批评和谴责，使其声誉下降，从而提醒企业自省，提高其承担社会责任的自觉性，促进企业的健康发展。如中央电视台的《每周质量报告》《"3·15"晚会》等节目把国家质检中心对一些关系国计民生的产品的质量抽查结果和涉及的质量违法行为进行曝光，这不仅使得违法企业受到了应有的惩罚，也为同类企业敲响了警钟，使它们能够引以为戒。另一方面，媒体要对那些主动承担社会责任的企业进行赞扬和鼓励，表彰其履行社会责任的优良表现，树立企业良好的社会声誉，借此提升企业的社会公众形象，成为企业新的竞争优势，从而促进企业经济效益的提升，实现对消费者的正确引导。最后，媒体也可以借鉴国外的成熟经验，建立社会责任审核制度，要求企业制定社会责任活动规划，并定期提交社会责任履行报告。通过对企业社会责任报告的审核，进而监督企业社会责任的实施情况。日本一向比较重视企业社会责任建设，在这方面有很多成功的做法非常值得我们学习。经过多年的探索，日本的媒体已经建立起一套有关企业社会责任实施的监督体系，每隔几年，媒体就会掀起对企业社会责任的报道高潮，这已经形成了一种有效的社会监督机制。

媒体具有强大的舆论引导与监督功能，对企业树立高度的社会责任意识和积极履行社会责任有很重要的影响作用。因此，在企业社会责任建设中应充分发挥媒体的舆论监督作用，加强外部的驱动力，推动企业积极承担社会责任，鼓励企业增强守法意识、人文意识、环保意识，遵纪守法，文明经商，营造良好的经营环境和生存环境。

四　媒体是企业与社会的沟通者

媒体是企业与社会之间的桥梁，现代通信技术的发展为企业与社会之间的沟通提供了崭新的传播方式和丰富的沟通渠道，推动企业与社会之间的互动，密切彼此之间的联系。

首先，企业任何重要内容的发布，都需要借助媒体这个平台。过去几十年，企业一直通过广播、电视、报纸、杂志等传统媒介向社会发布企业信息，如投放产品广告、发布企业新闻、进行公关宣传等。随着新媒体的崛起，传统媒体日渐式微，通过传统媒体传递企业信息的弱点越来越明显。互联网是 20 世纪最伟大的发明之一，拥有开放性、便捷性、内容丰富、互动性强、费用低廉、表现力强、无国界性等众多优点，从 20 世纪 90 年代末期开始，许多企业开始纷纷试水网络，一方面在互联网上设立自己的公司网站和主页，另一方面大量利用成熟的网络平台，全方位、立体式地进行企业信息的传播，并与社会公众进行互动交流，打破了传统媒体时代信息单向传播的格局，更有利于增进企业与社会间的沟通，促进社会的和谐。在企业社会责任传播方面，网络的作用更加凸显。例如，农夫山泉公司在其网站将其核心价值观表述为："我们的使命：为生命健康提供产品与服务´。"南方航空公司将其社会责任观表述为："始终坚持把企业发展放在经济社会发展的大局中去谋划，把企业发展与社会和谐紧密联系在一起，不断追求商业利润和社会责任之间的统一，逐步形成了完整的社会责任体系，实现了经济效益和社会效益的同步提高。"① 调查数据显示，美国《财富》500强股票指数中，82%的企业通过互联网来传播企业社会责任活动信息。许多欧美知名企业一般都会在公司网站上单独开设以企业社会责任为主题的页面。最近几年，我国的大型国有企业纷纷在公司主页开设了企业社会责任页面。随着网络技术的变革，博客、维客、播客、视频分享、SNS 社区、微博等成为企业进行传播的有效工具。美国企业在运用WEB 2.0 技术进行传播方面走在世界的前列，美国的大型公司通常有两个博客，一个是"产品博客"，另一个是"企业博客"，用于发布企业公开信息。此外，越来越多的在华企业也开始运用 WEB 2.0 技术进行企业社会责任传播，并把消费者纳入企业社会责任活动中。上海世博会期间，强生公司推出了"点滴关爱，心暖世界"的公益项目，并建立了官方网站，同时使用手机、SNS 社区、微博等新媒体与公众进行互动。

其次，企业对社会问题的感知与回应，同样需要借助媒体平台。企业社会响应理论认为，企业作为整个社会环境的重要组成部分，不仅必须满足一定的社会期望，还应针对变化和提升中的社会期望作出回应。通过媒体，企业可以了解国家的各项方针政策、政府的工作计划和方向、社会的重点与热点问题以及社会公众所关心的问题、对特定问题所持的态度等，以便于企业明确其社会责任内容和重点，为企业履行社会责任指明目标与方向。例如，随着环境问题日益严峻，近几年低碳型发展已成为全球共识，在世界范围内引起了广泛的关注，对于很多企业特别是大型制造企业而言更是一个不容回避的问题。海尔集团是中国绿色公司标杆企业，在经济发展与环境保护的双重压力下，海尔集团以社会责任为己任，向社会郑重承诺：以低碳为导向，加快低碳产品的研发、设计、生产和服务的进程，走一条低消耗、低排放和低污染的低碳型发展道路。在实践中，海尔

---

① 《中国南方航空股份有限公司 2011 年社会责任报告》，中国银河证券，http：//www. chinastock. com. cn/yhwz/astock/shareholdersEquityAction. do? methodCall = detail ANNOUNMT &announmtid = 871437&target = iframe，2012 年 9 月 25 日访问。

集团通过选取原材料供应商、进行生产领域里的节能减排、开发环境友好产品、开展废旧家电回收利用四个环节的努力，实现了其低碳承诺，其社会责任活动得到了社会的广泛认可。为此，在全球著名的市场调研机构欧睿国际 2009 年发布的调查报告中，海尔品牌被评为全球白色家电第一品牌，① 是对海尔集团履行社会责任的肯定与嘉奖。此外，新媒体的发展也为企业向消费者的回应搭建了高效沟通的平台。借助博客、微博、论坛、短信、微信等服务，企业能够及时获悉消费者反馈的建议和意见，接受消费者对产品和服务的投诉，更好地改进产品、改善服务。

五　媒体是企业社会责任的践行者

作为企业社会责任的外部驱动力量，媒体扮演着提倡者、披露者、监督者与沟通者的角色。从媒体自身的属性来看，媒体不仅是传递信息、引导舆论的社会组织，同时也是市场经济体制中的一员，也是一种企业组织，同样要通过销售媒介产品、提供媒介服务来赚取利润。所以，媒体在经营活动中同样应该承担企业社会责任，积极践行"媒体公民"的理念。"媒体公民"的理念由南方报业传媒集团提出，在"中国·苏州 CSR 国际高级论坛暨中国企业社会责任同盟成立一周年庆典"上，南方报业传媒集团公司董事长杨兴锋提出了"媒体公民"这个概念，即媒体本身作为媒体公民，应亲自参与企业社会责任运动。② 2003 年，《21 世纪经济报道》举办了企业公民圆桌会议，积极倡导中国企业公民理念，此后，连续几年进行"中国最佳企业公民"的评选，积极探索有利于推行"企业公民"理念的模式与途径，在更广泛的范围内影响并规范企业行为。2004 年，《公益时报》设立《企业公民》专栏；2005 年，开展"公益示范工程"和"中华慈善奖"评选活动；2006 年，又与香港乐施会合作举办"2006 中国企业社会责任"系列论坛等，以积极的姿态通过自身的努力来践行媒介企业

---

① 《全球家电品牌排行榜，海尔居白电品牌第一》，中国创新网，http://www. chinahightech. com/views_ news. asp？NewsId=435313538333，2012 年 9 月 28 日访问。

② 《"媒体公民"胸怀天下》，腾讯网，http://finance. qq. com/a/20071030/001918. htm，2012 年 9 月 26 日访问。

社会责任。①

近年来，媒体在产业化发展过程中出现了有违职业道德的现象，严重影响了公众对媒体的信用认知。作为社会的守望者，媒体应当通过履行社会责任来影响社会、服务社会、回报社会，通过良好的社会信誉、社会影响力，促进自身更好更快地发展。2010年5月8日，《传媒》杂志社联合浙江日报报业集团、南方报业传媒集团、江苏广播电视总台、重庆广播电视集团（总台）、时尚传媒集团、《新周刊》、《南方周末》、搜狐网、分众传媒、澳优乳业股份有限公司、东阿阿胶集团、联想集团、贵州茅台酒厂有限责任公司等百余家媒体、企业在北京共同倡议发布《媒体与企业社会责任宣言》。该宣言共16条，分媒体宣言和企业宣言两部分，倡议媒体和企业郑重承诺并与全体行业同仁一道，自觉履行社会责任，以实际行动为构建和谐社会、增进人民福祉贡献力量。其中，媒体宣言8条，涵盖媒体的舆论导向、公信力、传播力、自律机制、知识产权等内容，具体内容为：①坚持正确的舆论导向，规范传播行为，抵制一切虚假和有害信息，抵制一切损害社会公共道德和社会主义精神文明的传播行为；②加强从业人员职业道德建设，维护媒体公信力；③恪守公平竞争原则，团结协作，共同发展，自觉维护行业发展环境；④树立正确的媒体经营观，恪守社会效益第一原则；⑤充分应用高新技术成果，创新传播方式，提高传播能力；⑥接受社会监督，完善自律机制，加强自我约束和管理；⑦理性监督，客观报道、不偏不倚；⑧尊重和保护知识产权，抵制和谴责各种违法违规的盗版侵权行为。②

在现实生活中，媒体所肩负的社会责任是多方面的，包含经济、政治、文化、社会等多个层面。为此，媒体首先应具有强烈的责任感与使命感，将社会效益放在第一位，构筑适应时代需要的社会价值核心体系，做好把关人，对自身所传播内容可能引发的社会影响负责。其次，媒体也应积极履行经济责任，在合法经营、公平竞争的前提下获得经济利益，增强自身的市场竞争能力，将媒体做大做强。

①　公益时报网，http://www.gongyishibao.com，2012年9月27日访问。
②　《〈媒体与企业社会责任宣言〉在京首发》，凤凰网，http://finance.ifeng.com/roll/20100512/2178592.shtml，2012年10月1日访问。

第三章　企业社会责任信息披露与沟通机制

第一节　企业社会责任信息披露

企业社会责任信息披露是企业向利益相关方说明其经济、社会和环境影响的过程，是企业履行社会责任的综合反映。[①]　随着社会各界对企业履行社会责任呼声的日益增强，企业社会责任信息披露已经成为国际趋势，成为全球范围内企业界的共识，受到各国政府和国际组织的高度重视。例如，2000 年 3 月，英国政府任命了企业社会责任大臣，对企业社会责任报告提出了要求；英国保险协会发布指南，要求企业披露社会、环境和伦理道德议题；法国政府在 2001 年颁布的《诺威尔经济管制条例》（Nouvelles Regulation Economics）中，要求所有在第一股票市场上市的公司从 2002 年开始在年度财务报告中必须披露劳工、健康与安全、环境、社会、人权、社区参与问题等信息。

随着社会各界对企业社会责任信息披露呼声的日益高涨，学界对此问题也展开了系统的研究。概括来说，现有关于企业社会责任信息披露的研究成果主要集中在企业社会责任信息披露的动机、披露的内容、披露的形式、披露的影响因素和价值评价五个方面。

一　企业社会责任信息披露的动机

企业为什么要披露社会责任信息？其背后隐藏着怎样的动机？这是许

[①]　彭华岗：《中国企业社会责任信息披露理论与实证研究》，吉林大学博士学位论文，2009。

多研究者在开展企业社会责任信息披露研究时首先关注的问题。从现有的研究成果来看，企业社会责任信息披露的动机可以归纳为以下四点。

1. 合法性动机

早在 1970 年，著名经济学家弗里德曼就指出，公司应在遵守法律和规范的前提下，创造尽可能多的利润。1976 年，Ramanthan 在企业社会责任信息披露研究领域中引入了合法性理论。自此以后，合法性理论成为学者们解释企业社会责任信息披露动因的主要视角之一。

合法性是一个社会学概念，并非单纯地等同于合乎法律，其核心含义是指合道义性、正当性或适当性。1995 年，舒茨曼（Suchman）给出了一个关于企业合法性的比较权威的定义，认为企业"合法性"是指在一个由社会构建的规范、价值、信念和定义的体系中，企业的行为被认为是可取的、恰当的、合适的一般性的感知和假定。[①] 企业社会责任信息披露的合法性动机是指企业之所以披露有关环境、员工、消费者等方面的社会责任信息，是为了证明自身行为的正当性，即企业的经营活动不仅符合现有法律法规的规定，而且也合乎社会伦理道德。合法性不仅是企业披露社会责任信息的关键动因，也是企业的生存发展和获利的基础所在。企业的合法性一旦受到质疑，就会面临来自社会公众的批评和攻击，同时也会导致政府监管力度的加强。所以，企业披露社会责任信息的主要动机是表明企业对相关法律法规的遵守，以满足合法性要求。Campben 研究发现，政府及非政府组织对公司行为的监管、制度化规范都会对社会责任信息披露产生影响，并指出有效的国家法律、运行高效的行业自律协会、独立的第三方机构以及制度化的相关规则是促使企业披露社会责任信息的关键因素。[②]

2. 利益相关者动机

利益相关者理论是解释企业社会责任信息披露动因的重要理论之一。1984 年，弗里曼对利益相关者给出了如下定义：利益相关者是那些能够影响一个组织目标的实现，或者受到一个组织实现其目标过程影响的所

---

① 李诗田：《合法性、代理冲突与社会责任信息披露》，暨南大学博士学位论文，2009。
② 转引自代金云《社会责任信息披露动因研究综述》，《中国集体经济》2012 年第 1 期。

有个体和群体，包括所有者、顾客、雇员、供应商、政府、竞争者、消费者利益鼓吹者、环保主义者、特殊利益团体等。这个定义至今影响深远。

利益相关者理论的核心思想是强调企业应当重视利益相关者的利益和诉求，应与利益相关者建立稳定、和谐的关系，将利益相关者纳入企业的战略管理中来，因此应当向利益相关者披露企业社会责任信息。实证研究发现，企业社会责任信息披露和利益相关者的影响力呈正相关，利益相关者影响力越大，社会责任信息披露动机越强。Ullmann 在弗里曼的利益相关者理论的基础上，构建了两个理论框架模型，来分析企业披露社会责任信息的动因，研究显示，利益相关方的力量越大，则企业对他们的社会责任信息需求就越重视，更积极地向关键利益相关方披露社会责任信息。

3. 自身获利动机

除了彰显企业的合法性，满足利益相关者要求的动机外，企业社会责任信息披露的根本动机还是源于企业的逐利本性。根据经济学的"理性人"假定，经济主体的基本动机是自身利益最大化，企业对外披露社会责任信息最终目的也是追求自身利益。

企业主动披露社会责任信息会给自身发展带来很多好处：首先，通过社会责任信息的披露，可以获得良好的社会声誉，树立企业的公众形象，良好的声誉与形象可以增加企业的无形资产；其次，很多实证研究已经证实，企业社会责任信息披露与企业的财务业绩之间存在正相关关系，即通过披露社会责任信息可以实际促进企业财务业绩的增长，主要表现在可以增加投资者对企业的投入和提高企业的生产效率等方面。

4. 战略管理动机

对企业而言，社会责任信息披露本身就是一种行之有效的战略管理行为。许多企业从战略管理的高度来认识社会责任信息披露机制的重要性，将社会责任信息披露与企业发展战略结合起来，根据组织自身的发展目标，有策略、有针对性地披露社会责任信息。

企业战略通常会对其社会责任信息披露产生重要的影响。通常来看，企业倾向于自愿披露一些正面的社会责任信息，一般不披露或较少披露负面信息，以减少企业经营的风险。1994 年，Lindbfom 研究证实了这点。他将企业社会责任信息披露的战略动因归结为四个方面：一是转移问题的注意力；二是改变外界对绩效的期望；三是告知业绩改善信息；四是改变利益相关者对事件的感知。从中可以看出，企业是将社会责任信息的披露作为一种有效的战略管理手段来使用。Gray 等人提出，许多主要的公司社会责任行为（包括社会责任信息披露），都可能受一个或者多个战略目的驱动，比如可能是为了避免较高的股价折扣而向投资者披露更多的信息来展示企业价值。[1]

二　企业社会责任信息披露的内容

由于对企业社会责任概念和范畴的认定不同，不同国家和机构对企业社会责任信息披露的内容也存在一些分歧。例如，在美国比较强调对生态环境及资源、消费者责任及职工责任这三方面信息的披露；而法国政府1977 年正式颁布法律，要求雇员超过 750 人的组织必须编制年度社会资产负债表，该表应提供职工人数、工资成本、健康和安全保护、工作条件、职工培训、行业关系以及与企业有关的其他生活条件（包括为公司雇员提供的房屋和交通条件等）七个方面的信息。[2]

目前，国际上还没有形成关于企业社会责任信息披露内容的界定标准。但通过现有文献的梳理可以看出，企业社会责任信息披露的内容整体上具有一致性，基本涵盖了以下几个方面的内容。

1. 对员工的责任信息

企业对员工的责任信息主要包括员工人数、人工成本、职业健康、员工培训、薪酬管理、工作条件等内容。通过上述信息的披露，表明企业在保护员工健康与安全，改善工作条件，提供平等的就业、升迁机会和重视员工培训与继续教育等方面所尽到的社会责任。

2. 对消费者的责任信息

对消费者的责任信息主要体现在产品的质量、安全性等方面。《消费

---

[1]　转引自刘新东《上市公司社会责任信息披露研究》，吉林大学博士学位论文，2010。

[2]　袁蕴：《企业社会责任信息披露研究》，西南财经大学博士学位论文，2007。

者权益保护法》第八条规定：消费者享有知悉其购买、使用的商品或者接受的服务的真实情况的权利。消费者有权根据商品或者服务的不同情况，要求经营者提供商品的价格、产地、生产者、用途、性能、规格、等级、主要成分、生产日期、有效期限、检验合格证明、使用方法说明书、售后服务，或者服务的内容、规格、费用等有关情况。① 从消费者的层面来看，企业社会责任信息的披露必须如实向消费者告知上述信息，以保障消费者在购买、使用商品和接受服务时享有人身、财产安全不受损害的权利。

3. 环境保护责任信息

企业披露的环境保护责任信息主要包括环境政策、污染控制、废物处置、改进生产工艺、环境损害的修复或防止、自然资源的保护等方面。例如，在生产过程中有效使用原材料资源、进行污染控制、建立垃圾与废料回收机制、设计有利于环境的设备改进生产工艺、进行环境影响研究、水土保持、节约和保护能源、开发和使用清洁能源等。

4. 公益慈善责任信息

卡罗尔的"金字塔理论"提出了企业的慈善责任，并将其排列在金字塔的顶层，希望企业在完成经济责任、法律责任等基础责任后，为社区生活质量的改善作出财力和人力资源方面的贡献，也就是期望企业履行慈善责任。随着企业社会责任意识的增强，越来越多的企业积极投身社会公益和慈善事业，例如为灾区捐款、捐助慈善工程、发起公共健康运动、为大学或其他机构设立奖学金等。这些实践活动的成果也成为企业展示自身形象，积极对外披露的重要责任信息之一。

5. 对股东的责任信息

股东是企业的投资者，或者是直接参与企业的集资合伙人，最大限度地增加股东价值是企业最重要的任务。企业对股东的责任主要体现在保持公司的良性经营，实现稳步发展，增强公司在资本市场上的竞争力，对股东价值进行保值增值。因此，企业的经营者应主动向股东披露相关责任信

---

① 《消费者权益保护法》，法律图书馆，http://www.law－lib.com/law/law_ view.asp? id＝246，2012 年 11 月 8 日访问。

息，协助股东增加对企业的了解，唤起股东对企业的兴趣，刺激股东对企业的长期投资，在股东心目中树立良好的形象，并通过股东提高企业的信誉和声望。

6. 其他责任信息

除了上述信息外，企业披露的社会责任信息还包括对社区发展（涉及企业所在社区的利益）、对特殊群体（如残疾人、低收入人群、妇女、儿童等的保护）等的责任信息。

三　企业社会责任信息披露的影响因素

影响企业社会责任信息披露行为的因素主要分为内部因素和外部因素两种。其中，内部因素主要包含公司规模、公司业绩、公司所处的行业以及公司治理结构等方面；外部因素主要体现在企业出于合法性的考虑、利益相关者的要求、非政府组织的推动和政府作用等方面。

1. 内在因素

首先，公司的规模、业绩等情况与企业的社会责任信息披露之间存在正相关关系。一般而言，公司规模越大、财务业绩越好，越倾向于披露相关的社会责任信息。对此，研究者的普遍理解是：与规模小、财务业绩欠佳的企业相比，那些规模较大、财务业绩好的企业更容易受到社会各界的关注，因而会选择主动披露社会责任信息对这些关注作出积极的回应。此外，也有学者认为，由于大公司拥有的资源更为丰富，因而比小公司具备更强的能力来承担社会责任并披露相关信息。

其次，企业所处的行业特性与其社会责任信息披露之间存在密切关系。研究表明，行业属性与企业社会责任信息披露之间显著正相关。一般而言，在冶金、石油、燃气等容易造成自然资源损耗和环境污染的行业中，企业会披露更多的社会责任信息。Julia Clarke 与 Monica Gibson-Sweet 对英国前 100 家公司年报的环境信息披露研究表明，在石油、燃气及核行业中，只有 1 家在年报中没有披露环境信息；在共 10 家的水电行业企业中，只有 2 家没有披露环境信息；而所有化工公司（2 家）和唯一一家矿山公司及所有提供建材和服务的公司（4 家）都披露了环境信息。研究结论表明，社会环境信息披露与企业的行业、部门属性具有内在的联系。①

最后，从公司治理结构与企业社会责任信息披露的关系来看，学者们普遍认为公司的所有权和董事会结构会影响一个公司的社会责任信息披露行为。这一点在国内外学者的相关研究中都得到了证实。例如，我国学者吕立伟以上市以来违规被处罚的295家公司作为样本，分析得出公司董事会规模结构状况与其税收、保值和信息披露等社会责任履行有显著的关系。董事会中独立董事、专家董事的人数及比重增加有利于公司社会责任的履行。

2. 外在因素

首先，企业披露社会责任信息的一个关键动机是出于合法性考虑，即企业希望通过社会责任信息的披露来证明企业行为的合法性，体现企业遵纪守法的良好公民形象。例如，一些加工制造业的企业披露的社会责任信息主要与环境有关，以此回应法律法规对本行业的严格要求，表明企业行为的合法性。正如 Gray 所指出的那样，合法性理论最能解释组织披露有关环境和社会信息的行为。②

其次，企业之所以披露社会责任信息还源于利益相关者的要求。利益相关者在企业经营活动中扮演着重要的角色，其参与程度决定了企业的经营水平。随着企业社会责任理念的传播，越来越多的利益相关者将企业的社会责任表现作为选择和评判企业的重要指标之一。加之企业和利益相关者之间的信息不对称，导致利益相关者无法作出理性的决策，因此，越来越多的利益相关方要求企业尽可能详尽地披露社会责任信息。

再次，非政府组织作为一种压力团体，也推动了企业对社会责任信息的披露。随着劳工运动、消费者权益运动、环保运动的开展，非政府组织逐渐成为推动企业承担社会责任的强大外部驱动力。特别是一些专注于企

---

① Julia Clarke & Monica Gibson-Sweet，"The Use of Corporate Social Disclosures in the Management of Reputation and Legitimacy: A Cross Sectoral Analysis of UK Top 100 Companies，" *Business Ethics*，1999，8（1）：5 – 13. 转引自袁蕴《企业社会责任信息披露研究》，西南财经大学博士学位论文，2007.

② Gray，Kouhy and Lavers，"Corporate Social and Environmental Reporting: A Review of the Literature and a Longitudinal Study of UK Disclosure，" *Auditing and Accountability Journal*，1995，（47）.

业社会责任领域的非政府组织，更是将对企业社会责任表现的关注作为组织的长期工作目标，并积极联合媒体及政府机构共同监督企业的社会责任表现。在这种情况下，企业纷纷选择披露社会责任信息来回应非政府组织的监督压力。

最后，企业社会责任信息披露也是政府作用的产物。目前，各国政府都高度重视企业社会责任建设，并发布相关文件要求企业披露社会责任信息。例如，2007 年，江苏省常州市出台《企业社会责任报告制推广指导意见》，将企业发布社会责任报告制度作为刚性指标，要求企业将履行社会责任的情况通过职代会向全体职工报告；2008 年 1 月，国资委发布《中央企业履行社会责任指导意见》（国资委 1 号文），鼓励有条件的中央企业公开发布企业社会责任报告。

第二节　我国企业社会责任信息披露现状

我国企业社会责任运动开展较晚，相应地，我国企业在社会责任披露方面也存在许多不足之处。总的来说，我国企业在社会责任信息披露方面存在以下几个方面的问题。

一　企业社会责任信息披露意识不足

企业缺乏履行社会责任意识与社会责任理念，直接导致企业社会责任信息披露的动力不足。与西方发达国家企业社会责任信息披露状况相比，我国企业的社会责任信息披露意识普遍较低。

自 20 世纪 90 年代开始有企业披露社会责任信息以来，一直到 2006 年的十几年间我国发布企业社会责任报告的企业的数量增长十分缓慢，一直停留在几十家左右。2006 年被称为"中国企业社会责任元年"，自 2006 年以来，披露社会责任信息的企业逐渐增加，由 2006 年的 30 多家增长到 2009 年的 500 多家，但与庞大的中国企业群体相比，这样的数字实在是微不足道。彭华岗以 2009 年中国 100 强企业为样本进行了实证分析，结果显示，100 强企业社会责任管理披露的平均得分为 27.9 分，低于市场责任和社会责任的得分，表明中国 100 强企业的社会责任管理披露情况整体处于较低的水平，各方面信息披露工作都有待加强。他同时指出，就责任治理、责任推进、责任沟通的相对表现来看，中国 100 强企业的责任推进披露的得分最低。中国企业亟待加强社会责任组织体系构建、社会责任指标体系构建、社会责任培训、利益相关方需求调查等方面的建设工作和信息披露工作。

另外，也有学者根据彭华岗的研究成果进行了再分析，指出中国 100 强企业中，所有企业的员工责任信息披露率平均不超过 20%，可见我国企业社会责任信息的披露水平不高。规模大的企业更倾向于披露社会责任信息，中国 100 强企业披露状况尚且如此，中小企业的社会责任信息披露率更低。我国企业社会责任信息的低披露率直接反映的是我国企业披露动力不足。在没有强制要求披露的情况下，企业出于披露成本和披露风险的考虑，基本上难以做到主动披露社会责任信息。[1]

二　披露的社会责任信息内容不充分

根据利益相关者理论可知，企业社会责任信息披露的内容应包含股东利益的实现、对债权人的责任、对员工的责任、对消费者的责任、对环境的责任、对社区发展的责任，以及对政府机构和公益慈善等方面的责任。然而，从目前国内企业对社会责任信息披露的内容来看，普遍存在披露内容单一、信息不充分的现象。经营效益好的企业社会责任履行情况要好于效益差的企业，国有企业要好于私营企业。黎精明则选择了具有代表性的 6 家公司，主要从披露工具和披露形式两方面对企业社会责任信息进行分析，结论指出我国企业社会责任信息披露的内容很不全面，零星地散布在会计信息中，缺乏对社会责任信息进行独立报告的意识，披露的内容也很不完善。[2]

首先，大多数企业的社会责任信息披露都侧重于对股东的责任，而对其他利益相关方的社会责任信息披露缺失。以大量的企业业绩、股利政策和对社会的捐赠等信息充斥社会责任报告，而对产品安全性、质量保证、

---

[1]　辛斌明：《我国企业社会责任信息披露问题的探讨》，江西财经大学硕士学位论文，2010。

[2]　宋俊虹：《我国上市公司员工权益保护的信息披露影响因素研究》，湖北大学硕士学位论文，2009。

员工工作环境、福利待遇等信息披露的篇幅明显小于前两项。沈洪涛、金婷婷选取 1999 年到 2003 年上市的制造业中的石油、化学、塑胶、塑料业公司作为研究样本，分析表明上市公司披露的公司社会责任信息主要集中在社区方面，而对环境、员工、产品安全等方面的信息披露则较少。从信息披露的质量来看，信息披露有很大的随意性和不一致性，尤其是在信息披露数量提高的同时，披露的质量并未有相应的提高。① 其次，将企业社会责任片面地等同于慈善公益，因而在信息披露时集中展现企业对社会的捐款、捐赠，对社区的贡献等慈善举动，以此标榜企业的责任意识。再次，披露的社会责任信息中，以强制性信息（如遵纪守法、环境保护等）为主，自愿披露的社会责任信息较少，且多以企业盈利状况为主。最后，在披露社会责任信息时，只披露对企业有利的信息，较少披露甚至不披露对企业不利的负面信息。据中国企业 CSR 研究中心发布的《中央企业社会责任实践研究报告（2011）》披露，央企对企业在本年度履行社会责任方面的负面信息进行披露的很少，而且篇幅也较短，选择性披露的痕迹比较严重，缺乏披露负面信息的勇气与反省的诚意，以至于央企的这些社会责任报告看起来更像是表扬稿。这种情况反映了我国央企发布报告更多是出于外部某种压力而不得不为之。② 更有甚者，许多企业以尚未付诸实践的未来企业社会责任目标或计划作为社会责任报告的主体内容，以责任目标混淆应尽责任，有意混淆公众视听。

三　社会责任信息披露形式上的问题

从企业社会责任信息披露的形式来看，我国绝大多数企业主要存在两个问题：一是披露的社会责任信息比较分散；二是企业社会责任报告不规范。

首先，从目前的状况来看，编制独立的社会责任报告来披露社会责任信息在我国企业中尚属少数，而且主要是大型企业。我国绝大多数企业特别是一些中小型企业，都未采用独立社会责任报告的形式来披露企业社会责任信息。这些企业往往在企业年报、公司网站或基本财务报告中零散地

---

① 杨静：《公司社会责任信息披露影响因素实证研究》，《财会通讯》2013 年第 1 期。
② 王哲敏：《多数央企社会责任报告仍属被动发布》，中国商报 – 搜狐网，http：//roll. sohu. com/20120626/n346561674. shtml，2012 年 11 月 13 日访问。

披露企业的责任信息，不仅披露的信息量非常有限，而且这种零散的信息很难系统呈现企业的社会责任承担情况，也不利于利益相关者去了解企业。由此可见，这种零散的社会责任信息披露方式是无法实现企业社会责任信息披露目标的。

其次，从现有的独立社会责任报告来看，问题同样不少。由于缺少统一的社会责任报告标准，企业发布的社会责任报告形式差异很大。这一点从企业发布的社会责任报告名称上就可见一斑，如企业可持续发展报告、企业公民报告、企业社会与环境报告、企业责任报告等。同样，由于缺少统一的标准，企业发布的社会责任报告项目也缺少统一性。有学者将兴业银行和五粮液集团2009年的社会责任报告进行对比，以揭示不同企业之间社会责任报告的不规范性。研究结果显示，上述两个企业的社会责任报告的差异可以概述为两方面：一方面是披露的项目存在差异。兴业银行的报告注重可持续发展，因而更注重披露环境和民生方面的信息；而五粮液集团的报告则较为全面，包括股东和债权人、职工、消费者和供应商、环境、公共事业五个方面。另一方面是披露运用的手段存在差异。在兴业银行的报告中，采用了大量的图片的形式来反映信息，因而更具有可读性，但缺少正式性，具有娱乐杂志化倾向；而五粮液集团的报告则以叙述方式加少量数字进行披露。[①]

四　企业社会责任信息披露制度不健全

与欧美国家的社会责任信息披露制度相比，我国企业社会责任信息披露处于刚刚起步的阶段，相关的制度和机制尚不健全。具体来说，主要体现在以下三个方面。

1. 相关法律法规的缺失

在我国，有关企业社会责任信息披露的专门法律条文尚属空白。这种状况导致企业社会责任信息披露缺少法律依据，既无法为企业社会责任信息披露提供有效的制度保障，也使得企业社会责任信息披露难以有效实施和开展。从现实情况来看，目前我国对企业社会责任作出相关规定的法律

---

① 辛斌明：《我国企业社会责任信息披露问题的探讨》，江西财经大学硕士学位论文，2010。

条文较多，且种类繁多，如《公司法》《劳动法》《劳动合同法》《安全生产法》《消费者权益保护法》《产品质量法》《食品安全法》《环境保护法》《水污染防治法》《节约能源法》等。这些名目繁多的法律分别对企业保障消费者权益、保障员工健康、保护生态环境等方面作出了强制性规定，在一定程度上为企业社会责任的履行提供了法律支持。但是，遗憾的是，这些法规无一涉及企业社会责任的信息披露问题。而且，这些法律条文以零散的形式对企业的社会责任作出规范，缺乏系统性和完整性，从另外一个层面上也导致了企业社会责任监管的混乱。

2. 政府职能不到位

尽管学者们一致认为披露社会责任信息对企业的发展是有利的，特别是从长远来看，企业的社会责任表现是构成一个企业竞争力的重要因素之一，但是，从实际情况来看，承担社会责任、披露社会责任信息对企业来说更直观地表现为额外的成本和开支，因此，尽管许多企业的社会责任意识在提高，但行动未见同步提高。所以，光靠企业自觉地区履行社会责任、披露社会责任信息是不够的。在这个过程中，需要政府部门发挥引导和激励功能：一方面，提供有利于企业社会责任承担和社会责任信息披露的政策支持，激励更多的企业积极履行社会责任、披露社会责任信息；另一方面，政府应协调相关部门，如法律部门、社会团体、环保部门、质量监督部门、安全生产部门，并有效调动社会力量，形成社会的合力，群策群力，共同推进企业社会责任制度建设，完善企业社会责任信息披露制度。

3. 缺乏第三方鉴证

在美国、英国、法国等企业社会责任开展比较成熟的国家，会通过独立的第三方机构对企业披露的社会责任信息进行鉴定，以确保企业社会责任信息的真实性。在我国，企业披露的社会责任信息都是由企业自身提供，然后通过大众媒体或企业网站来向社会公众发布，缺少第三方机构的鉴证，我国目前发布的500多份社会责任报告都没有经过客观外部评价机构的评价。因此，这些社会责任报告的可信度依然存在疑点。[①] 在这种情

---

① 辛斌明：《我国企业社会责任信息披露问题的探讨》，江西财经大学硕士学位论文，2010。

况下，一些企业出于美化自身形象的目的，普遍存在夸大利好信息、隐藏负面信息的现象，导致企业社会责任信息缺乏客观性、完整性和有效性。因此，为了规范我国企业的社会责任信息披露行为，确保企业披露社会责任信息的质量，成立独立的第三方测评机构，对我国企业社会责任信息披露情况进行审核就显得尤为迫切。

第三节　企业社会责任沟通机制

为了实现企业社会责任信息披露的常态化与规范化，必须建立有效的企业社会责任沟通机制。良好的社会责任沟通机制不仅能够增强企业信息的透明度，减少企业与利益相关者之间的信息不对称，而且能够增进社会公众对企业的了解，增强利益相关方对企业的信心，为企业的决策与执行提供有力的保障。企业社会责任沟通机制的建立是一个系统的过程，需要企业、媒体和非政府组织的多方努力和相互配合。

一　企业层面

企业是社会责任承担的主体，是社会责任信息披露的主体，也是企业社会责任沟通机制的建设主体。因此，良好的社会责任沟通机制的构建与企业自身的努力是密不可分的。在构建企业社会责任沟通机制的过程中，企业需要努力的方向有很多，重点应做好以下三个方面的工作：首先，企业应提高社会责任信息披露意识，积极主动地对外披露企业社会责任实践活动信息，使信息能够在企业与社会公众和利益相关者之间顺畅流动，增进彼此的了解和信任。其次，企业也应提高自身的媒介素养，学会与媒体打交道的方式方法，积极利用媒体资源搭建起与外部环境之间的信息沟通平台。最后，非政府组织是企业社会责任领域里一支非常活跃的力量，企业应加强与非政府组织的沟通与合作，共同推进企业社会责任沟通机制的建设。在企业社会责任沟通机制建设方面，上海富国皮革工业股份有限公司的经验可以给我们一些启示。①

---

① 相关案例资料来自公众环境研究中心，http：//www.ipe.org.cn。

上海富国皮革工业股份有限公司（以下简称富国皮革）是一家成立于 1995 年的外资企业，坐落于上海宝山区大场镇，主要生产加工皮革、皮革制品以及与皮革相关的原辅材料，是多家国际皮革用具品牌的供货商。近年来，随着城市化的推进和人们环境意识的提高，皮革业生产中的废气扰民问题也日益突出，许多皮革企业成为居民举报投诉的对象。自 2004 年起，当地居民对富国皮革排放废气反映强烈，并多次向政府相关部门投诉。在居民投诉和政府部门的监管下，自 2006 年起，富国皮革针对其发生的多起环境违规问题采取了一定整改措施，2007 年起还停止了恶臭最为严重的鞣制加工业务。然而，富国皮革并没有与周边社区就其废气问题进行有效沟通，社区对其整改措施自然也就少有了解。由于信息沟通不畅，富国皮革的努力并未扭转公众对企业的负面认知，导致事态进一步升级，使企业面临更大的压力和风险。2009 年初，社区和公益律师尝试通过司法途径来解决问题，未被受理。2009 年 6 月，18 家环保组织致信富国皮革要求其依法公布排放数据，没有得到任何回复。2009 年 7 月 13 日，环保组织自然之友和公众环境研究中心共同致信富国皮革的客户 Timberland 公司的 CEO，向其提出富国皮革等 3 家供应商超标违规问题，要求 Timberland 公司加强供应链环境管理。随后，中外媒体对此事进行了报道。富国皮革受到了来自环保组织、媒体和客户企业的多重压力，经济上也遭受了损失。

为了扭转企业所处的不利局面，化解企业的危机，富国皮革首先采取了公开与参与的解决方案，加大了企业社会责任信息披露的力度，建立污染控制沟通机制，来改善与社区的关系。例如，2009 年 7 月富国皮革在其官网上公布了其自 2006 年以来超标违规事故的原因和所采取的措施；2009 年 9 月，富国皮革 CEO 主持召开 Open House Meeting，邀请 NGO、当地居民、媒体和客户企业参观工厂；CEO 将自己的联系方式发给当地社区代表，承诺若接到居民恶臭举报将会同社区代表共同查找臭味源头；增加了日常监测的频率至每月一次，同时自 2009 年 10 月起开始将臭味的监测数据公布在公司网站上。其次，在加大社会责任信息披露力度的基础上，富国皮革还通过开展独立第三方审核来进一步增强企业社会责任沟通的真实性与有效性，完善企业社会责任沟通机制。2010 年 4 月，富国皮革依照环保组织的审核标准，聘用专业审核机构开展了第三方审核，审核过程有社区代表以及来自当地和北京的 NGO 成员共同监督。最后，通过建立环境热线等沟通机制，加强与社会公众的交流，使得企业能及时回应公众对污染的投诉。通过上述努力，富国皮革降低了企业遭遇环境诉讼、罚款等公众和政府行动的风险，化解了企业面临的公众危机。

从富国皮革的案例中我们可以得到如下启示：①企业不顾及来自周边社区的环境投诉和环保组织的相关行动，可能对企业名声和其与客户企业的关系造成损害；②当企业面对公众压力时，积极与重要利益相关方接触沟通能够帮助企业采取措施应对公众关切，避免问题的进一步升级，而向公众披露环境信息是重新赢得公众信任的第一步。综上，企业不仅应当承担社会责任，同时也要建立起良好的社会责任沟通机制，及时向社会披露其社会责任信息，增进彼此的理解，促进企业与社会的和谐发展。

二　媒体层面

媒体是企业社会责任理念的传播者，也是企业社会责任信息的披露者与监督者，是企业与社会之间的沟通桥梁，在企业社会责任沟通机制中发挥着十分重要的作用。

首先，企业社会责任信息的披露和发布需要借助媒体平台。媒体是企业与利益相关方之间信息沟通的中介，现代通信技术的发展为企业与外部环境之间的沟通提供了崭新的传播方式和丰富的沟通渠道，越来越多的企业通过媒体来发布企业社会责任信息，推动企业与社会之间的互动，密切彼此之间的联系。其次，企业对社会问题的感知与回应同样需要借助媒体平台。通过媒体，企业可以了解国家的各项方针政策、政府的工作计划和方向、社会的重点与热点问题以及社会公众所关心的问题、对特定问题所持的态度等，以便于企业明确其社会责任内容和重点，为企业履行社会责任指明目标与方向。再次，媒体对企业财务状况、员工权益保护状况、商品质量及消费者投诉状况、环境污染状况、社区关系状况等方面信息及时、准确的披露，有利于增加企业的透明度，将企业的经营活动置于公众的视野之中。最后，媒体通过对企业社会责任承担情况进行全方位的监督，可以有效地激励企业加强社会责任沟通机制的建设，以减少企业与利益相关者之间的信息不对称，增进彼此间的互信互利，形成良好的市场经济秩序，对经济社会的稳定和健康发展具有深远的影响。

2012 年春天席卷国内制药企业的"毒胶囊"事件，拖累众多药企声名受损，但同为胶囊使用大户的山东齐鲁制药有限公司安然无恙。这不仅与该企业采用高标准、高质量药用胶囊，拒用"问题胶囊"有关，也与他们与媒体、公众的及时有效沟通分不开。

2012 年 4 月 15 日，央视《每周质量报告》曝光，河北一些企业用生石灰给皮革废料进行脱色漂白和清洗，随后熬制成工业明胶，卖给浙江新昌县药用胶囊生产企业，最终流向药品企业。经媒体调查发现，9 家药厂的 13 个批次药品所用胶囊重金属铬含量超标，其中超标最多的达 90 多倍。国家药监局 5 月 25 日发布，全国 254 家企业存在生产铬超标药品问题，占全部胶囊剂药品生产企业的 12.7%。吉林查出 40 家企业的 96 批次药品不合格，四川 28 家企业 94 批次产品不合格，另外辽宁、广东等省不合格产品批次也较多。在知名药企中，修正药业集团的 4 批次产品"上榜"，涉及麝香风湿胶囊、胃康灵胶囊、炎立消胶囊等。①

作为中国制药工业百强企业，齐鲁制药有限公司（以下简称齐鲁制药）总部位于山东省济南市，专业从事治疗肿瘤、心脑血管、抗感染、精神系统、神经系统、眼科疾病的制剂及其原料药的研制、生产与销售。公司建有占地 190 万平方米的制剂、化学合成、生物技术、抗生素发酵等七大生产基地以及现代化的生产车间，数个产品具有国内乃至世界领先的生产能力和生产水平。作为药品的载体，空心胶囊的选择毫无疑问关乎药品的安全性。齐鲁制药总经理李燕认为，"毒胶囊"事件折射出一些不法的制药企业在"维系人民身体健康"和"追求利益最大化"之间作出了错误的抉择，这些做法是与齐鲁制药质量文化与方针严重背离的。

齐鲁制药自 20 世纪 80 年代初就确立了"以质量求生存"的治厂理念，经过 30 年的不懈质量追求，形成了独具齐鲁特色的质量文化："当我们自己生病时，我们愿意首选齐鲁制药的药品；当我们的家人生病时，我

① 蒋彦鑫：《全国 254 药企查出毒胶囊　企业已主动召回（名单）》，《新京报》2012 年 5 月 26 日。

们可以放心地选用齐鲁制药的药品；当我们的朋友生病时，我们可以自豪地推荐齐鲁制药的药品。"在公司质量文化与方针指引下，齐鲁制药从药品生产到使用的整个过程，严格遵守《药品管理法》关于"生产药品所需的原料、辅料必须符合药用要求"的规定，严把生产使用物料的质量安全关，始终把"质量"作为选择物料供应商的先决条件，以国内外动态药品生产管理规范（CGMP）作为组织药品生产的唯一准则。首先，有严格的供应商审批管理程序。按照国家药品监管部门的相关规定，选择有资质的胶囊供应商，在生产使用前组织相关人员对该供应商进行现场质量审计，现场抽样检验合格并经过综合分析评估后，确定其成为公司的合格供应商。公司质保部门建有专门负责原材料质量把关的职能处室，对购买的合格供应商生产的明胶胶囊进行严格检验，同时对新的供应商严格按照筛选程序进行小样品检测评估分析。"毒胶囊"售价在 30～60 元/万粒，价格在 80 元/万粒的明胶胶囊即合格，而目前齐鲁制药使用的明胶胶囊成本价为 150～180 元/万粒，属于优质明胶胶囊。该公司相关人员透露，近年来，他们也曾对价格较低的胶囊进行过检验筛选，但因质量和现场审计等达不到公司要求，均被拒之门外。其次，有严格的生产使用前把关。合格供应商并不是"终身制"，虽然纳入公司质保部批准的合格供应商目录，但供应商管理处坚持定期组织对合格供应商的现场审计（生产质量管理体系）。采购的每批产品先审核供应商报告单是否全检及执行药典标准放行，之后按药典标准的检项进行全部项目的检测。目前公司对胶囊壳检测严格执行现行中国药典标准（CP 2010 版），检测结果均符合药典标准后投入使用，有效避免了质量不合格的空胶囊壳在生产中使用。

据齐鲁制药总经理李燕介绍，他们使用的药用明胶空心胶囊来自两家供应商，其生产规模分别居国内第一位和第四位。其中一家供应商由美国辉瑞公司控股，是中国胶囊制造业内首家中外合资企业，设备及工艺技术均由外商自主研制开发，并引进了西方先进的管理模式，其胶囊制造代表了世界先进水平。另外一家是 20 世纪 80 年代中期首批从国外引进胶囊自动生产线的企业，也是唯一同时引进设备及工艺技术的厂家，代表了国内胶囊行业一流的生产工艺水平。这两家企业在 2007 年都参与了明胶空心胶囊标准的起草工作，并分别担任起草小组的组长和副组长。

齐鲁制药对两家供应商的历次现场审计未发现生产质量管理体系有质量隐患。

另外，齐鲁制药非常注重与媒体、公众的沟通，有着畅通的企业信息传播机制，可随时了解公众需求，并借助各类媒体与公众沟通。"毒胶囊"事件爆发后，齐鲁制药不躲不闪，主动接受媒体采访和公众质询，翔实全面地公开公司质量管理标准和做法，及时化解公众的疑惑。并就制药企业相关的专业问题，与一些欠缺医药专业知识的媒体记者进行深入交流，避免媒体不专业的报道误导公众。这场让不少药企闻风色变的危机事件不仅无损齐鲁制药声望，反而提高了公司的美誉度。这与齐鲁制药较好地通过媒体披露、传播企业社会责任信息是分不开的。

2012年7月5日，在中国人民大学举办的"媒介传播视野下的企业社会责任研讨会"上，中国纺织工业联合会社会责任办公室的韦燕霞女士分享了媒体与企业（行业）互动共同推动社会责任沟通的经验。韦女士指出，媒体是产业价值链中重要的利益相关方，是推进社会责任建设中不可或缺的重要力量，客观、真实的信息披露不仅是行业和企业的责任，更是媒体的社会责任。因此，纺织工业协会及其会员企业一向非常重视与媒体的合作与互动。2007年6月16日，纺织工业协会邀请了《人民日报》、新华社、中新社、《中国服饰报》等20多家媒体，举办了特约媒体观察员研讨会。在会上，大家共同讨论什么是社会责任，在会上介绍了国际和国内的社会责任的理念、国内的状况以及未来的发展，同时在会上对媒体进行了一个讲解，让媒体界来共同关注，提高企业社会责任传播意识。2008年11月，纺织工业协会和《服装时报》、第一纺织网等媒体共同组织开展了《劳动合同法》落实情况的调研项目。项目行程大概两万多公里，一共涉及9个产业集群，在全行业的层面开展大量的社会责任普及活动。在活动进行中，每次都有10家左右的媒体一同前往，对活动进行全程跟踪报道。2009年11月21日，中国纺织工业联合会与中央电视台经济频道共同策划了《责任的财富》节目，着重介绍中国纺织服装行业社会责任建设工作的实践经验，同时还介绍了其他相关方面的工作，包括社会责任的基金会，还有其他行业开展社会责任活动的相关情况。此外，中国纺织工业联合会还非常重视与行业媒体的合作，积极利用行业专业媒体报道社会责任信息，并调动行业媒体参与纺织企业的社会责任建设。而且，在每年举办的大型活动（如年会等）中，都会邀请二三十家媒体参加，体现了中国纺织工业联合会一贯对媒体参与社会责任活动的重视。在合作过程中，媒体的作用也在发生变化，逐渐从一般性的报道转向更深入、更专业的深入报道，从新闻报道转向参与引导，并结合到自身的社会责任建设。最后，韦女士总结道："媒体是产业价值链中重要的利益相关方，是社会责任当中不可或缺的，我们行业能够有今天的进步和成绩，都跟多年来媒体给我们的支持报道相关。媒体的行动对整个社会责任事业具有很大的促进作用，对整个行业社会责任建设来说有很大帮助。"

　　与企业自身的社会责任沟通机制相比，新闻媒体对企业的监督和信息披露在督促企业承担社会责任方面发挥着更为重要的作用。随着经济的发展，企业特别是大企业的触角已经延伸到经济和社会生活的方方面面，其影响力越来越大。大企业的力量已经可以达到与政府相提并论的地步。这些大企业对我们的生存环境、政治体系、全球财富分配、投资安全乃至我们健康的影响正在与日俱增。值得注意的是，在市场经济条件下，企业为了获取利益，往往会出现一些不当甚至是违法的行为。归纳起来看，主要表现在：①违反法律法规，破坏社会主义市场经济秩序，比如偷逃税款，生产假冒伪劣产品，坑蒙拐骗，损害国家和消费者利益，有的甚至从事走私贩私、行贿等严重违法活动；②片面追求经济效益，忽视社会效益，违背社会道德要求，比如环境污染、破坏生态等；③随着金融市场的发展，有些企业恶意逃避银行债务，一些上市公司治理结构不完善，不能准确、及时、全面披露相关信息，严重损害投资者的利益，有的甚至发展到从事内幕交易、联手操纵股票价格谋取非法利益等违法活动。因此，对企业特别是大企业实施监督就显得十分必要和迫切。就上市公司而言，对其监管可以大致分为五个层次，即公司董事会、市场参与者、媒体、行政监管（证监会）和法律诉讼。由于董事会成员多以公司的管理层和当事人为主，在许多情况下，这一层次的监管往往无效。而政府行政监管与法律诉讼通常是在事件接近尾声或事态严重时才会介入。

媒体和市场参与者与上市公司之间有着直接的关联。市场参与者大致可以分为投资银行、会计师事务所、律师事务所等中介机构和证券分析师等。由于投资银行、会计师事务所和律师事务所与上市公司存在利益关系，上市公司是这些中介机构的"财路"，因此中介机构能否有效发挥监督作用值得怀疑。因为当独立性要求以及职业道德与自身利益发生矛盾时，靠行业规范和法律约束来平衡道德风险的制衡机制可能会失灵。从《财经》杂志揭露银广夏"黑幕"等经典报道案例看，作为利益相关者的会计师事务所并没有发挥应有的监督作用，相反还"为虎作伥"。

至于新闻媒体，其对企业的监督既是可能的，同时又是有效的。一是由于媒体与企业之间基本上不存在明显的利益关系，即使一家企业与一些媒体的关系十分"暧昧"，但这家企业不可能收买所有的媒体，因此媒体的独立性得到了可靠的保证；二是媒体的生命力最终来自新闻报道的可信度和准确性，因此"求真"成为大多数媒体的追求；三是媒体拥有灵敏的嗅觉、究根寻源的职业习惯、无处不在的网络优势以及法律赋予的特别权利，这些都为媒体有效监督企业创造了条件。所以媒体在企业监督方面大有可为，扮演着不可替代的重要角色。[①]

三　NGO 层面

在企业社会责任领域，非政府组织已经成为监督企业行为、追究企业社会责任的不可或缺的重要主体，发挥着无可替代的作用，被人们视为政府和市场之外的第三股力量。作为一种公共利益的代表，非政府组织极大地促进了企业社会责任信息披露的进程，建立企业社会责任沟通机制离不开 NGO 的参与和推动。作为一种社会力量，非政府组织通过加强企业与社会的沟通，推动企业社会责任信息的披露，谋求企业与社会的良性互动。

公众环境研究中心（Institute of Public and Environmental Affairs，IPE）是一家在北京注册的非营利环境保护机构，2006 年 5 月成立，主要致力于推动环境信息公开和公众参与，促进环境治理机制的完善。2006 年 9 月，公众环境研究中心开发并运行中国污染地图数据库。通过收集和整理各级

---

① 程曦：《媒体对企业的新闻舆论监督》，《新闻记者》2002 年第 5 期。

政府部门发布的环境监测数据，发布了中国水污染地图数据库，使公众能够更加便捷地获取政府部门发布的环境质量数据和企业违规信息。在建立水污染地图数据库的同时，公众环境研究中心又开发了中国空气污染地图和中国固废污染地图，将环境监测的范围进一步扩大，充实和完善了环境信息的披露内容。① 截至 2008 年 10 月，中国水污染地图和中国空气污染地图共收录 2004 年以来各地企业违规超标记录 32000 条。中国污染地图数据库的建立扩大了环境信息公开的范围，便于社会公众对环境危害和风险的了解，推动公众广泛参与环境治理。②

　　2008 年 10 月，公众环境研究中心实施了绿色选择倡议项目（亦称供应链环境责任管理项目），推动大型企业将供应商环境表现纳入采购标准，绿化全球供应链，同时倡议消费者考虑生产企业的环境表现，用自己的购买权利作出绿色选择，将环境信息公开和公众参与融入现行的供应链管理体系中，促进中国制造业提升环境表现，实现节能减排。绿色选择倡议项目以动态更新的 IPE 数据库为基础，开发出一套系统性解决方案，使得企业公民可以更加有效地发现违反环境保护法规的供应商，并通过透明、参与式的方式对其进行审核，促使污染问题得到解决；明确承诺不使用污染企业作为供应商，将为企业环境守法提供新的动力，为中国的环保事业作出贡献。该项目是基于实地操作经验和通过市场化手段控制工业污染的原则而设计的，它具有以下五个主要特点：①建立一个公平的竞争环境以制约全球采购中的"向下竞争"。客户企业承诺不用污染企业做供应商，有助于营造一个公平的竞争环境，让供应商能够在环境守法的基础上进行公平的商业竞争。②运用政府部门公开发布的数据提升供应链管理效率。通过查询政府发布的违规超标企业名单来识别供应商中的污染企业，有助于提高供应链环境管理效率和管理水平。③利用独立咨询机构开展市场化审核，审核过程由 NGO 参与监督。市场化审核保证了审核的专业性，而通过在审核过程中引入公开、参与的程序，最大限度地降低利益冲突引发的潜在风险。④降低审核成本，避免重复审核引发审核"疲劳症"。利用基于

---

① 参见公众环境研究中心网站，http：//www.ipe.org.cn。

② 参见公众环境研究中心网站，http：//www.ipe.org.cn/alliance/gca.aspx，2012 年 11 月 13 日访问。

政府环境监管数据形成的水污染/空气污染地图数据库识别超标违规供应商，可以将有限的资源运用在最需要的地方，有效减少重复审核。⑤公众参与为企业提升环境表现提供动力。项目吸收各个利益相关方参与供应链管理，使得客户企业和供应商采取的环保措施为公众所认识，最终为社会所承认。①

从 2010 年 4 月至今，公众环境研究中心联合自然之友、达尔问环境研究所共同发布了 5 期防治重金属污染调研报告，重点关注中国的 IT 产业。特别是 2011 年 1 月 20 日发布的第 4 期报告《苹果的另一面》，在社会上引起了极大的反响。《苹果的另一面》揭露了苹果公司在时尚光鲜的外表后面不为人知的另外一面：污染、侵犯和毒害。报告指出，通过艰难的调查，我们最终得以稍稍拨开笼罩在苹果供应链上的重重迷雾。对比苹果的承诺和苹果的实际表现，我们惊讶地看到一个品牌竟然能拥有如此截然不同的两个面孔。这一面深深隐藏在其秘不示人的供应链中，很少为公众所了解。当苹果不断刷新销售纪录的同时，生产苹果产品的员工却遭受有毒化学品的侵害，许多中毒工人还在身体和精神的双重折磨中煎熬，劳工权益和尊严受到损害，周边社区和环境受到废水、废气的污染。报告披露了联建科技、运恒五金、东莞万士达等苹果供应商企业违规操作导致工人中毒的案例，披露了苹果供应商富港电子、生益电子、南玻集团等企业污染物排放危害环境和社区的行为，报告同时还披露了苹果公司漠视供应商侵犯劳工权益与尊严的不作为行为。② 面对报告指出的问题，一向高傲的苹果公司也不得不通过自身网站及相关媒体反复重申公司的社会责任理念，向社会公众承诺加强企业社会责任管理。

从公众环境研究中心的企业社会责任实践可以看出，NGO 在披露企业社会责任信息方面具有极大的社会影响力。通过对企业履行社会责任状况进行信息披露，NGO 不仅加强了企业信息的可见性，也强有力地推进了企业社会责任沟通机制的建设与发展。

---

① 参见公众环境研究中心网站，http：//www. ipe. cn/alliance/gca. aspx，2012 年 11 月 13 日访问。

② 《苹果的另一面》，《IT 行业重金属污染调研报告》第 4 期，参见公众环境研究中心网站，http：//www. ipe. cn/about/report. aspx？page = 1，2012 年 11 月 13 日访问。

第四章　媒体的企业社会
责任传播实践

近年来，社会呼吁企业履行社会责任的呼声日益高涨，新闻媒体在推动企业承担社会责任过程中的作用得到学界和业界的肯定。特别是在中国的环境下，大众媒体成为企业承担社会责任强有力的外部推动力量。为了促进中国企业切实履行其应尽的社会责任，必须加强企业社会责任传播，提高社会各界对企业社会责任的认识，以便更好地开展企业社会责任活动。这一切目标的达成都需要媒体肩负起企业社会责任传播的重担。

第一节　媒体的企业社会责任传播问题

研究发现，新闻媒体对一家企业的报道数量和公众对该企业的认知度有正向相关关系；新闻媒体对一家企业特定属性的报道数量与用这些特定属性来界定该企业的公众比例有正向相关关系。也就是说，对企业特定属性的媒体报道越是正面，则公众对此特定属性的感知就越正面；相反，对企业特定属性的媒体报道越是负面，则公众对此特定属性的感知就越负面。

我国现行的媒介制度使得媒体在和企业的关系中处于强势一方，一些媒体滥用自身权利（权力），往往对企业居高临下，在企业社会责任报道中出现了"新闻寻租"、炒作、媒介越权、舆论失衡等问题，企业社会责任和媒体社会责任纠结为一道难解的题。

一 "新闻寻租"现象普遍

"新闻寻租"来源于经济学、政治学的"权力寻租"这一概念，在此是指媒介组织机构利用掌握的新闻报道权利（权力），为自身谋取不正当的政治、经济利益。目前讨论较多的是商业方面的寻租现象。[①] 在现实生活中，"新闻寻租"主要表现为某些媒体或新闻从业人员被企业或商家收买，为这些企业或商家进行有偿新闻报道或宣传，用连篇累牍的通讯、专题，为那些能够支付起巨额广告费、宣传费或赞助费的商业机构提供正面的宣传报道。或者为了经济利益，主动对商业机构进行要挟，如收取"封口费"，即在掌握了企业或商家的某些负面信息后，要求企业或商家给予媒介机构一定的经济利益，从而将不利信息封锁下来，即所谓的"有偿不闻"现象。

为了追求自身的商业利益，在处理企业社会责任问题时，媒体的"新闻寻租"现象有愈演愈烈之势。"新闻寻租"行为，已经从个体的"有偿新闻"行为转化为集体"寻租"行为。早期的"新闻寻租"行为主要是某些新闻从业人员，以刊发新闻稿为诱饵，接受企业或商家的红包、礼金或消费券，为自身谋取不当利益。如今的"新闻寻租"演变为整个编辑部门从上至下确立与某些商业机构的密切关系，在为企业或商家服务的过程中，媒体主动参与到"寻租"过程中，从中谋取更多的利益。

事实上，眼下名目繁多的企业社会责任评选活动，很多已沦为新闻媒介与企业共谋的"企业社会责任秀场"，参评的许多企业既是被评选的对象，又是评选活动的出资方，与媒体有着千丝万缕的联系。如此一来，这些媒体评选活动的公正性必然会大打折扣，媒体自身的公信力也会被质疑。同时，这种评选活动对社会公众具有很强的误导性。从现实情况来看，社会公众很难获得评选活动背后的内幕消息，出于对媒体的信赖，通常会把评选结果作为直接消费的行为指南。媒体的这种"新闻寻租"现象是对新闻权利（权力）的一种滥用和践踏，严重影响了媒体的公信力，背弃了新闻媒体的社会责任。

---

① 参见百度百科，http://baike.baidu.com/view/2477030.htm。

如何才能让媒体避免打着"社会责任"旗帜，做违背社会责任的事呢？首先，应该在媒体内部实行采编和经营的分离，杜绝"新闻寻租"滋生的土壤。从媒体运营的机制来看，采编和经营的界限不清、职能交叉，是造成"新闻寻租"的主要根源之一。进行媒体改革，实行采编和经营的分离，划清彼此的界限，使二者各司其职，杜绝不良行为滋生的温床。其次，通过健全相关法律法规，严厉惩戒"新闻寻租"行为，规范媒体的报道行为。完善的法律法规体系是新闻业健康发展的重要保障，目前我国新闻法制建设的主要问题是没有专门的新闻法，现有法律规范不完善且效力较低，主要的依据散见于其他法律，如宪法、民法中的一些原则上的规定，缺少可操作性。加之媒体在走向市场化之路的同时，其产权归属问题一直比较模糊，媒体行业的特殊属性使其很容易产生"灰色地带"，导致媒体以权谋私行为泛滥，严重损害媒体的公众形象，危害新闻事业的健康发展。因此，通过立法进一步完善新闻法制，填补法律空白，是规范媒体行为、杜绝"新闻寻租"现象的必要途径。最后，媒体应加强职业道德建设，提高媒体从业人员的道德水准，不断提高媒体自律的水平。媒体经营机制的改革和相关法律法规体系的完善是治理"新闻寻租"的外在保障，外因需要通过内因来起作用，因而，治理媒体"寻租"现象的根本还是取决于媒体自身的道德水准和每一个媒体人自身的职业素养。

二　炒作之风盛行

企业社会责任传播也成了新闻炒作的新领域。何为"新闻炒作"？新闻炒作就是"在新闻发生和传播过程中，新闻提供者或新闻传播者有意识地介入其中，引导、强化部分新闻要素，以达到吸引受众注意、获取直接或间接商业利益的一种新闻运作手段。它的基本特点是预谋性、轰动性和商业化"。[①] 近年来，越来越多的企业开始意识到履行社会责任与企业生存发展之间关系密切，是塑造企业形象、促进企业发展的重要手段。随着这种认识的提高，很多企业内部都设立了企业社会责任部门，或在原有的公

---

① 魏剑美、唐朝华：《商业策划与新闻炒作》，中国商务出版社，2005。转引自陈力丹《透析新闻炒作》，《当代传播》2007年第5期。

关部门内部增设企业社会责任职责和岗位，主管企业的社会责任履行工作。然而，从实际情况来看，这些企业社会责任部门的职责主要是与媒体打交道，如与媒体一起策划、开展一些与企业社会责任相关的活动，利用媒体报道扩大企业影响。这种合作方式本身无可厚非，可问题就在于，在经济利益的刺激下，这种合作方式越来越多地演变为媒体和企业共同搭建的一个个秀场，通过媒体的新闻炒作来吸引公众的眼球，为企业扩大宣传，进而树立光鲜亮丽的企业形象。

2006 年 2 月 22 日，宁波祈禧电器有限公司在新品发布会上宣称"全国 99.3% 的饮水机有毒"，以此向社会揭露所谓的"行业内幕"。祈禧电器市场总监方曙光宣称，传统饮水机的热胆加热模式存在很大的安全隐患，毫无优点，甚至连热胆材料本身都是有毒物质，在加热过程中会释放更多的有毒物。他还表示，祈禧电器的市场定位是"专业无热胆饮水机制造企业"，生产的饮水机内部不安装热胆，保证消费者购买的饮水机是安全可靠的，通过饮水机可以饮用安全健康的水。祈禧电器的说法一出，各大媒体争相报道。许多媒体在没有进行调查核实的基础上，就大量传播这种实属伪科学的论断，为祈禧电器呐喊助威，导致饮水机安全问题迅速演变为社会热点事件，在社会上引起了轩然大波。在这个过程中，祈禧电器可谓大出风头，知名度迅速提升，成为饮水机行业中的"良心企业"。然而，事实果真如此吗？据专业技术人员介绍，无热胆饮水机与传统热胆加热式饮水机相比，在加热原理、加热过程、加热部件构造等方面的区别非常小，只是将传统饮水机的"加热胆"缩小，变为"加热管"。也就是说，所谓的无热胆饮水机，实际上也是有胆的，只是体积更小而已。而且，考虑到热胆的分热性能和饮水健康，正规的饮水机都是采用食品级不锈钢，不存在加热过程挥发有害物质的问题。祈禧电器的这番"爆料"，不过是一场偷换概念、恶意炒作、误导消费者、扰乱市场秩序的作秀行为，其背后不排除企业与媒体的合谋。

我们可以冷静地思考一下：这类媒体与企业的炒作行为，除了提高企业自身知名度，满足了企业的私利外，究竟有多少与我们所提倡的企业社会责任相关？又在多大范围内履行了企业社会责任？在何种程度上体现了企业对社会的回馈？在员工福利、消费者权益、社会发展、环境保护等领域付出了何种努力？企业与媒体合谋的这些炒作活动是否带来了新的社会问题？从现实层面来看，近些年来，食品、保健品、药品企业广告中的概念炒作问题就是典型，混淆了科学的概念，严重误导社会公众。食品安全报道中动辄出现"有毒""致癌"等字样，将"含有不利于身体健康的有害物质"描述成会造成重大疾病的危害，都是这方面的表现。[①] "企业和媒体都是市场经济条件下的独立经济实体，讲效益对企业和媒体来讲都是无可厚非的，但有一点却是企业和媒体都应该注意的，即任何一个处于市场经济条件下的经济实体，要想谋求长远发展，就不能不考虑其社会责任。只有为社会发展创造长远效益才能长盛不衰，企业如此，媒体也如此，媒体不能为了眼前的利益而忘记自身作为社会'哨兵'的责任。"[②]

炒作的主要方法是煽情。"煽情主义"一词最早使用于19世纪80年代，是指使用和呈现旨在引发受众兴趣并使其兴奋的内容。创刊于1903年的世界第一份小报——英国的《每日镜报》就曾以煽情著称。在20世纪50年代，《每日镜报》曾在头版刊登过其工作信条："《每日镜报》是一份煽情报纸。我们对此并不感到抱歉。我们对通过煽情手法表现新闻和观点坚信不疑，特别是重要的新闻和观点更应采用煽情手法。……煽情手法以生动而富有戏剧性的手法展现事件，给读者的思想以强烈的震撼。我们使用大号标题、活灵活现的写作手法、通俗简单的日常用语，以及大量卡通和照片对事件加以详解……"[③] 到20世纪80～90年代，煽情主义的滥用引起了西方新闻界和新闻理论界的强烈不满，批评之语此起彼伏。中国媒体出现煽情主义还是近年的事。随着媒介市场化进一步加快，媒介市场竞争趋于激烈，为了争取更多受众，市场化媒体主动迎合受众的实际文化水准及审美情趣，不惜使用大标题、大图片来渲染气氛，报道语言富有刺激性、报道情节富有戏剧性。在煽情主义的风气影响下，冷静客观、全面真实的报道风格正在逐渐淡出都市媒体，通过想象而补充的细节和言语充斥

---

① 朱长学：《权威　专业　平衡　深入——食品安全报道的公众利益与行业利益如何兼顾》，《中国记者》2011年第5期。

② 白正春：《媒体炒作与企业造名》，《新闻爱好者》1999年S2期。

③ 〔美〕鲍勃·富兰克林等：《新闻学关键概念》，诸葛蔚东等译，北京大学出版社，2008，第320～321页。

了整个报道。在煽情主义的引领下，媒体激情战胜了理智，感情取代了事实，情理驱逐了法理。无论是陕西药家鑫案还是云南李昌奎案，许多媒体都没有按照法制新闻应当遵循的原则去报道，而完全是被廉价而浅薄的感情所牵引，用所谓的民意取代法理，最后形成了某种程度的媒介审判。[①]因为炒作手法和煽情笔法的滥用，媒体对企业的报道也频频出现偏差，损害企业的正当权益。

三 媒介越权频发

媒介越权即媒介在新闻报道中超越了其社会权力和社会职责的底线，出现新闻报道的偏差和失误，或者媒介作为社会公共机构承担了超越职责范围的责任和任务。[②] 在社会生活中，媒介承担传播信息、监视环境、守望社会、传承文化等社会责任。但随着媒介社会影响力的增强，媒介的权力也在无形中扩张，出现了对媒介职权的滥用，造成了媒介的越权行为。

从现实情况来看，我国媒介在企业社会责任报道中的越权行为主要体现在以下两个方面：一是媒介在对企业实行舆论监督的过程中，不自觉地扮演了行政部门的角色，行使了本该由政府行使的权力；二是在发生了企业社会责任事件后，媒介强大的舆论压力实际上构成了对企业的直接审判，严重者甚至影响到司法的独立与公正。

第一种情况在我国是极为普遍的，上自中央媒体，下至地方媒体，都把监督和制止企业的违法、违规、违责行为作为媒体自身的重要职能之一，这方面的代表是中央电视台，其《每周质量报告》和《中国质量万里行》栏目均已成为国内打假的名牌栏目。这两档栏目都将目标锁定在假冒伪劣产品的生产企业，通过暗访、偷拍的形式对问题企业进行曝光，同时配合公安、工商、质检等执法部门的行动。在这些活动中，中央电视台记者成为台前幕后的主角，将自己变成了活动的策划者和组织者，甚至直接行使了行政职权，造成了媒介的越权。从实际效果来看，媒介的这种越权行为并未真正对违规企业问题的解决发挥作用。常见的现象是，在媒体曝

① 范玉吉：《社会责任理论视野中的当代传媒检视》，《学海》2012 年第 3 期。
② 陈媛媛：《媒介越权行为反思》，《现代视听》2008 年第 2 期。

光的当时，一些问题企业、造假窝点、黑工厂纷纷被取缔。而风声一过，它们又会改头换面，以另一种方式继续存在。这样一来，新闻媒体的这些代替政府行为的做法，并未触及问题的症结与实质，且容易导致社会公众对新闻媒体的过度依赖，出现问题时不找政府而是去找媒体的现象就普遍存在。长此以往，不仅会导致行政部门公信力的下降，同时也将对行政执法能力带来影响。对于制假贩假的违背企业社会责任现象，媒体理应行使舆论监督的权利（权力），但监督的方式方法应有所注意，不能将舆论监督演变为配合或指导行政执法行为。反之，媒体在对企业履行社会责任情况进行监督时，应将主要精力用于关注企业的行为是否规范，相关行政部门的管理是否到位，通过对二者的双向监督，形成有效的社会舆论，借助舆论压力，迫使违法、违规企业改正，督促行政部门认真履行职责，从而构建起稳定、长效的舆论监督机制。

从第二种情况来看，媒体在对企业进行报道中的"媒体审判"现象也非常常见。"媒体审判"一词来自美国，指新闻媒体超越正常的司法程序对被报道对象所作的一种先在性的审判预设。[1] 也就是媒体通过新闻报道形成舆论压力，妨害和影响司法独立与公正的行为。"媒体审判"损害媒体作为社会公器的形象，是新闻媒体的职能错位，有悖于法治精神，与"无罪推定""罪刑法定"原则相悖，构成对司法独立原则的侵犯。然而，这种媒体的越权行为在媒体报道中却并不罕见，如媒体对三株口服液事件的报道，直接导致企业几近破产。1999 年 6 月，湖南常德汉寿县一位叫陈伯顺的老人在喝完三株口服液后去世，引发了"三株口服液致死案"。事发后，陈伯顺的家属向三株公司索赔，但被三株公司拒绝，遂将三株公司告上法庭。此后，来自全国的几十家媒体纷纷炮轰三株公司，《谁来宣告"三株"的终结》《"三株"沦为劣质品的追踪报道》《警惕成为棍子》《八瓶三株要了一条人命》《"三株"：一个摇摇欲坠的神话》等批评性报道铺天盖地。在法院对案件进行审理之前，媒体已将三株公司送上了被告席，并作了有罪推定。尽管后来湖南省高级人民法院对案件作出了终审判决，三株公司胜诉，可是舆论已把三株公司逼上绝路。

---

[1] 冯宇飞：《从法理学的视角看"媒介审判"的负面效应》，《新闻战线》2002 年第 11 期。

专业素养欠缺，常常造成新闻报道失实。不少媒体的报道总是在众声喧哗中知与不知都敢言、懂与不懂都敢说，结果频频出现比较严重的传播失误。2011年4月某电视台在拍摄深圳某农贸市场存储库中催熟香蕉的操作过程后，没有向有关专家求证，便称"误服乙烯利会出现呕吐、恶心及灼烧感，长期服用对人体有害而无利"，影射使用乙烯利催熟香蕉存在食品安全问题。报道随后被多家电视台转播，网络也广泛转载。受不实报道影响，在市场供求基本面没有变化的情况下，几天之内香蕉收购价从7元/公斤降到3.6元/公斤。国家香蕉产业技术体系专家表示，该媒体的报道缺乏基本常识，使用乙烯利催熟香蕉是常用手段，不产生任何对人体有毒害的物质。

现在新闻媒体的报道内容趋于专业化，财经类、体育类、法制类、科技类等专业报道内容对记者专业素养提出很高要求，记者必须了解相关专业知识才能作出准确报道，否则就会出现望文生义式的错报、乱报和误报。

不可否认，媒体对企业、对社会进行监督起到了重要的积极作用，但我们也应意识到，记者不是国家机关工作人员，不能采取侦查、调查等各种强制手段，媒介权利（权力）本身是需要受到限制和约束的，缺少了相应的约束机制，媒介权利（权力）就会过度膨胀，越权行为将不可避免地发生。因此，应该从法律法规、行政管理、公众监督和媒体自律等多方面着手，完善媒介运行的社会环境，规范媒介权利（权力）的使用，防止媒介越权行为。

四 舆论监督失衡

媒体在企业社会责任建设中扮演着重要的舆论监督角色，在社会公众中具有很高的公信力。媒体的报道在很大程度上被等同于"真实""客观""权威""公正"，是社会公众对企业识别的重要信息来源，对企业的声誉、产品与服务的形象具有决定性的影响。然而，在现实中，当某些企业出现社会责任问题时，很多媒体的舆论都出现了一边倒的失衡情况，使企业成为公众批判的众矢之的，剥夺了企业合理表达的权利。在某些特殊情况下，即使错误并不完全在企业，抑或是由于媒体的判断失误及意识引导错误，企业方也难免遭受媒体强大的舆论谴责，在这种巨大的舆论声势下，企业的声音很难发出，即使发出也会很快被舆论所淹没。

面对媒体的发难和谴责，企业真的无能为力吗？有些企业选择了强硬的姿态，与媒体针锋相对，据理力争，其结果往往是凶多吉少。其原因就在于，媒体掌握着话语权，具有公信力，社会公众往往会更倾向于相信媒体的公正立场，因此在与企业的交锋中媒体往往更占上风。2004年发生的巨能钙事件就是一个企业与媒体对抗的典型案例。2004年11月，《河南商报》刊发了标题为《消费者当心　巨能钙有毒!》的文章，文中写道：

> 巨能钙，是一种保健品，其主要的消费对象为儿童和中老年人，服用者达数百万之众，曾一度被认为是最好的保健品。巨能钙进军市场8年，创下了钙类保健品销售业绩的一个又一个神话。然而，有谁会想到，这种被神话光环罩着的知名产品，其几个品种的成分里竟然藏着一个不为人知的惊天秘密——含有对人体极具危害性的工业化学物质过氧化氢（即人们常说的双氧水，化学分子式 H_2O_2）……

11月19日，巨能新技术产业有限公司（以下简称巨能公司）就《河南商报》揭露巨能钙含有危害人体健康的过氧化氢的报道公开在《人民日报》《经济日报》等媒体发表律师声明，并召开新闻发布会对《河南商报》损害其品牌声誉的行为进行谴责，并向法院起诉《河南商报》侵权。巨能钙事件在社会上引起极大反响，不仅引来各大媒体的争相报道，也引起卫生部门高度重视，三次组织有关专家召开专题会议，听取专家对此事的意见和建议，同时委托天津市卫生局和北京市药监局对企业调查取证。2004年12月3日，新华社刊发卫生部新闻发言人毛群安在当天举行的"巨能钙含过氧化氢"有关调查情况通报会上的说明，指出按照巨能钙的推荐食用量，产品中的过氧化氢残留量在安全范围内。报道中还指出："据专家介绍，联合国粮农组织和世界卫生组织联合食品添加剂专家委员会的安全性评估和国际癌症研究中心的研究结果表明，尚无足够证据认定过氧化氢是致癌物……中国疾病预防控制中心营养与食品安全所副所长王竹天介绍说，他们选择过氧化氢含量最高的一种巨能钙，同时选择推荐的最大摄入量，这样测出巨能钙中过氧化氢的最大残留量。测出结果与世界卫生组织提供的毒理学安全性评价资料相比，表明巨能钙产品中的过氧化氢残留量不存在安全性问题。从北京市药监局和天津市卫生局的监督检查情况看，目前尚未发现巨能钙生产企业存在违法行为。"[①] 尽管权威部门证明巨能钙无毒，但强大的媒体舆论谴责的声音早已将巨能公司淹没，巨能钙产品从此问津者寥寥，巨能公司从此一蹶不振。

2006 年富士康公司与《第一财经日报》的对峙，成为媒体舆论失衡的又一典型案例。2006 年 6 月 15 日，《第一财经日报》在 C5 版头条发表了该报记者王佑撰写的题为《富士康员工：机器罚你站 12 小时》的报道，该报道称：

> 在富士康深圳基地，23 岁的陈峰（化名）正在琢磨，怎样逃离这家他刚工作不到一年的全球 500 强企业。这段时间，他亲眼看到三个年轻女工因为经常加班，晕倒在了生产线上。他自身的亲身经历更让他觉得这不是一个适合工作的地方……生产线上没有凳子，除了少数员工之外，一般操作工都必须站立工作，连续 12 个小时不停干活……富士康还制定了"限制加班时间"的措施。每人按不同级别有不同的加班时间。如果一个员工的每月加班时间超过指定小时数，超过部分算义务加班……每天下班，无论有没有货车经过，工人们必须进入厂区的"人行道"走回宿舍，不能乱窜；下班后谁忘记拔掉计算机插头，罚款 1000 元；如果因工作需要调换部门，职员的电脑将被拆开三次，检查机型内外的编码是否匹配……

报道指出富士康公司员工工作环境差，并有超时用工等现象。2006 年 7 月 10 日，台湾首富郭台铭所控制的台湾鸿海精密工业股份有限公司旗下

[①] 《卫生部：尚无足够证据认定巨能钙中有成份致癌》，人民网，http://www.people.com.cn/GB/shizheng/1027/3031584.html，2013 年 12 月 20 日访问。

公司——鸿富锦精密工业（深圳）有限公司，以名誉侵权纠纷为由，将《第一财经日报》的编委翁宝和记者王佑告到深圳中级人民法院，并提出高达 3000 万元人民币的索赔额，并要求相关法院查封、冻结两名记者的个人财产。之后，富士康公司又将 3000 万元索赔额降到了 1 元。9 月 3 日，富士康公司与《第一财经日报》发表联合声明，撤销了对《第一财经日报》名誉侵权的起诉，事件最后以和解方式告终。在整个事件的发展过程中，《经济观察报》《南方都市报》《中华工商时报》《广州日报》，以及新华网、人民网、新浪网等媒体都给予了高度关注，并纷纷发文谴责富士康的行为，形成了舆论失衡的情形。例如，《经济观察报》总编何力表示，富士康起诉记者是对新闻报道赤裸裸的威胁，并表示支持这两位素不相识的记者，因为这一事件与其说是企业起诉的一起法律行为，不如说是对记者正常新闻报道的一个威胁；《中华工商时报》副总编水皮认为富士康导演了一场很幼稚、很无聊的游戏，"说多了都抬举它"；新浪网总编辑陈彤就富士康起诉记者案发表看法，指出富士康直接起诉记者并索赔 3000 万元一案开创了一个危险的先例，这是对中国新闻记者的采访尺度和作为社会公器的媒体职能的一次公然挑战。①

五　报道肤浅

在企业社会责任的报道中，媒体普遍存在报道肤浅、报道内容高度同质化的问题。媒体对企业行为的报道往往停留于表面，浅尝辄止，甚至断章取义，未对报道对象进行深入了解和剖析，往往以偏概全，导致相关报道只能满足浅层次的要求，缺乏深度。

一般而言，媒体的企业社会责任新闻报道可以分为三个层次：第一层次是对企业承担社会责任事实本身的直接报道；第二层次是透过企业社会责任表象，发掘企业行为实质的调查性报道；第三层次是在前两个层次的报道基础上，对企业社会责任表现进行解释性报道。从现有的企业社会责任报道来看，媒体对企业行为的报道主要集中在第一层次，即对企业行为

① 《富士康诉第一财经事件》，中国经济网，http://www.ce.cn/cysc/ceit/ztpd/foxconn/，2013 年 10 月 21 日访问。

本身的事实性报道，缺乏对企业社会责任表现进行调查性报道和解释性报道。由于缺乏深度，媒体上充斥着大量的企业社会责任"泡沫新闻"，缺乏新闻价值，且不具有可读性和实用性。有的报道只是片面报道企业成就，拔高成功经验，树立模范典型，而缺少对这些经验与成就的理性思考，缺乏对典型人物的辩证分析。

在具体的报道实践中，企业社会责任报道的肤浅性突出表现在以下几个方面。第一，报道片面化。许多报道事先没有深入理解企业社会责任内涵，把握企业社会责任建设与发展规律，也没有认真研究企业在承担社会责任过程中需要解决的特殊矛盾，就开始就事论事，大发议论，往往导致报道的视角狭隘。近些年来，随着环境问题的凸显，社会上对企业承担环保责任的呼声越来越多。一些媒体将企业社会责任片面地等同于企业的环境保护责任，忽视了企业社会责任内涵的丰富性和企业社会责任建设的系统性与复杂性。还有一些媒体将环境问题的产生单纯地归结于企业的短视行为，并将问题的解决寄希望于企业主动承担社会责任，只考虑到企业社会责任问题的微观层面，没有将宏观社会环境与制度保障纳入企业社会责任的建设中。就现象论现象，没有深入问题的本质，对复杂的问题进行了过于简单化的处理。第二，观点空洞。很多媒体的企业社会责任报道存在思想陈旧、缺乏深度、观点空洞的现象。一遇到企业违责的相关问题，如环境保护、劳资纠纷、损害消费者权益等，首先抛出的解决对策都是加强政府的监管与行政能力，这一论调几乎成为所有媒体开出的一致"药方"，看似有道理，其实是陈词滥调、空话套话，并未提出有新意和具可操作性的建议。在分析企业出现的种种社会问题时，往往将原因归结为观念落后、体制问题云云，同样是套话连篇，读者从中很难获得任何启发。造成这种现象的主要原因在于，很多媒体记者自身知识欠缺，缺乏企业社会责任领域的相关知识。很少有记者能够沉下心来认真思考，往往人云亦云，观点浅薄。第三，报道同质化。在企业社会责任的报道中，许多媒体不仅在报道内容和选题上，而且在报道方式和报道角度等方面存在高度的重复性和同质化现象。造成这种现象的原因之一是很多媒体的新闻来源趋同。目前，很多媒体获取企业信息的渠道无外乎直接来源（企业）和间接来源（政府、行业协会、NGO 等）两种。在企业社会责任领域表现活跃的一些大型媒体，都掌握着这两种渠道的信息源，因而报道内容的同质化就不可避免。原因之二是媒体在报道内容选择上的趋同性。尽管企业社会责任领域里的问题纷繁复杂，企业社会责任事件也并不罕见，但媒体往往会选择那些知名度比较高的企业，或者是国有大中型企业作为报道的重点。一旦这些企业出点问题，就会成为媒体竞相报道的热点。原因之三是很多媒体接受了其他媒体的议程设置。在媒体市场上，强势媒体往往成为弱势媒体的议程设置者。"媒介间议程设置理论"由美国学者丹尼·利恩和瑞斯在1986年提出，该理论的主要观点有二：①媒介体系之中存在"意见领袖"，即一些媒体会左右另一些媒体关注什么、认为哪些是重要的以及对重要性的排序；②影响和被影响的媒介之间是一种"非对称性传播模式"，二者之间议题的流动是不平等的。在企业社会责任领域，中央电视台以及《南方周末》《第一财经日报》《中国新闻周刊》等主流媒体的议题在很大程度上构成了其他媒体的报道内容，决定了这些媒体对企业社会责任问题重要性的认识与排序。

　　社会责任传播的核心是要求新闻媒介在享有自由权利的时候，恪尽对社会和公众的义务和责任，对公众负责、对社会负责，并自觉接受社会监督。企业社会责任的实施需要媒介参与监督。而媒介对企业社会责任的报道，首先要求媒介履行社会责任，保证提供信息的准确、及时，维护新闻传播的客观真实性，体现新闻工作者的专业精神和良好的职业修养。

第二节　媒体的社会责任问题

　　企业需要承担社会责任，媒体同样需要承担社会责任。推动企业承担社会责任离不开负责任的媒体。从一定程度上说，企业承担社会责任的重要前提是媒体承担社会责任。如果对企业的报道偏离媒体社会责任，企业社会责任也肯定会出问题。从企业社会责任传播的实践看，新闻媒体的社会责任问题比以往任何时候都显得重要。作为企业监督者的媒体，同样需要接受社会监督。媒体社会责任的内涵是什么？媒体如何承担社会责任？媒体是否应和企业一样，发布社会责任报告？媒体应建立怎样的社会责任评价体系？如何处理媒体与企业的关系？媒体应怎样监督企业？这些已成为亟待新闻学、传播学研究的前沿问题。

一　媒体的社会责任

2009 年 10 月，胡锦涛在出席世界媒体峰会开幕式时特别提到"媒体的社会责任"。他提出，"与人民同命运、与时代共发展"是世界各地媒体当下最重要的社会责任，他进一步阐述了这种社会责任的内涵："贴近实际、贴近生活、贴近群众，创新观念、创新内容、创新形式、创新方法、创新手段，增强亲和力、吸引力、感染力，在弘扬社会正气、通达社情民意、引导社会热点、疏导公众情绪、搞好舆论监督和保障人民知情权、参与权、表达权、监督权等方面发挥重要作用。"

在 2013 年举行的全国宣传思想工作会议上，习近平强调，必须强化媒体社会责任、提高新闻队伍素质，做到守土有责、守土负责、守土尽责。

马克思曾形象地说，报刊是社会舆论的流通"纸币"，经常而深刻地影响舆论。正是因为媒体有如此重要的社会功能，所以必须强化社会责任。而随着经济全球化、社会信息化和媒体竞争日益激烈，媒体社会责任更加凸显。

当前，我国新闻体制改革已进入新阶段，大量媒体由事业单位改制为企业，面临巨大的市场压力和经营困难。截至 2013 年，全国已有 3271 种非时政类报刊完成转企改制，登记为企业法人。转企改制进一步强化了媒体的企业属性，将使更多新闻媒体走向市场化、产业化。市场机制被看作对传媒组织和媒体从业人员最好的外部监督机制。长远来看，在传媒市场化、产业化的背景下，市场竞争会带来媒体职业化程度的提高。学术界认为，只有在不断的市场竞争中，新闻从业人员才会知道什么行为是可以做的、什么行为是不可以做的，继而形成媒体的职业伦理和社会责任意识。但目前市场机制并不是我国媒体的唯一属性，作为喉舌、宣传工具的政治属性，服务公众、维护公共利益的公共属性，以及追求市场利益、以赢利实现再生产的商业属性，三种属性集于一身的新闻媒体存在较为明显的"角色冲突"，常常借自身特殊政治地位，或以舆论监督的名义，行谋取媒体私利之实。在对企业报道中，个别媒体及其从业者甚至突破新闻伦理底线，搞"权力寻租"和敲诈勒索，其根源就与媒体的这种"角色冲突"有关。

30 年来中国媒体的变革趋向是由非市场化疾步走向市场化，由严密控制缓慢走向宽松。在这个进程中，有的媒体勇敢追求自由，但未能成功进入市场；有的媒体成功进入市场，却与官商合谋，"听话、赚钱"，甚至不惜突破媒体伦理底线去牟取利益，内容质量和媒体品格双双滑落。能将新闻理想和市场化运作熔于一炉的媒体实为少数。

美国著名报人普利策曾说过，一个唯利是图、蛊惑民心的媒体，最终会制造出像自己一样卑劣的民众。在市场经济和现存的媒体管理体制下，媒体追求自身经济利益的最大化本无可厚非，但这绝不能成为媒体忽视自身社会责任建设的理由。如果突破职业伦理底线，让商业利益腐蚀独立、客观等媒体根本价值，那就是自掘坟墓！

目前我国市场化媒体的问题与 1947 年美国哈钦斯委员会发表《一个自由而负责的新闻界》报告之前的美国传媒界状况有些相似。当时美国民众对传媒的批评主要集中在这样几个方面："（1）传媒运用其巨大的权力来为自己谋福利。传媒的所有者只传播他们自己的观点，尤其是有关政治经济的问题，他们同时也损害了反对者的意见。（2）传媒屈从于大公司，让广告客户控制社会政策和内容。（3）传媒抵制社会改革。（4）传媒的时事报道关注的通常是煽情、肤浅的东西，而不是重大事件，其娱乐节目常常缺乏实质内容。（5）传媒危害了社会公德。（6）传媒无须任何理由就可以侵入个人隐私。（7）传媒由一个社会经济阶层控制，笼统地说就是'商业阶层'，后来者很难进入这个行业，因此，传媒危害了自由而公开的观点市场。"[1]

在互联网技术推动下，我国传媒格局发生了巨大变化，新兴网络媒体如雨后春笋，其影响力和吸收广告能力日益增强。传统新闻单位和新媒体都面临一个同样严峻的问题：如何在适应市场、开展竞争的同时更好地坚守社会责任？

---

[1]　〔美〕弗雷德里克·S. 西伯特等：《传媒的四种理论》，中国人民大学出版社，2008，第 66~67 页。

　　坚守社会责任的前提是明确社会责任。媒体的社会责任是什么？有人认为，传统媒体和新媒体所承担的社会责任都是一样的，即为社会和大众服务。按照我国政府设定的标准，媒体的社会责任就是要把党的利益、人民大众的利益、社会的利益放在首要位置。与之相适应，媒体的社会责任可以分为政治责任和道德责任。政治责任体现在"客观报道世界多极化、经济全球化、文明多样化"，"促进新闻信息真实、准确、全面、客观传播"。要站在全党全国各族人民团结和谐的基础上，为党和国家的发展繁荣凝聚强大的精神力量，坚持正确的舆论导向，既要准确鲜明地宣传中央精神，又要及时如实地反映人民心声。近年来，随着媒体市场化程度加深，出现低俗之风、有偿新闻、诚信危机等问题，这都属于道德范畴，要求媒体人提升道德修养，树立正确的道德观、人生观、金钱观，真正承担起"上情下达"和"下情上达"的职责，为中国的和谐发展和世界的和平共处起到积极推动作用。有学者认为，除了政治责任、道德责任外，媒体还承担文化责任。具体表现在：正确引导社会舆论，抵制歪理邪说，弘扬社会正气；客观、真实、全面反映社会现实，抵制虚假报道，树立媒体公信力；传递与传承先进文化，抵制网络低俗、媚俗、庸俗之风，营造健康有益的文化环境等。①

　　著名传播学者喻国明教授在社会文明和传媒变迁的大背景下阐述了主流传媒的社会责任和角色变迁。他认为，环境监视与议程设置是传统意义上媒体的基本职能与职业责任。在当前的社会，由于全民表达时代的到来和社会议题上"共景监狱"的形成，传媒履行其社会责任的内涵也在发生深刻的变化。主要表现在三方面：从立足于信息的发布权到立足于信息的解释权；从意见的表达者到意见的平衡者；从"社会守望者"到"社会对话的组织者"。②

　　对社会责任的担当，是媒体的生存之道，也是媒体长远发展之道。媒体应是公众的代言人和社会良知的守护者。作为社会公器，它反映民意，传达民众声音，为公众提供话语平台。作为一种社会舆论的载体，媒体绝

---

① 周华：《传媒界人士谈媒体社会责任》，《光明日报》2010 年 5 月 18 日。
② 喻国明：《传媒责任：时代的发展与内涵的转变》，《新闻与传播研究》2009 年第 6 期。

非属于自己，也不是普通的商业企业，而是公众的代言人。媒体同时也是社会良心所在，它应该向公众传递民主、公平、正义的基本价值理念。媒体应是舆论的形成者和引导者。媒体应以理性、客观、真实的报道形成舆论，引导舆论则是媒体重要的社会责任，更是媒体的职业素养和职业能力的体现。社会需要富于智慧的、合情理的舆论引导，更要合法和合乎真民意的舆论引导。媒体舆论监督是社会进步的助推器。社会的发展需要媒体的参与和建构。媒体是号，为社会的发展凝聚力量；媒体是剑，为社会的发展保驾护航；媒体是手术刀，割除社会毒瘤、医治社会痼疾。[①]

　　"责任"成为当前我国新闻传媒管理和功能要求的关键，全行业上下都意识到要想保持自身的核心价值，就要以责任造就公信力，以此统一共同的追求和价值取向。

二　社会责任视野下的媒体与企业关系

　　在我国，媒体与企业的关系并不是一成不变的，而是随着市场经济体制建立和发展不断变化的。

　　在长期的计划经济体制下，媒体和企业关系呈现单一的宣传与被宣传关系。20 世纪 90 年代我国财经新闻从以宣传党和政府经济政策为使命的传统经济新闻中脱颖而出。由于财经新闻有相对专业的报道方法和报道领域，因而成为观察国内新闻媒体与企业关系的重要窗口。

　　无论是政府规制，还是报道内容与表现形式，财经新闻从一开始就努力展现出和传统经济新闻不太一样的特征。在政府规制上，由于财经新闻（尤其是证券市场里的新闻报道）具有较强的专业性，新闻宣传管理部门逐步对其放松管控。在 20 世纪 90 年代中期，作为财经媒体之一的证券类媒体曾经阶段性且不成文地由国家证券监督管理委员会而非中宣部监管，这在一定程度上给了财经媒体较大的批评不良企业的自由空间。在新闻报道的内容与形式上，财经新闻的文体、版式、图片使用等新闻样式均有新的改变，财经新闻样式的改变并不仅是一种技术性改变，还包含着理念、

————————————

① 高薇、何晏：《中国媒体：社会责任的守望者》，http：//news.qq.com/a/20091022/001752.htm，2014 年 4 月 20 日访问。

意识形态等深层改变。财经新闻报道中从政治术语到经济术语的转变，也只是我国经济改革带动了社会结构、经济体制以及新闻业自身变革等社会结果之冰山一角，财经媒体成了监督企业行为的重要力量。以《财经》杂志为例，2000 年底该刊发表了《基金黑幕》一文，引发了一场有关证券投资基金的大讨论，对我国基金业的规范和监管起到了重要的推动作用。2001 年，《财经》杂志又以《银广夏陷阱》为题，揭露了曾被众多媒体吹捧为"中国第一蓝筹股"的银广夏的内幕。一时间，规范上市公司的信息披露，加强对会计师事务所等中介机构的管理，成为大家关注的焦点。在对企业的监督方面，《财经》杂志成了一面旗帜。

进入 20 世纪之后，因为涉及利益，财经媒体进入了改革的深水区。企业利益集团对新闻产制的影响，甚至远大于政府新闻宣传主管部门的干预。① 财经媒体和市场化的都市媒体作为监督企业行为的主体，其报道行为遇到了诸多障碍，其中媒体自身商业利益对媒体独立、客观报道产生了很大干扰。在市场经济条件下，媒体本身就是企业，要依赖广告收入来维持运行，而这笔收入主要来自企业"腰包"，作为媒体监督对象的企业就成了媒体的"衣食父母"。媒体在发现自己现有或者潜在的广告客户存在"污点"时该如何作出选择呢？如果视而不见，自然是有违媒体的神圣职责；如果予以披露，很可能就会得罪"上帝"，从而断了自己的"财路"。媒体与企业之间的利益冲突给媒体监督企业设置了障碍。随着我国传媒产业化、市场化步伐加快，这种利益冲突日益显现出来。现实中，相当多的媒体为了自身利益，往往拟定一个"企业客户保护名单"，年投入一定金额广告的企业，媒体在当年度保证不做对该企业不利的批评报道，只发对其有利的新闻稿甚至公关稿。有这种行为的媒体，不乏高级别的党报、党刊和都市媒体。个别媒体这种行为直接降低了其公信力，败坏了媒体的社会形象。

政府干预也阻碍了媒体对企业的监督，使媒体与企业的关系趋于复杂和不正常。在西方发达国家，媒体独立于政府，媒体和政府是两个从

---

① 本部分内容参考邓理峰、张宁《媒体对企业声誉的议程设置效果：企业社会责任报道的研究》，《现代传播》2013 年第 5 期。

组织到财务都完全分离的机构，这种制度保障媒体担当政府监督者的职责，媒体不会只看政府官员的立场或态度。但在我国现有新闻管理体制下，媒体不仅不独立于市场，而且隶属于各级党委、政府。党委、政府对媒体的干预相当普遍，不仅体现在对媒体人、财、物的管控，还干预其新闻生产等微观行为。出于地方保护、个人利益、人情关系等方面的考虑，政府会插手媒体对企业的监督，给媒体施加压力和影响。政府的随意干预，使媒体丧失独立性，很难真正对企业实施独立、常态、有效的监督。

媒体对企业进行监督还缺乏相应的法律保障和依据。美国宪法第一修正案使政府不大容易通过经济手段阻止或威胁媒体的工作，却没有类似的条款适用于媒体与企业之间的纠葛。在我国，由于没有相应的法律保障和依据，媒体在对企业实施监督时阻力往往比较大，甚至会因监督、批评企业的报道受到企业或政府的打压和惩罚。2002 年，在上海证券交易所上市的"济南轻骑"竟然拒绝新闻记者采访股东大会。由于缺乏明确的法律规定，最后只能是停留在对这家上市公司一般批评的层面上。①

上市公司作为公众公司，理应比普通企业更加公开透明，接受公众和媒体更多更严厉的监督。但不知从什么时候起，中国的上市公司开始对批评者大兴举报问罪之风。2013 年 10 月 18 日上午，《新快报》记者陈永洲以涉嫌损害企业商誉的罪名被长沙警方逮捕并刑事拘留。与此同时，多次质疑广汇能源财务问题的股民"天地侠影"（网络 ID，新浪微博名为"投资从质疑开始"，本人真名为汪炜华），在上海某地也被警方带走。陈永洲被捕事件引发了媒体的强烈关注和反弹。10 月 26 日，陈永洲对着央视镜头认罪。中央电视台新闻节目《朝闻天下》报道："新快报记者陈永洲被刑拘，自称受人指使收人钱财，发表失实报道。陈永洲向民警坦承，为显示自己有能耐，获取更多的名利，他受人指使，连续发表针对中联重科的大量失实报道，致其声誉严重受损。陈永洲对自己的犯罪事实进行了供认并深刻悔罪。"尚处侦查阶段的犯罪嫌疑人，未经法院审判，就由侦查机关和官媒"判定"有罪，明显违反"无罪推定"原则，这一做法受到公众

---

① 程曦：《媒体对企业的新闻舆论监督》，《新闻记者》2002 年第 5 期。

强烈质疑。

质疑上市公司，竟然成为一件充满危险的事情。尽管到本研究报告截稿时，陈永洲事件、汪炜华事件尚无进一步消息，办案机关对外公布的信息也还有限，但是它们引发的社会争议却已经铺天盖地。无论是公众还是媒体，非常纠结的一点是：批评上市公司的尺度如何把握？尤其是陈永洲案件，他作为记者参与报道，这是一项职务行为，那么其所属的媒体，究竟如何才能确保批评不触犯"损害商业信誉罪"？

《第一财经日报》编辑部曾专门发表社评，探讨媒体批评上市公司的尺度问题。该社评披露，在中国资本市场，长期以来都存在良莠不齐的现象，上市公司的财务造假、虚假陈述、内幕交易等问题屡见不鲜，甚至个别企业在上市过程中就已经充斥各种违规违法问题。也正是因为如此，专业人士和媒体对上市公司的监督就显得尤为重要，上市公司也应该做好被质疑的准备。此前出现过不少良性的监督案例，比如刘姝威揭露蓝田股份造假、《财经》杂志曝光银广夏陷阱、知名市场人士夏草质疑数十家上市公司等。

这些事件，媒体或主动报道，或追踪报道，都为真相浮出水面作出了重要贡献，既维护了资本市场的秩序，也得到了千万股民的赞赏。监管部门也多次表态欢迎各界舆论监督，为此还一再延长待上市公司的预披露期，就是给各界实施舆论监督提供了方便。上市公司在健全的监督机制下，也能更好地实现公司营业目标和履行社会责任。

我们既体谅一些上市公司在遭遇媒体有偏颇的报道时股价下跌、商誉受损的糟糕状态，同时，也理解公众期待媒体对上市公司作出更加严格和全面的报道，通过舆论监督维护资本市场的良好秩序。那么，舆论监督与损害商誉的界限在哪里？如何化解上市公司与媒体的紧张关系？或许下面这三个方面可以成为共识。

首先，如实报道，宽容瑕疵。对媒体而言，真实是新闻的生命。能否如实报道是判断一家媒体对与错的核心标准，也是评判一家上市公司冤还是不冤的关键因素。我国刑法规定，损害商业信誉罪是指捏造并散布虚伪事实，也就是说，只有"假新闻"才可能构成该罪。所以，当一家媒体作出的是真实、客观的报道，无论企业的商业信誉怎样受损，媒体都是在履行舆论监督的责任。当然，媒体毕竟不是拥有侦查权的公安、检察机关，记者也有个人能力的限制，可能会在报道中出现部分错误，只要不是故意弄虚作假，又在指出错误后积极更正，那么这种瑕疵也应该得到宽容。

其次，充分表达，善意理解。对于媒体而言，无论是质疑还是批评，都应该积极尊重对方的回应，确保提供足够的版面空间让对方充分表达意见，并且作出善意的理解。同样，上市公司面对媒体或者公众的追问，也应该积极回应，避而不答或语焉不详就难免产生一定的不利后果。因为上市公司作为公众公司，理应让投资者有充分的知情权，或者承认自身的错误，或者澄清市场的误解，尽力消弭信息不对称造成的不公平现象。

最后，慎用公权，平等诉讼。媒体与上市公司有关系和谐的时候，也可能存在矛盾紧张的状况，当纠纷无法协调时，诉诸法律并非不可。但是，无论是哪方，在涉及名誉、商誉的问题上，采取主体平等的民事诉讼还是上上之选。在法庭上，双方可以平等争辩，用证据说话，静待法院的最后判决。而动用公权，请求警察介入名誉纠纷，尤其是针对负有监督责任的媒体，主体身份发生重大变化，这恐怕不是各国上市公司通行的做法。

此前，我国也发生过记者因报道上市公司而被公安部门网络通缉的事件，最后事件以公安局道歉撤案结束。我们也期待上述案件能得到妥善的处理，因为它们不再是普通商誉案件，已经成为公共事件，涉及舆论监督的界限，也牵涉成千上万投资者的利益，公众需要得到一个公正合理的交代。①

媒体监督企业的行为也有多方面值得检讨和反思之处。首先，媒体从业人员素质存在差距。对企业实施监督，媒体从业人员需要具备两个方面的素质，一是要有良好的职业道德，二是要有很高的业务素质，两者缺一不可。从职业道德方面看，一些媒体从业人员缺乏高度的责任感和使命感，很难抵挡住金钱的诱惑，有的甚至会向企业索取贿赂。要求这样的从

---

① 本刊编辑部：《批评上市公司的尺度》，《第一财经日报》2013 年 10 月 24 日。

业人员参与对企业的监督，自然是难以奏效的。从业务素质方面看，对企业的监督涉及财务、法律、行业等方面的知识，同时由于企业的大部分行为往往是在紧闭的大门后面进行的，这些都对从业人员的专业知识水平和探访技巧等提出了很高的要求。就业界目前的状况看，从业人员的素质还存在一定的差距。在对企业的监督方面，媒体存在盲目跟风、肆意夸大的倾向。比如，在珠海巨人集团面临危机时，新闻媒体的大肆渲染影响了其再融资的能力，资金链条断裂，引发信用危机，加剧其向不利的方向发展。在巨人集团破产以后，史玉柱曾感慨道："巨人一直是一个'新闻企业'，我本人也是一个'新闻人物'，想不当都不行。以前新闻总说巨人好，这也好那也好，现在说这也不好那也不行。我原计划1997年好好做做市场，但各地报纸一转载巨人风波，说巨人差不多倒闭了，产品没人敢买了，这下子问题大了。"①

对于企业与转型中新闻媒体之间的关系，我国学界的研究并不多见。但是从当前情形看，推动我国媒体承担社会责任的客观条件已经成熟，这是一种由媒体责任缺失现象倒逼出来的压力式选择，具有观念层面和制度层面的意义。

对于我国媒体来说，一定程度上行政约束的弱化，带来社会功能增强的同时，也带来了导向的偏差和与主流价值体系的游离。对于媒体承担社会责任而言，市场化是一把双刃剑。脱离政府财政，为市场主体履行社会责任提供了可能，但市场压力又使得为追逐利益而回避社会责任成为现实可能，并为其道德失范提供了"借口"。于是，漠视公共利益、漠视弱者利益，内容低俗、缺少人文关怀，引起群众极度不满。媒体上媚俗、庸俗、低俗、暴力、血腥、隐私内容大量出现，人们对媒体"社会责任感丧失"的批评愈加激烈。我国新闻出版单位拥有大量资源，但有的投入与产出严重不成比例，可以说是效率相对低下，浪费大量资源。因此，通过各种途径，促进媒体切实承担社会责任，这是一个关乎长远的根本性取向。②

---

① 程曦：《媒体对企业的新闻舆论监督》，《新闻记者》2002年第5期。
② 江作苏：《媒体建立社会责任报告制度势在必行》，《新闻战线》2014年第1期。

三　媒体社会责任的实现路径

媒体承担社会责任是企业履行社会责任的条件。

媒体社会责任理念在世界范围内已经获得广泛认同，但我国新闻媒体履行社会责任的现状不容乐观。以新闻界"四大公害"（有偿新闻、虚假报道、低俗之风、不良广告）为代表的责任缺失现象严重背离了"瞭望者"的历史使命，不断腐蚀新闻媒体赖以生存的根基，已引起整个社会的高度关注。在市场经济体制下，如何确保新闻媒体在获得经济效益的同时维护公共利益、履行社会责任？或者说落实媒体社会责任应当依照什么样的路径？事实证明，既不能完全寄希望于新闻媒体自身的道德感，也不能完全依赖外部力量的干预。媒体社会责任的真正落实，终究要靠一套成熟完善的制度体系来保障。

媒体社会责任的履行，应以传媒组织多向度利益的均衡发展为基础。在我国现有制度环境下，新闻媒体多是市场经济中的独立主体，既有其作为市场经营主体的经济利益、作为政府"喉舌"的政治利益，又有其作为社会公器的社会利益。诸多利益与传媒组织所承载的社会身份相连，与其扮演的社会角色相关，表现出多向度、多层次的特点。这些利益主张在一定程度上决定了传媒组织所负的责任与所担的义务。我们强调传媒的社会责任，不能脱离这个根本的基础，必须客观认识传媒组织所应实现的诸多利益，在促成多向度利益均衡发展、多重社会角色协调的基础上推动社会利益的实现与社会责任的履行。

媒体社会责任的履行，还应以自由与责任的协同发展为前提。独立、自由是传媒组织的生存之基与价值所在，承担责任是传媒组织的内在之道与外在要求。强调传媒的社会责任离不开对传媒独立与自由的确认，离开自由纯粹谈论责任是空洞而有害的。因此，在国家宏观统一部署之下，切实推进经济体制改革、深化政治体制改革、实现新闻出版产业改革，就成为当务之急与必然之举。不断深入的改革能够避免传媒组织陷入与异化政治责任、异化经济责任的冲突之中，使传媒组织具有真正的独立地位与自由权利，进而杜绝各种传媒失语、传媒缺位、传媒腐败、传媒庸俗化的现象。换言之，通过宏观制度层面对传媒生命力的释放，传媒自由与传媒责任能够获得协同发展，其社会责任也能够自然而然地得到履行。

媒体社会责任的履行，更应不断提高传媒从业人员的职业道德与自律精神。如约瑟夫·普利策 1904 年在《北美评论》上为其成立新闻学院进行的辩护所言："只有最高的理想、兢兢业业的正当行为、对于所涉及的问题具备正确知识以及真诚的道德责任感，才能使得报刊不屈从于商业利益，不寻求自私的目的，不反对公众的福利。"媒体社会责任论的实现离不开传媒从业人员职业道德的提升。徒法不足以自行，再好的社会规范若没有良好个性美德与职业操守的支撑，都是无法自我实现的，媒体社会责任亦是如此。同时，媒体社会责任论的落实还需要不断提升传媒从业人员的自律精神。在媒体社会责任理论提出之初，人们就非常强调传媒的道德自律，倡导传媒的独立与自省。今天，面对各种新媒体的涌现，没有可靠的自律精神，社会责任的承担往往只会流于形式，这既是当前传媒社会责任建设的重点之一，亦是其难点所在。[①]

从具体制度层面看，为了更好地发挥媒体在企业监督方面的作用，首先，政府以及行业监管部门应减少不恰当的干预，并予以适当的支持。政府以及行业监管部门应该支持媒体对企业实施监督，以利于及时掌握企业的真实情况，及早发现问题并妥善加以解决，以免造成更大的损失。要推动传媒法治，制定和完善维护媒体及其从业者合法权益的法律。这些相关的法律主要涵盖三个方面：一是界定政府与媒体的关系，维护媒体的独立性；二是引导、规范和约束媒体对企业的监督；三是保障媒体在企业监督方面的合法权益。

作为媒体，应正确处理好经济利益和监督职责、短期利益与长远利益之间的关系。其实从长远来看，那些敢讲真话的媒体终将受到绝大多数企业和更多受众的青睐。要谋求长远发展，媒体断不可以牺牲自身公信力为代价，以舆论监督换钱，以新闻采访作为换取企业广告投入的手段，更不可将新闻采编工作与广告经营相混同。在保持媒体监督的独立性方面，《财经》杂志的做法值得借鉴。《财经》杂志的运作模式是采编、经营两个

---

① 朱辉宇：《传媒社会责任理论再思考》，《传媒》2010 年第 11 期。

轮子分开转，编辑部只管内容和版面，完全不过问广告和发行方面的具体操作。这一做法的好处是建立了一道"防火墙"，采编人员没有广告客户方面的顾忌，从而有利于记者、编辑相对独立地执行客观采写和编辑的原则，很好地履行监督的职责。

实施企业监督对新闻从业人员的素质提出了更高的要求。因此，媒体应着力提高从业人员的专业素质。首先应加强对记者、编辑等从业人员的职业道德教育，注重调查研究，增强他们的使命感和责任感；在人才的引进方面，应考虑多方面引进专业人才，特别是一些复合型人才。另外，媒体应注重对现有从业人员进行财务、法律等方面的培训。可以考虑借鉴海外的做法，把记者、编辑外派到企业去学习，使他们更好地熟悉企业的情况，提高他们在企业监督方面的业务水平和判断能力。[①] 在谈到传媒转型的问题时，财新传媒负责人、中山大学传播与设计学院院长胡舒立认为，应重点解决三方面的问题。第一，传媒企业要适当提高传媒人的待遇；第二，建立价值共识；第三，对于媒体人跳槽的现象，传媒企业必须尊重和承认这个行业出现的人员流失和动荡——任何一个市场化的企业和行业，这些现象都是必须存在的，对此需要保持"平常心"。[②] 这种价值共识，体现为坚守"专业主义"职业精神和行为宗旨。传统媒体所遵循的"专业主义"职业精神和行为宗旨，应该是其最明显的优势。高质量的新闻永远是"稀缺物品"，真实性、客观性和中立性是新闻安身立命之本，采写新闻可以一当十，发表新闻却要以十当一，尊重事实永远是新闻发表的原则和底线，若没有充足的事实和依据，新闻就不能发表。从专业性而言，"新闻寻租"是最具破坏性和杀伤力的。记者必须坚守道德底线，这也是对任何职业从业者的基本要求。新闻记者是一种比较特殊的社会职业，其工作直接与社会的最弱势群体相关，关系着人类生存与存在价值的表达，同时也维持着社会基本的正直的风气与公德。因此，新闻记者身负社会的某种信誉、道义和责任。也因此，当新闻行业背叛这种期望时，其代价是无可

---

① 程曦：《媒体对企业的新闻舆论监督》，《新闻记者》2002 年第 5 期。

② 胡舒立：《传媒转型的中国问题》，胡舒立财新博客，http：//hushuli. blog. caixin. com/archives/63135，2014 年 5 月 2 日访问。

估量的。①

在对企业的报道中，坚持新闻"专业主义"报道标准的媒体还有《南方周末》。仅举一例：2010 年，深圳富士康发生员工系列跳楼自杀事件后全国舆论一片哗然，国内许多媒体未经深入调查就开始对富士康大加指责。但是在系列跳楼自杀事件发生后，《南方周末》的实习生刘志毅就以打工者的身份潜伏进富士康，经过 28 天的"卧底"暗访，完成了《富士康"八连跳"自杀之谜》《与机器相伴的青春和命运——潜伏富士康 28 天手记》《破解富士康员工的自杀"魔咒"》等一系列深度报道，澄清了人们想象中的"血汗工厂"的自杀内幕，还原了中国部分地方产业工人的真实生存状态。这种执着于真相的做法，不仅为《南方周末》记者的职业伦理和专业水平做了注解，也是媒体负责任的企业报道的典范。

四 媒体的社会责任报告制度

"媒体，社会的守望者；企业，经济的孵化器。媒体与企业既是不同的个体，又在社会生态链中彼此相依、同生共荣。我们相信：不论媒体抑或企业，都应当通过履行社会责任来影响社会，服务社会，回报社会，通过良好的社会信誉、社会影响力，促进自身更好更快地发展。"2010 年 5 月 8 日，新闻出版总署主管的《传媒》杂志社联合浙江日报报业集团、南方报业传媒集团、江苏广播电视总台、重庆广播电视集团（总台）、时尚传媒集团、《新周刊》、《南方周末》、搜狐网、分众传媒、澳优乳业股份有限公司、东阿阿胶集团、联想集团、贵州茅台酒厂有限责任公司等百余家媒体、企业在第五届中国传媒创新年会上共同倡议发布《媒体与企业社会责任宣言》。

媒体和企业联手发布社会责任宣言是基于媒体和企业具有相似的问题和共同的社会责任。据《传媒》杂志社副社长、中国传媒产业联盟秘书长周志懿介绍，近几年来，以三鹿为代表的个别企业盲目追求利润最大化，而视公众利益于不顾，严重影响了公众对企业的信用认知；与此同时，媒

---

① 龚彦方：《财新传媒：中国式的新媒体转型与探索》，《中国记者》2014 年第 2 期。

体在产业化发展过程中，也同样存在夸大、渲染社会暴力，发布软性新闻甚至索要封口费等有违新闻职业道德的现象。媒体和企业二者在社会生态链中彼此相依、同生共荣。媒体和企业都应当通过履行社会责任来影响社会、服务社会、回报社会，通过良好的社会信誉、巨大的社会影响力，促进自身更好更快地发展。

《媒体与企业社会责任宣言》共 16 条，媒体宣言和企业宣言各 8 条。媒体宣言涵盖媒体的舆论导向、公信力、传播力、自律机制、知识产权等内容；企业宣言包括诚信经营、公平竞争、善待员工、资源节约、环保意识、消费者权益等方面。①

附：《媒体与企业社会责任宣言》

媒体宣言：

1. 坚持正确的舆论导向，规范传播行为，抵制一切虚假和有害信息，抵制一切损害社会公共道德和社会主义精神文明的传播行为；

2. 加强从业人员职业道德建设，维护媒体公信力；

3. 恪守公平竞争原则，团结协作，共同发展，自觉维护行业发展环境；

4. 树立正确的媒体经营观，恪守社会效益第一原则；

5. 充分应用高新技术成果，创新传播方式，提高传播能力；

6. 接受社会监督，完善自律机制，加强自我约束和管理；

7. 理性监督，客观报道、不偏不倚；

8. 尊重和保护知识产权，抵制和谴责各种违法违规的盗版侵权行为。

企业宣言：

1. 促进经济发展，提供就业岗位，创造社会财富；

2. 遵纪守法，规范企业行为，诚实守信经营；

3. 公平竞争，自觉维护良好市场秩序，树立健康企业形象；

---

① 《媒体与企业社会责任宣言》，http://news.xinhuanet.com/2010 - 06/06/c _ 12186698.htm，2014 年 3 月 20 日访问。

4. 善待员工，切实维护员工各项合法权益，承担社会保障义务；

5. 树立环保意识，建设资源节约、环境友好型企业，承担社会责任；

6. 积极支持社会公益事业，扶贫帮困，促进社会和谐发展；

7. 尊重消费者和社会公众的合法权益，引导理性消费；

8. 完善自律机制，自觉接受媒体与社会公众监督。

在百余家新闻出版单位和企业联合发出《媒体与企业社会责任宣言》之后的 9 月 25 日，《光明日报》发布了《牢记社会责任，坚持正确导向》倡议书。这些媒体自述性的信号，表明了媒体秉持社会责任的意识比以往更清醒了。但是，关于责任的履行伦理以及路径选择的理论研究明显滞后，基本没有对媒体社会责任构成、社会责任治理和评价指标体系作出系统研究，更遑论实践了。

本课题组研究发现，截至 2014 年 5 月，只有湖南广播电视台一家传统媒体发布过社会责任报告，报刊媒体则尚无一家。网络媒体中只有腾讯作为企业发布过社会责任报告，其他只散见个别机构的倡议或零星学术探索，对媒体社会责任的评价指标体系的建立和形成发布媒体社会责任报告制度等问题尚未取得共识。

2008 年，腾讯公司作为企业，率先发布了自己的社会责任报告，从关注自主知识产权创新、推动互联网健康发展、创造社会价值、员工和用户关怀、社会公益事业五个角度公开了社会责任实施状况，这在一定程度上标志着中国网络媒体正在从商业成熟走向管理成熟。

2012 年 3 月 28 日，北京大学新闻与传播学院中国传媒社会责任课题组联合我国传媒业界、学界发布中国传媒史上第一部传媒行业社会责任报告——《2011 中国传媒行业社会责任报告》（简版）。在参考国际标准化组织制定的 ISO 26000 等相关指标体系的基础上，结合中国传媒业的特殊属性，制定了中国首个传媒社会责任指标参照体系。课题组从全国报社、电视台、期刊社中抽取了 200 家单位（不包含港澳台地区）作为样本，发放调查问卷，进行了相关数据采集，还从主管部委及数据机构获得了部分抽样媒体的总收入、纳税总额、公益慈善支出、广告刊登额、发行量、收视率和收听率等数据和材料，同时以领军人物访谈、征文等方式，对传媒业履行社会责任现状、路径、成绩等进行深度的调研。①

2013 年 12 月 2 日，由社会科学文献出版社和中国新闻出版研究院联合主办的"中国出版企业社会责任研讨暨社会科学文献出版社企业社会责任报告（2012～2013）发布会"发布首部《社会科学文献出版社企业社会责任报告（2012～2013）》。作为我国单体出版社第一份真正意义上的企业社会责任报告，该报告的发布标志着我国出版行业步入了积极践行社会责任的"成熟期"。该报告以"实现人文社会科学成果价值最大化"为主题，极具创新性地明确提出以促进学术传播、专业学术出版、绿色出版、关爱员工、社会公益、供应链 CSR 管理、利益相关方沟通为七大战略，按照"策划—执行—评价—改善"的管理模式，有效开展社会责任风险识别工作，运用内部审核等方法寻找持续改进的机会，最终实现"秉持'让学术成果价值最大化'的社会责任理念，始终致力于将出版社的发展战略与企业应尽的社会责任相结合，始终坚持可持续发展、环境保护、社会公益参与等领域的基本原则，坚持高标准的道德要求、专业要求，关爱员工，确保学术成果传播的专业化、规范化"的企业社会责任愿景。②

国家新闻出版广电总局提出，"全国电视上星频道 2014 年起要梳理汇报履行社会责任的情况"。2014 年 3 月 19 日，湖南广播电视台向社会发布《社会责任发展报告（2010～2013）》。该报告不仅是湖南广播电视台对外公开发布的首份社会责任发展报告，也是国内媒体的第一例。在没有行业先例的情况下，湖南广播电视台重构主流媒体社会责任体系，做了很多有益的探索。据湖南广播电视台披露，该报告是由第三方专业社会责任调查机构对三年中湖南广播电视台履行社会责任的情况进行解读形成的。报告主体分 8 个部分，分别从导向、价值观、贴近性、青少年教育、网络话语权、走出去、社会贡献、公益慈善等维度，将湖南广播电视台自 2010 年挂牌成立至 2013 年间在履行社会责任方面的大事件一一呈现。对于媒体的社会责任，湖南广播电视台党委书记、台长吕焕斌指出，当媒体发展到一定阶段后，如果不给自己确立一个管总的思想和价值观，在节目创新当中就

① 冷梅：《首份中国传媒行业社会责任报告在京发布》，《新闻战线》2012 年第 4 期。
② 姜楠：《首部单体出版社企业社会责任报告在京发布》，《证券日报》2013 年 12 月 3 日。

会出现这样或那样的偏差，产生一些意想不到的影响，甚至给社会带来一些模糊的认识。因此，媒体必须要研究自身的媒体价值观，确立一个社会责任体系，并通过对媒体社会责任的梳理、归纳和总结来指导今后的工作，提高创作水平，提升品牌影响力。①

强调媒体社会责任的重要性并不能解决其社会责任缺失的问题，对于媒体来说，相比各种利益的诱惑，研究者和社会的呼声显得十分苍白。关键在于如何治理，因此，构建科学的中国报刊社会责任治理体系和评价指标体系迫在眉睫。

有学者以我国转企改制后的报刊企业为对象，研究了传媒企业社会责任评价指标体系及评价模型，对报刊企业应承担的社会责任内容作了细化分析。他认为，报刊企业应在 9 个方面承担起社会责任：①舆论导向：舆论引导的责任。坚持在政治、经济、文化领域的正确引导。尤其是政治导向，这是报刊企业的生命线。②信息传播：向受众提供真实、快速、全面、准确信息的传播责任。这是报刊企业的立身之本。③舆论监督：承担新闻舆论监督的责任。在重点做好对权力机关的监督的同时加大对社会生活的监督力度，推动社会进步，努力成为化解社会矛盾和冲突的助推器。④法律法规：遵守相关法律法规，充分尊重他人知识产权的责任。⑤社会伦理：净化媒体环境，保护未成年人健康成长，妥善保护个人隐私，坚守公共道德底线。⑥健康文化：提供健康有益的休闲娱乐活动的责任、传递严肃文化知识和社会遗产的责任。⑦公共利益和公民权益：坚守正义和良知，维护公民合法权益。⑧创富能力：积极纳税，保持一定的盈利水平，提供一定的就业岗位，吸收尽可能多的社会劳动力。没有一定的创富能力，报刊企业就失去了基本的物质基础，其他责任的履行就成了泡影。⑨内部员工满意度：努力提高员工工资及福利待遇，为其职业前景与规划提供广阔空间。② 依据 9 个方面的社会责任，这位学者提出了更为具体的传媒企业社会责任评价指标体系（见表 4 - 1）。缺点是该指标体系失之笼统，并且政治性指标偏多、专业性指标欠缺。

---

① 《湖南广电发布首份媒体〈社会责任发展报告〉》，金鹰网，http://www.hunantv.com/p/20140321/1549308523.html，2014 年 5 月 2 日访问。

② 包国强：《治理视角的传媒社会责任评价指标体系及评价模型分析》，《湖北社会科学》2012 年第 8 期。

表 4 - 1　报刊企业社会责任评价指标体系

一级指标	二级指标
舆论导向	政治
	经济
	文化
信息传播	真实
	快速
	全面
	准确
舆论监督	对权力机关的监督力度
	对社会生活的监督力度
法律法规	遵守相关法律
社会伦理	社会主义伦理道德观
健康文化	弘扬健康、积极向上的文化
公共利益和公民权益	坚守正义与良知
	维护公民权益
创富能力	纳税
	盈利
	吸收社会劳动力
内部员工满意度	职业前景
	员工工资及福利

资料来源：引自包国强《治理视角的传媒社会责任评价指标体系及评价模型分析》，《湖北社会科学》2012 年第 8 期。

北京大学新闻与传播学院中国传媒社会责任课题组，根据中国传媒业自身的特点，结合国际企业社会责任标准，草拟了中国传媒业第一套社会责任标准参考指标体系（见表 4 - 2）。从该指标体系可以看出，传媒单位的社会责任可以再细分为责任管理、市场责任、机构责任、公益责任、环保责任、文化责任 6 个一级指标，每个一级指标后还可延伸细化成上百个具体方面，应该说对传媒单位的社会责任的履行有较大的参考价值。媒体可以对照以上主要关键词进行分析解读，找到社会责任国际标准在媒体落地的途径和方式。①

　　责任感是媒体的公信力之源，而媒体的公信力就是核心竞争力，是行业之魂。接受社会监督是规范媒体行为、维护媒体公信力的途径。承担社会责任，既是媒体的自觉行为，更应该是必须履行的责任。

表 4 - 2　　中国传媒业社会责任标准参考指标体系

一级指标	二级指标	三级指标
责任管理	责任治理	(1)媒体有可持续发展的声明及理念；(2)明确社会责任理念；(3)建设社会责任领导机构；(4)培育责任文化
	责任推进	(1)制定传媒社会责任发展规划；(2)构建传媒社会责任指标体系；(3)传媒社会责任风险管理；(4)开展传媒社会责任培训；(5)社会责任管理制度；(6)设置传媒社会责任部门或设立传媒社会责任专员；(7)推动合作伙伴(上、下游企业)履行社会责任；(8)推动下属单位履行社会责任
	责任沟通	(1)明确利益相关方；(2)利益相关方与高层沟通机制；(3)利益相关方需求调查；(4)媒体内、外部社会责任沟通机制；(5)媒体领导参与的内部社会责任沟通与交流；(6)媒体领导参与的外部社会责任沟通与交流；(7)发布传媒社会责任报告；(8)第几份传媒社会责任报告；(9)传媒社会责任报告参考标准或指引；(10)社会责任报告披露负面信息；(11)网站上有社会责任专栏；(12)传媒社会责任报告数据可比性(包括纵向可比性与横向可比性)；(13)企业社会责任报告可信度(报告含利益相关方评价、专家点评或第三方审验)
	守法合规	(1)合规体系；(2)制定行为规范；(3)守法合规培训；(4)守法合规培训绩效；(5)反商业贿赂措施；(6)反腐败措施；(7)记者管理实施办法
市场责任	客户责任	(1)研发创新投入；(2)产品或服务质量管理；(3)受众满意度调查；(4)客户关系管理体系；(5)保护客户信息；(7)积极应对客户、受众投诉客户；(8)(广告主、代理商、发行商、供应商)满意度调查；(9)推动客户(上、下游产业)共赢发展
	伙伴责任	(1)建立战略合作机制及平台；(2)合同履约率；(3)诚信经营的理念与制度保障；(4)公平竞争的理念和制度保障；(5)诚信经营和公平竞争培训
	产业责任	(1)成长性；(2)收益性；(3)安全性；(4)投资者关系管理体系；(5)宏观经济环境及政策变化对财务绩效的影响及对策

①　周志懿：《做负责任的媒体——中国传媒社会责任课题研究概述》，《青年记者》2012 年 5 月上。

续表

一级指标	二级指标	三级指标
机构责任	政府责任	(1)响应宏观政策;(2)纳税总额;(3)确保就业及(或)带动就业的政策与措施;(4)报告期内吸纳就业人数;(5)响应政府关于传媒行业发展和管理的宏观政策;(6)坚守舆论阵地,加强舆论引导
	员工管理	(1)遵守国家劳动法律法规;(2)员工社保覆盖率;(3)员工合同签署率;(4)员工工会参与率;(5)员工薪酬体系;(6)员工培训体系及培训力度;(7)员工职业规划;(8)员工休假政策;(9)员工救助政策;(10)员工健康培训及职业安全健康管理体系;(11)离退休员工管理政策及办法
	内容管理	(1)获奖作品;(2)杜绝有偿新闻、虚假新闻的举措;(3)思想道德、环保、公益慈善等栏目设置
公益责任	公益慈善	(1)评估运营对受众群的影响;(2)建立公益基金或基金会;(3)员工本地化政策;(4)本地化采购政策;(5)员工志愿者;(6)社会捐赠方针(含理念、对象、政策、措施等);(7)捐赠总额(含实物捐赠、现金捐赠、服务捐赠等);(8)公益慈善活动(含新闻报道活动、公益活动及公益性质的活动)
环保责任	环境保护	(1)环保理念、政策及执行;(2)环保理念、法规的宣传
	节约资源	(1)资源节约制度、措施;(2)资源节约理念、措施的宣传
文化责任	文化内力	(1)设置文化栏目;(2)内容产品的文化内涵
	传承传播	(1)对区域文化的挖掘与传承;(2)对民族文化的保护与传承;(3)对多样性文化的传播;(4)举办文化活动

资料来源:引自周志懿《做负责任的媒体——中国传媒社会责任课题研究概述》,《青年记者》2012年5月上。

　　树立责任观念和明确责任标准只是推进媒体履行社会责任的第一步。从逻辑角度出发,在媒体公认"责任"是必尽义务之后,有必要建立起媒体的社会责任报告制度。作为企业监督者的媒体,也应和企业一样,通过推行社会责任报告制度,对媒体社会责任发展现状及时作全方位的扫描,对其暴露的问题进行深入分析和自检自查,并提出有针对性的解决策略,让监督者接受社会监督,促使其更好地履行社会责任。

　　曾长期担任湖北日报传媒集团董事长、社长,华中师范大学新闻传播学院院长的江作苏提出了我国媒体社会责任报告制度的建设路径。首先要确立媒体社会责任报告的规范。媒体履行社会责任不仅仅是指积极参与公益事业,更要自觉遵守法律规范,体现媒体价值,主动接受利益相关者和社会的监督。主管部门有必要发布媒体履行社会责任指南,编写社会责任报告要认真遵循"真实、准确、全面、客观"的规则,只有这样才能在推动经济发展、引导人民思想、培育社会风尚、促进社会和谐等各方面起到积极的作用。一定要把媒体的社会责任与改革和经济发展、国家的长治久安结合起来考察，把握导向，着眼大局，体现应有的宏观视野。

其次，要如实报告，充分体现媒体价值。对受众给予回报，对消费者提供优质的媒介产品和信息服务，为职工创造更好的劳动、生活和发展条件，对自然环境给予更好的保护，为国家和社会创造财富、提供就业岗位等，这是媒体基本的社会责任；模范实践对道德伦理的高尚追求，热心参与社会公益事业，也是媒体必须履行的社会责任。新闻出版单位要把社会责任理念纳入"公司治理"的范畴，逐步建立和完善其社会责任指标统计和考核体系，有条件的出版单位都要建立各自履行社会责任的评价机制。

再次，要建立社会责任报告制度试点。逐步要求媒体定期发布社会责任报告，公布履行社会责任的现状、规划和措施，完善社会责任沟通方式和对话机制，及时了解和回应利益相关者的意见建议，主动接受党和人民、社会的监督。媒体社会责任报告标准不仅仅是一个道德规则，也不仅仅取决于出版单位的良心、觉悟，它要突破传统的守则形式，把对非经营性、非技术性要求进行指标化。也就是说，它把抽象的"道德"和"精神"层面的东西具象化，为切实解决媒体的社会责任问题提供一个具有普遍性的工具，成为衡量媒体的道德指数。

最后，要尽快建立媒体社会责任激励机制。激励机制包括正激励和负激励，对好媒体的奖励就等于对差单位的惩罚。对承担社会责任成绩优秀的媒体，政府应给予必要的奖励，如获评社会责任先进单位给予表彰、建立媒体社会责任分级评定及升降级制度等。同时要发挥社会舆论、新闻出版单位、企事业单位及公民个人的监督作用，建立对违背社会责任行为的举报奖励制度。社会责任报告披露在国外是一项成熟的制度，应该要求媒体定期公布社会责任报告（可由第三方进行），政府有关机构也应定期对辖区内的媒体社会责任状况进行调查、公布。

实行和公开发布媒体社会责任报告制度，让监督者接受社会监督，促使其更好地履行社会责任，将产生巨大社会效益和经济效益。对政府来说，这是对出版行业管理制度与方法的一大创新，是由过去相对单一的政治管理向社会综合治理转变的巨大飞跃。对出版单位和社会来说，其积极意义不可估量。通过编写媒体责任发展报告并向社会发布，对媒体社会责任水平加以分析评价，剖析媒体社会责任的典型案例，揭示其经验和教训。

推行社会责任报告制度的宗旨在于，要使社会责任报告成为媒体的一面镜子，通过这面镜子反思自己的不足，认真履行其社会责任，这个制度才能起到良好的作用。绝不能像有的企业社会责任报告一样沦为自我表扬、自我吹嘘的"广告"和笑柄，否则就事与愿违。所以，保证出版单位社会责任报告的客观性，维护其公正性是非常重要的。①

截至 2013 年底，我国新闻媒体几乎全部没有发布过社会责任报告，没有在阳光下披露自身公信力程度的制度安排。媒体发布社会责任报告，是媒体进步的需要，也是媒体从事企业社会责任传播的需要。因为只有接受社会监督的媒体，才是推动企业进步、促使企业承担社会责任的重要监督力量。

2014 年 6 月 9 日，在中宣部、中国记协组织安排下，我国首批 11 家试点媒体发布社会责任报告，梳理展示了 2013 年度媒体履行社会责任情况。②

首批 11 家试点媒体包括《经济日报》、中央电视台、《中国青年报》、人民网、新华网 5 家中央新闻单位和新闻网站，《河北日报》、《解放日报》、浙江卫视、《齐鲁晚报》、湖北日报传媒集团、湖北广播电视台 6 家地方新闻单位。

媒体社会责任报告发布前经中国记协、地方新闻道德委员会评议，并提交新闻出版广电总局、互联网、工商等行政管理部门核实相关内容。报告全文在中国记协网统一发布。

各媒体重点报告了履行正确引导责任、提供服务责任、人文关怀责任、繁荣发展文化责任、遵守职业规范责任情况，以及履行合法经营责任、安全刊播责任、保障新闻从业人员权益责任等情况。各媒体还对履行社会责任方面存在的不足、改进的措施和努力的方向进行了报告。

---

① 江作苏：《媒体建立社会责任报告制度势在必行》，《新闻战线》2014 年第 1 期。
② 《首批试点媒体社会责任报告正式发布》，《中国青年报》2014 年 6 月 10 日。

建立媒体社会责任报告制度是按照中宣部、中国记协等的决定实施的，目的是"推动媒体每年定期公开发布履行社会责任情况报告，自觉接受社会监督"。其着眼点是"当前不少媒体社会责任意识淡薄的问题日益突出，社会公众对强化媒体社会责任的呼声强烈"。

笔者对 11 家试点媒体的社会责任报告进行内容分析后发现，11 份媒体社会责任报告的体例具有高度的一致性，都是按照新闻宣传主管部门提出的"媒体应履行的七大要求"，从履行正确引导责任、提供服务责任、人文关怀责任、繁荣发展文化责任、遵守职业规范责任、合法经营责任、安全刊播责任等方面，结合 2013 年所做的报道等工作内容，展示年度履行社会责任的情况。其中，媒体的政治责任被当做社会责任的首要内容，往往以政治责任的履行情况来衡量承担社会责任的优劣。

11 份社会责任报告中，只有《中国青年报》和新华网两家媒体阐述了自身的社会责任观。

《中国青年报》的社会责任观（即价值观）表述为："追求公平、公正、公开的新闻理想；不唯上、不唯下、只唯实的大报气质；铁肩担道义、经时济世的家国情怀；勤于探索、引领风气的先锋意识；崇尚民主、尊重个性的团队精神。"

新华网的社会责任观则表述为："以真实、准确、客观的报道传递各方声音，以正确价值观引导社会公众，以传播社会的正能量潜移默化地影响大众的精神操守，这是媒体最基本的社会责任。愿意承担责任的媒体，必然与它身处的时代共命运、同呼吸，必然反映公众心声，代表公众良知，引领社会风尚，维护社会秩序，滋润社会关系，推动社会进步。"

两家媒体的社会责任观，前者新闻专业主义色彩较浓，后者则以"正确价值观""正能量""引领社会风尚""维护社会秩序"等关键词，突出了政治责任的意涵。

其他 9 家媒体则并未提炼和提出自身价值观，而是用大量笔墨摆成果、说成绩，把社会责任报告完全当做成就展示平台，而不顾公众和其他利益相关者的诉求。

只有《经济日报》、《河北日报》、湖北日报传媒集团、湖北广播电视台 4 家媒体的社会责任报告提到了"存在的不足"。

《经济日报》社会责任报告第三部分说，该报社"队伍素质和内部管理水平还有很大的提升空间，履行社会责任的能力还需要进一步增强。中国经济网还存在个别人员以曝光负面问题要挟索要广告费或赞助费的问题，个别驻地记者站和下属单位也存在管理不到位等问题"。

湖北日报传媒集团在社会责任报告中说，他们"清醒地认识到工作中还存在一定的不足"，这些"不足"为："一是策划的主动性、创新力度还需进一步增强；二是一些新闻报道品质不够高，感染力不强；三是传播手段还需要进一步拓宽，媒体融合、转型战略还需要进一步明确；四是个别子媒在广告审查把关上还需要进一步严格；等等。"

《河北日报》提到自身承担社会责任"存在的不足"非常笼统，几乎流于空话、套话。报告中说："2013 年，《河北日报》虽然在履行社会责任方面尽到了职责，但与党对新闻媒体发挥作用的要求相比，与人民群众的期盼相比，还存在舆论引导能力有待进一步提高、服务群众能力有待进一步加强等问题。"

湖北广播电视台社会责任报告提到自身履责存在的不足为："一是面对新媒体冲击，守住主流媒体舆论阵地的压力日渐增大；二是改文风仍十分艰巨；三是具有全国影响力和引领作用的广播电视品牌节目较少；四是广电产业还需进一步拓展发展空间。"这四方面内容驳杂，涉及媒体政治要求、产业发展、内容市场等，并不属于规范的社会责任范畴。

《解放日报》、浙江卫视对"存在的不足"只字不提，却花大量笔墨阐述"改进措施和努力方向"。《齐鲁晚报》的社会责任报告则更像是一篇向上级汇报的工作总结，而不是对社会公开的、考虑媒体利益相关方需求、接纳利益相关方参与的规范社会责任报告。这样的社会责任报告提供的信息量有限，信息质量偏低，媒体的利益相关方难以对媒体的绩效作出可靠、合理的评价。

第三节　媒体的企业社会责任传播策略

综观国内外媒体在企业社会责任传播方面的实践和表现，媒体企业社会责任传播的主要策略有三：一是充分发挥媒体在企业社会责任领域的议程设置功能，这是影响社会公众对企业社会责任认知的最为关键的一点；二是在具体的传播过程中，不仅要发挥传统媒体的中坚作用，同时要积极利用新媒体，实现新老媒体的互动，创新企业社会责任传播的手段与方式，增强企业社会责任传播的效果；三是要积极开展与政府部门、非政府组织、第三方评估机构等组织与机构的合作，动员多方社会力量，共同推进我国企业社会责任建设。

一 发挥媒体的议程设置功能

1. 议程设置理论简介

议程设置理论（Agenda Setting Theory）的基本思想最早可以追溯到美国著名记者和社会评论家沃尔特·李普曼（Walter Lippmann）。1922 年，在总结第一次世界大战战争宣传和军事情报方面经验的基础上，李普曼完成了经典著作《舆论学》（*Public Opinion*），书中李普曼借用柏拉图的"洞中人"寓言提出了新闻媒体影响"我们头脑中的图像"的观点，这成为议程设置理论的雏形。柏拉图的"洞中人"寓言描述了如下情景：由于处在黑暗的洞穴中，通过火光，囚犯们所能看到的就是投射到对面洞穴墙壁上自己或其他囚犯的身影，除此以外，什么也看不到。这则寓言揭示了洞穴墙壁上的影子构成囚犯大脑中关于现实的图像。李普曼进而引申后认为，"我们就像这些囚犯一样，也只能看见媒介所反映的现实，而这些反映便是我们头脑中构成现实图像的基础"。[①]

1963 年，美国政治学家伯纳德·科恩（Bernard Cohen）在《报纸与外交政策》一书中提出了对"议程设置"最有影响力的表述，"在多数时间，报纸或评论在告诉读者怎样想（How to think）上并不成功，但在告诉读者想什么（What to think about）上却是惊人地成功"，对议程设置思想给予明确清楚的表述。这一表述"第一次使李普曼有关媒介如何设定公众议程的含糊主张有了方法层面的意义，从而使得研究者可以通过媒介内容分析与受众认知调查，对媒介议程与公众议程是否有关系加以检验了"。[②]

---

① 李本乾：《议程设置思想渊源与早期发展》，《当代传播》2003 年第 3 期。
② 聂炜：《关于我国议程设置研究的反思》，武汉大学硕士学位论文，2005。

1968 年，美国北卡罗来纳州的两位研究人员麦克斯韦尔－麦考姆斯（Maxwell McCombs）和唐纳德·肖（Donald Shaw）对李普曼的思想进行了实证性研究，他们对 1968 年美国总统选举期间传播媒介的选举报道对选民的影响进行了早期的量化研究。结果发现，大众传播媒介所突出报道的政治和社会问题，也正是公众所关心的问题，即媒介议程与公众议程具有高度相关性，为媒介的议程设置功能提供了依据。在此研究结果的基础上，麦考姆斯和肖于 1972 年在《舆论季刊》上发表了《大众传播的议程设置功能》一文，作为研究成果的总结，标志着议程设置理论的诞生。这个理论分为两个方面：一个方面是议题从媒介议程向公众议程的传播过程，这是一个外显的过程；另一个方面是公众在头脑中形成这些议题和对象时，新闻媒介所起的作用，这是一个内在过程。

自麦克斯韦尔－麦考姆斯和唐纳德·肖 1972 年正式提出议程设置理论的几十年间，世界各地的传播学者纷纷对议程设置理论进行探讨和验证，使得相关理论研究得以迅速拓展和提升。学者们对议程设置的机制（知晓模式、显著模式、优先模式）、不同类型的"议题"（个人议题、谈话议题、公共议题、政治议题等）、不同媒介（电视、报纸、杂志、网络等）、"议程设置"的不同特点、受众的不同属性与"议程设置"的关系（对议题的经验程度、对信息的接触量、人际传播的频度、受教育程度、职业状况等）等问题进行了理论探讨与实证研究，取得了许多非常有价值的研究成果。

概括来说，议程设置理论的主要观点有四。

观点一：大众媒介往往不能决定人们对某一事件或意见的具体看法，但是可以通过提供信息和安排相关的议题来有效地左右人们关注某些事实和意见，以及他们议论的先后顺序，新闻媒介提供给公众的是他们的议程。

观点二：大众传媒对事件和意见的强调程度与受众的重视程度成正比，受众会因媒介提供议题而改变对事件重要性的认识，对媒介认为重要的事件首先采取行动。

观点三：媒介议程与公众议程对问题重要性的认识不是简单的吻合，这与其接触传媒的多少有关，常接触大众传媒的人的个人议程和大众媒介的议程具有更多的一致性。

观点四：不仅关注媒介强调哪些议题，而且关注这些议题是如何表达的，对受众的影响因素除了媒介所强调的议题外，还包括其他因素，这些影响包括对态度和行为的两种影响。

那么，媒介议程设置功能是如何发挥作用的呢？一般而言，议程设置功能是一个分成三部分的线性过程：首先，必须设定媒介中将要被讨论的问题的轻重缓急，即媒介议程；其次，媒介议程在某些方面影响公众观念或者与之发生相互作用，即公众议程；最后，公众议程在某些方面影响政策制定者所重视的事务，或者与之发生相互作用，即政策议程。议程设置理论就是媒介议程设置影响公众议程设置，公众议程设置影响政策议程设置，三种议程设置的互动关系见图4-1。

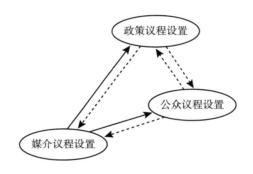

图4-1　三种议程设置的互动关系

作为传播学效果研究的经典理论之一，议程设置理论的提出具有非常重要的理论价值和实践意义。从理论层面看，首先，议程设置理论从考察大众传播在人们的环境认知过程中的作用入手，重新揭示了大众传播媒介的有力影响，打破了有限效果论的媒介无力说，开创了传播媒介研究的新途径；其次，议程设置理论中蕴含有传媒是"从事环境再构成作业的机构"的观点，重新提出了大众传播过程背后的控制问题，为人们认识传播与社会提供了一个新的角度。从实践层面看，"议程设置"的观点与我国所强调的媒体舆论导向功能密切相关，对我国媒体的从业实践具有重大的启发意义。通过"议程设置"，媒体可以有选择性地报道新闻，从而将公众的视线引向关系国计民生和社会发展的重要议题上，群策群力，共同推动整个社会的和谐发展。

2. 媒体如何有效设置议程

（1）熟悉相关议题

2009 年 2 月 9 日，在中国社会科学院经济学部、中国民生银行联合主办的《2009 年社会责任报告》新闻发布会暨"中国企业社会责任十大议题展望"研讨会上，与会的企业家和专家选出了"中国企业社会责任的十大议题"：①依法诚信经营；②吸纳就业；③应对气候变化；④能源/资源可持续利用；⑤安全生产与食品安全；⑥自主创新与技术进步；⑦员工权益与员工发展；⑧企业全球责任，在产品外贸和对外投资中履行社会责任；⑨公益慈善与志愿服务；⑩企业社会责任的理性认知和有效推进。

为了建立企业社会责任公众调查基准数据库，了解公众对企业社会责任的态度和认识，监控其连续变化情况，为深入研究公众意识与企业行为的关系提供基准，中国社科院经济学部企业社会责任研究中心分别于 2008 年和 2010 年对北京市民众进行拦截访问：2008 年 5 月，中心对北京市民众进行拦截访问，共收回有效样本 1031 份；2010 年 1 月，中心在西单、崇文门新世界、奥体北辰、公主坟、中关村 5 个区域对北京市民众进行拦截访问，共收回有效样本 1004 份。在对上述问卷统计分析的基础上，中心主任钟宏武教授在 2010 年 1 月发布了调查报告《中国企业社会责任基准调查 2010》。其中，公众认为非常重要的企业社会责任"十大议题"依次为：①水资源危机；②污染问题；③食品安全；④土地退化；⑤房价过高；⑥能源危机；⑦农民工权益保障；⑧气候变暖；⑨物种灭绝；⑩生产安全（见表 4 - 3）。

表 4 - 3　公众认为非常重要的企业社会责任议题

排名	社会责任议题	占比（%）
1	水资源危机,淡水资源不足,污染严重	87
2	污染问题,空气污染,城市噪声和垃圾污染,农药和化肥污染	82
3	食品安全问题,消费者健康受到影响	79
4	土地退化,可耕种面积不足,粮食安全存在隐患	78
5	房价过高,影响市场秩序和人民生活	76
6	能源危机,石油、煤炭、天然气等能源日趋枯竭,价格高涨	75
7	农民工权益保障问题	73
8	气候变化危机,温室气体排放增加,全球气候异常	73
9	物种灭绝,植被破坏,森林面积减少	72
10	加强安全生产,防范安全事故	72

从上述资料中可以看出，企业社会责任议题涵盖了环境保护、消费者权益、员工职业健康、安全生产、股东利益、公益慈善、依法经营等方方面面的问题，这些问题涉及法律、经济、社会、自然、技术等多个层面，需要借助法学、经济学、环境科学、社会学等多学科的知识和视角进行分析、引导。因此，在具体的企业社会责任传播活动中，媒体需要对企业社会责任所涉及的相关领域有比较透彻的了解，对相关的专业知识具有一定程度的把握，即熟悉有关企业社会责任传播的相关议题。唯有如此，媒体的报道才能具有针对性，能够彰显权威性，从而更加有效地传播企业社会责任，指导企业更好地履行社会责任。

由于企业社会责任中的许多议题，如环境保护、职业健康、消费者权益等，涉及环境科学、医疗卫生、法律法规等专门领域的知识，对于大多数媒体的记者来说，全方位地了解和掌握这些领域里的知识是不切实际的，但具体的报道活动中又要求记者具备专业能力，这就形成了一个矛盾。为了解决这个矛盾，在涉及某些专门领域的企业社会责任传播活动时，发挥行业类媒体的专业特长及不同媒体在议题引导上的优势，不失为一种有效的传播方式。例如，在涉及企业社会责任的环境问题时，环境类媒体应主动承担起媒体自身的社会责任，发挥在本领域内的专业优势，为社会公众提供科学准确的环境信息，为其他媒体的报道活动提供权威参考，通过专业知识提升议题的权威性与有效性，促进企业更好地履行环境保护责任。《中国环境报》在环保领域内所作做贡献为其他行业类媒体从事企业社会责任传播活动提供了榜样。《中国环境报》由我国环境保护部主管，中国环境报社主办，1984 年 1 月 3 日创刊。作为全球第一份国家级的专门从事环境保护宣传的报纸，《中国环境报》真实地记录了中国环境保护事业蓬勃发展的历史足迹，为提高全民环境意识、传播环境保护知识发挥了积极作用，成为一张日益受到社会各界广泛关注的"绿色新闻纸"。自创刊以来，该报始终坚持以"防治污染，改善生态，促进发展，造福人民"为宗旨，权威发布党和国家有关环境保护的方针、政策、法律、法规，监督环境违法行为，报道防治环境污染和保护生态的动态和经验，传播国内外环境保护相关知识、技术，反映公众的意见和要求，聚焦环境热点、焦点问题。为表彰《中国环境报》在促进中国环境保护事业的发展中所作出的卓越贡献，联合国环境规划署在 1985 年"世界环境日"之际，授予《中国环境报》银质奖牌，1987 年又授予《中国环境报》"环境保护全球 500 佳"称号。《中国环境报》充分发挥了行业类报纸在企业社会责任传播中的政策指导、舆论监督和信息服务的作用，体现了专业媒体在企业社会责任传播活动中的公信力和影响力。

（2）议题形式灵活

随着全媒体时代的到来，媒体在企业社会责任传播时，必须充分发挥传统媒体和新媒体各自的优势，创新议题形式，设置灵活多样的企业社会责任议题，将企业社会责任的报道从单一、单向型转向全景式、立体式、互动式、不间断型。

凤凰卫视总裁刘长乐认为，全媒体约等于传统媒体加上新媒体，或者换句话说，全媒体大于传统媒体加新媒体，是二者的整合。全媒体不仅是一种新闻报道形态，还是媒体在业务运作上的整体模式和策略上的思想变革，传统媒体和新媒体将实现融合，构建大众传媒的信息传播、互动、服务平台。

中国人民大学的彭兰教授是较早提出"全媒体"概念的学者之一。她认为，全媒体是指一种新闻业务运作的整体模式与策略，即运用所有媒体手段和平台来构建大的报道体系。[1] 全媒体首先触及的是媒介融合的一个基本层面，就是媒介业务形态的融合。这种融合主要体现为两个层面：多媒体化和全媒体化。从总体上看，全媒体不再是单落点、单形态、单平台的，而是在多平台上进行多落点、多形态的传播，报纸、广播、电视与网络是这个报道体系的共同组成部分。就全媒体新闻而言，包括两种思路：一种是全媒体扩张式，即注重手段的丰富与拓展；一种是全媒体融合式，即在拓展新的媒体手段的同时，注重多种媒体手段的有机结合。[2] 在全媒体时代，创新企业社会责任议题，首先应充分利用文字、图片、视频等手段全方位、立体化地呈现企业社会责任的相关议题，使企业社会责任报道内容在不同的媒介终端上实现阅读、收听、观看、记录等多种手段的自由

---

① 彭兰：《媒介融合方向下的四个关键变革》，《青年记者》2009 年第 2 期。

② 彭兰：《如何从全媒体化走向媒介融合——对全媒体化业务四个关键问题的思考》，《新闻与写作》2009 年第 7 期。

转换和组合。同时，利用多种传播手段和方法，整合企业社会责任的相关议题，深入挖掘议题的价值，对议题内容进行精准定位，拓展议题的深度和广度。其次，充分进行传统媒体和新媒体的互动，实现企业社会责任传播渠道的有机融合，通过多样化的手段丰富企业社会责任的相关议题，并为社会公众熟悉企业社会责任领域的相关议题提供便利，进而调动社会公众参与企业社会责任建设的积极性。一方面，在报纸、电视等传统媒体上以消息、通讯、特写等形式提供有关企业承担社会责任方面的信息，采用解释性报道、调查性报道等形式开展企业履行社会责任状况的深度报道；另一方面，利用网络平台上的微博、SNS 社区等新媒体形式，设置企业社会责任的相关话题，引导公众进行交流讨论，引发对企业社会责任相关问题的思考。在传统媒体与新媒体的互动配合下，使社会公众不仅可以接收企业社会责任履行方面的信息，同时也可以参与到企业社会责任传播的互动中，加强对企业社会责任相关议题的了解，增强社会公众的企业社会责任意识，调动其参与企业社会责任建设的积极性，为我国企业社会责任传播活动的开展营造良好的社会环境。

（3）议题报道的平衡

"平衡报道"理念源于西方新闻界。1729 年，本杰明·富兰克林接办《宾夕法尼亚报》，首次提出了"平衡报道"理念，他说："当人们各持异议的时候，双方均应享有平等的机会让公众听到自己的意见。"1949 年，《美国联邦传播法》在关于"公平原则"的表述中指出：广播电视媒介保持公正和平衡的标准，在对公众而言十分重要的议题上，为冲突双方提供合理的辩驳机会。① 梅尔文·门彻在他的《新闻报道与写作》中对"平衡报道"也给出了如下界定："尽可能给每一方，尤其是受到指证的一方说话的机会。"在我国，最早提出"平衡报道"概念的是华中科技大学的孙旭培教授。孙旭培教授在《新闻学新论》中专设了"论新闻报道的平衡"一章来阐述新闻报道的平衡问题，指出："平衡就是在突出报道一种主要因素时，还要顾及其他因素，特别是相反的因素；在突出报道一种主要意

---

① 杨美萍、赵前卫：《论新闻写作中的平衡手法》，《青年记者》2006 年第 18 期。

见时，还要注意点出其他意见，特别是相反的意见。"① 时至今日，平衡报道已成为世界范围内新闻报道的基本原则之一。具体而言，平衡报道的内涵包含真实、客观和公正三方面，即：报道的内容必须真实；报道的形式要做到客观；站在公正的立场和视角进行报道。

对于媒体而言，在报道企业社会责任的议题中，坚持平衡不仅是一种原则，也是一门艺术。企业社会责任领域里的问题是错综复杂的，存在许多不确定性和多种可能性。对同样的问题，不同的主体从不同的角度出发，仁者见仁、智者见智。因此，新闻媒体在从事企业社会责任报道时，要尽量做到平衡，给涉事多方（企业、消费者、员工、社会公众、政府等）以平等发声的机会，避免就新闻事件妄下结论，造成新闻的失衡。正因如此，媒体在设置企业社会责任议程时，必须做到平衡报道。在具体的新闻报道过程中，媒体要做到信息呈现、观点表达、报道强度、报道时机等多方面的平衡，密切关注新闻事件的发展，如实呈现新闻当事人对立双方或多方观点，为社会公众提供不同的信息和声音，让其更加理智地分析问题，形成自己的见解，作出判断。在平衡报道方面，央视《每周质量报告》的做法值得借鉴。

创办于 2003 年的《每周质量报告》是一档以消费者为核心收视人群的新闻专题栏目。栏目创办之初，记者多以"暗访"为手段，揭露大量食品、药品方面违反企业社会责任的负面案例，如太仓肉松、乡巴佬熟食、德州扒鸡、山西陈醋、平遥牛肉、四川泡菜、金华火腿、绍兴黄酒、重庆火锅等，被称为"中国人口腔环境的守望者"。一系列知名品牌的质量问题相继被曝光后，人们对知名品牌、地方特产的信任度明显下降，并殃及了许多无辜的企业，片面揭露报道的弊端开始显现。因此，2004 年 5 月，《每周质量报告》进行了改版，将栏目口号从"共同打造有质量的生活"变为"注重信息平衡，实施精确打击"，凸显了平衡报道的理念。在此后的报道中，《每周质量报告》不仅揭露企业违反社会责任的黑幕，同时也表扬履行社会责任的先进企业，使报道的内容和形式更加全面、客观。"到 2007 年，《每周质量报告》的正面与负面报道比例更为合理，据统计，

① 孙旭培：《新闻学新论》，当代中国出版社，1994。

揭露性的负面报道占40%，表扬性的正面报道占4%，其余57%为中性的引导提示性报道。很好地处理了信息倾向的均衡，使新闻信息在平衡中科学推进。"①

（4）议程设置的连续性

作为传播效果研究的经典理论之一，议程设置理论考察的是在较长时间跨度内，媒体一系列报道活动所产生的中长期的、综合的、宏观的社会效果。因此，媒体在传播企业社会责任时，必须考虑议程设置的连续性，对有关企业社会责任问题进行历时的考察和跟踪报道，避免一阵风式地追逐热点并迅速转换现象。锁定企业社会责任领域里的突出问题，在一定时期内，媒体应对企业社会责任问题给予持续关注，通过系列报道将相关问题落到实处，以推动问题的有效解决。

在企业社会责任传播领域，一些媒体通过自身的不懈努力，对企业社会责任议题给予了长期的关注和持续的报道，逐渐形成了自己的风格和特色，不仅成功地发挥了自身的议程设置功能，而且为其他媒体设置了议题，从而成为媒体同行中的"意见领袖"。麦考姆斯曾说："在什么条件下由谁来设置谁的议程，这仍旧是一个尚无定论的问题。在很长一段时间里，在第一层级和第二层级里发生的媒体间议程设置，可能仍旧是新闻研究议程中的前沿话题。"② 1986年，美国学者丹尼·利恩和瑞斯对美国媒体对可卡因的报道进行实证研究之后，提出了"媒介间议程设置理论"，之后，越来越多的事实证明了议程在媒介之间流动的客观存在。该理论的主要观点有二：①媒介体系之中存在"意见领袖"，即一些媒介会左右另一些媒介关注什么、认为哪些是重要的以及对重要性的排序；②影响和被影响的媒介之间是一种"非对称性传播模式"，二者之间议题的流动是不平等的。典型的例子如《南方周末》。自2004年起，《南方周末》一直致力于向国内企业传播企业社会责任，通过调查、评选、颁奖等过程，对民营企业、跨国公司在华企业、国有上市企业履行社会责任的状况进行评估，并定期发布"中国（内地）民营企业创富榜""世界500强企

---

① 赵雅文：《社会转型与新闻平衡报道》，复旦大学博士学位论文，2008。
② 〔美〕麦克斯韦尔－麦考姆斯：《议程设置理论概览：过去，现在与未来》，郭镇之、邓理峰译，《新闻大学》2007年第3期。

业在华贡献排行榜""国有上市企业排行榜"三大榜单，成为各类媒体争相报道的焦点。《南方周末》的企业社会责任传播实践，不仅通过激励机制促使更多的企业积极参与企业社会责任传播活动，影响了其他媒体的议题，而且在社会公众中树立了《南方周末》负责任的媒体形象。

二　传统媒体与新媒体的合作

随着网络技术的不断发展，新媒体传播形式和手段不断涌现，为企业社会责任的传播提供了全新的平台与沟通的渠道。与新媒体相比，传统媒体在企业社会责任引导方面拥有更为丰富的经验，特别是传统媒体与新媒体的互动，更为企业社会责任传播注入了新的活力，极大地增强了企业社会责任传播的效果。企业社会责任传播的实践表明，无论是传统媒体还是新媒体，都有其自身的传播方式与沟通特点，在企业社会责任建设过程中都发挥着举足轻重的作用。在企业社会责任传播中，传统媒体与新媒体应取长补短、相互配合、协同工作，共同推进我国企业社会责任建设的进程。

1. 传统媒体的舆论引导

在企业社会责任传播活动中，传统媒体在舆论引导方面的作用和能力是不言而喻的。通过对企业社会责任事件背后的原因、事件产生的影响、未来发展趋势等方面进行深入挖掘，传统媒体能够发挥积极的舆论监督与引导功能，对企业社会责任传播产生更为深远的影响。具体而言，传统媒体可以从以下几个方面着手。

首先，传统媒体应该做好有关企业社会责任的深度报道。当下，有关企业社会责任方面的信息非常多，许多新闻资源杂糅在一起，处于无序状态，如何让社会公众从纷繁复杂的企业社会责任现象中读出有意义的问题，这就需要传统媒体承担起自身的责任。传统媒体应通过自身优势捕捉热点，对与企业社会责任相关的新闻资源进行筛选，集约开发和利用，从纷繁复杂的企业社会责任现象中总结出规律性的东西，把它放到整个社会环境和利益相关者的关系中进行深入分析，从而凸显某些重要的企业社会责任事实，使之成为社会舆论的中心议题，引起社会公众的注意和思考，与此同时进行合理的舆论引导，提升社会各界的企业社会责任意识。在对企业社会责任进行深度报道时，传统媒体要突破"一人一地一事"的模式，对企业承担社会责任的事实进行全面综合的反映，客观分析事件产生的前因后果、来龙去脉，向社会公众呈现企业履行社会责任状况的同时又能揭示其中的问题与道理。通过深度报道，还可以唤起社会公众对企业社会责任传播活动的参与意识，齐心协力，共同促进企业社会责任问题的解决。

其次，在企业社会责任报道中，传统媒体应加大评论力度。美国新闻学家约斯特曾经说过："新闻是报纸的身体，它表示出报纸的形式及外貌，而社论则是报纸的灵魂，要是没有灵魂，身体就等于木乃伊了。"[1] 由此可见评论在传统媒体舆论引导中的重要作用。特别是在当今的信息时代，评论的水平成为体现媒体舆论引导力的重要指标之一，因此也成为媒体引导企业履行社会责任的重要手段。在企业社会责任传播中，评论的作用主要体现在以下三个方面：一是通过评论可以深化社会各界对履行企业社会责任的意识。通过评论，从思想、政策、理论高度对企业承担社会责任的状况和相关事件进行分析，指出症结、提出对策，从而加强社会各界对企业社会责任的认识。二是对企业履行社会责任的状况进行监督。评论在舆论监督中处于一种显要的地位，通过评论一方面表扬履行社会责任的先进企业，另一方面还要不断揭露和抨击各种违反企业社会责任的不良之风和现象，形成强大的舆论压力。三是对企业承担社会责任的行为进行引导。通过评论对现实生活中的企业社会责任事件和重要问题作出分析，可以旗帜鲜明地表彰先进、鞭策落后，帮助社会公众明辨是非，认清我国企业社会责任的现状和问题，为开展企业社会责任传播活动指明方向。

再次，传统媒体应强化企业社会责任的新闻策划，增强企业社会责任传播的效果。新闻策划是传统媒体进行舆论引导创新的主要手段。新闻策划有广义和狭义之分。广义的新闻策划是指新闻传媒的形象策划，它包括传媒发展战略策划、传媒营销策划、内部管理机制策划、广告策划以及媒体的风格和定位策划等。狭义的新闻策划是指新闻采访策划，即新闻业务

---

① 〔美〕麦克斯韦尔－麦考姆斯：《议程设置理论概览：过去，现在与未来》，郭镇之、邓理峰译，《新闻大学》2007 年第 3 期。

中的"战役"策划，指新闻传播工作者在一定时期内，为了达到某种传播效果，对具体的新闻事实的报道所作的设计与规划，也就是指记者对将要采访的题材重大的新闻事实所作的事先谋划或筹划。① 从上述概念可知，我们这里所讲的新闻策划是从狭义的角度出发的。传统媒体企业社会责任的新闻策划应做好以下三点：一是策划应以企业社会责任的传播效果为导向，精心选择企业社会责任题材和报道角度，追求最优化的传播效果；二是要强化企业社会责任报道的时效、权威与深度，在最短的时间内将企业社会责任事件发生、发展的所有环节呈现给社会公众；三是要加大对企业社会责任的报道强度，通过大量的集中式报道，从多角度进行深层次的全景描述，引导社会各界对企业社会责任问题的认识，引发理性思考判断，并采取适当的行动。

最后，在企业社会责任传播中，传统媒体应树立责任意识，打造自身的主流媒体地位。何谓主流媒体？美国麻省理工学院 Noam Chomsry 教授在题为《主流媒体何以成为主流》（What Makes Mainstream Media Mainstream）一文中指出，主流媒体又叫"精英媒体"（Elite Media）或"议程设定媒体"（Agenda‐setting Media）。其主要特征为"报道严肃，解剖深入，信誉卓著，社会地位很高"。这类媒体设置着新闻框架（the Framework），所有二、三流的媒体每天都在这个框架内筛选新闻。在企业社会责任领域，《南方周末》《南方都市报》等媒体不仅肩负起主流媒体的舆论引导使命，同时又广泛采用都市类媒体新颖、活泼的形式，通过精心的新闻策划和灵活的议程设置，使得企业社会责任报道既具严肃性和权威性，又不失可读性。通过多年的努力和实践，《南方周末》牢固地树立了主流媒体地位。正如其办刊理念"在这里，读懂中国"一样，通过对企业社会责任问题的持续关注、对企业社会责任理念的不懈推广，在媒体同行中逐渐树立起自身在企业社会责任传播领域的权威地位，在社会公众心中形成了负责任的报纸形象。

2. 新媒体平台的互动沟通

在传播企业社会责任时，媒体可以实现两条腿走路。一是要充分发挥

---

① 百度百科，http://baike.baidu.com/view/645751.htm，2012 年 10 月 15 日访问。

传统媒体的舆论监督和引导功能；二是要充分利用新媒体平台提供的多种可能性，与企业的利益相关者进行双向的交流与互动，为企业承担和履行社会责任营造良好的社会环境。

在日趋激烈的媒体竞争中，新媒体凭借自身强大的传播能力已无可争议地获得了自身的地位，其影响已全面渗入人们的经济、政治、文化、社会生活等各个方面，并日益成为企业社会责任传播活动不可或缺的手段和方式。从传播方式上看，新媒体与传统媒体最大的不同就在于其互动性，这种互动性使得传统的企业社会责任传播实现了由点对面的单向的线性传播方式转变为点对点的双向交流的交互式的传播方式。这种交互式的传播方式，使企业与利益相关者在信息传播层面实现某种程度上的平等，使企业员工、消费者、社会公众等利益相关者在企业社会责任方面拥有了更多的话语权，使其能够更加有效地参与到企业社会责任实践活动中。新媒体的特点还在于它是一种多元化的传播，在多元化的基础上实现参与式的互动交流。这种参与式的传播方式，使社会公众能够自由表达意见，形成公众舆论，进而影响传统媒体的议程，将公众议程转化为媒介议程，影响公共事务的决策，改变了过去单纯依靠传统媒体来寻求解决企业社会责任问题的局面。

从传播特性上看，新媒体集合了传统媒体的优势，更加有利于舆论的形成和发展。企业社会责任事件更容易在新媒体平台上被聚集和放大，社会公众对企业社会责任舆论的关注度和参与度更高，使得新媒体的舆论引导力度加大，对企业社会责任的建设与传播产生着重要的影响。从新媒体发展态势来看，社会呈现高度的网络化，整个社会都有可能被网络连接起来。在这种形态之下，有关企业社会责任的多方观点都可以在互联网上得到反映，互联网也逐渐成为企业社会责任的重要舆论阵地。在现实生活中，互联网在一定程度上成为各种企业社会责任问题的发源地，许多企业社会责任事件首先经由网络传播，然后迅速引起社会的广泛关注。此外，新媒体开放性的特点使企业社会责任相关信息的流通更加通畅和便捷，保证了社会公众对企业履行社会责任情况的知情权。同时，这种开放性也有利于企业社会责任观点的碰撞与交流，进而可以影响社会公众对企业社会责任相关问题的认知、判断和评价，形成公众舆论。通过对公众舆论的有效传播与积极引导，形成平等、尊重、互信、协作的公共精神，最终达到企业与社会的和谐发展。

综上，在企业社会责任传播中，传统媒体与新媒体应通力合作。传统媒体利用其长期积累的信息权威、采编正规、基础坚实的优势，在权威引导和理性说明上发挥举足轻重的作用；新媒体则可以利用新的技术手段和平台，充分发挥其互动性、开放性、广泛性等优势，在多元表达、互动交流与调动公众参与方面发挥重要作用。要真正构建一个强而有效的企业社会责任传播环境，需要传统媒体和新媒体做到真正的联动和融合。

三　加强与其他组织机构的合作

企业社会责任建设是一项复杂的系统工程，媒体只是众多推动力量中的一种，单纯依靠媒体的努力是无法完成这项浩大的工程的。特别是在中国，由于市场经济起步较晚，尚未形成比较成熟的市场经济体系，在经济发展和社会进步的过程中，企业和社会的关系还有许多地方没有理顺，提倡企业社会责任，将企业的经济效益和社会效益放在同等重要的位置来考量，就显得尤为重要和紧迫。因此，为了更加有效地向社会传递企业社会责任理念，推动企业积极承担社会责任，促进企业与社会的和谐发展，媒体需要加强与政府部门、科研院所、非政府组织、社会团体、第三方评估机构等其他组织机构的合作，通过多方努力共同推进我国企业社会责任的传播与发展。

"毒胶囊""含氯可乐""活熊取胆"等一系列有关食品、药品安全事件，经新闻媒体披露后，引起社会公众热切关注。为了更好地发挥新闻媒体在促进企业承担社会责任过程中的作用，2012 年 7 月 5 日，由中国人民大学新闻与社会发展研究中心新闻伦理与法规研究所、乐施会共同主办的"媒介传播视野下的企业社会责任研讨会"在中国人民大学新闻学院举行，来自《人民日报》、新华社、中央电视台、《中国新闻周刊》、《法制日报》、《南方周末》、《新京报》、《第一财经日报》、《中国经济时报》、人民网、中国网、《每日经济新闻》等媒体的近 20 名记者、编辑结合自身新闻实践，谈了他们对企业社会责任传播相关问题的看法。研讨会首次实现新闻传播业界与学界、行业协会、非政府组织等就"企业社会责任传播"的相关问题进行研讨，从传播学、媒介伦理学等视角探讨了媒体在推动企业履行社会责任方面的经验与不足，就新闻媒体如何更好地推动企业承担社会责任达成了共识。中国人民大学新闻学院执行院长倪宁教授出席研讨会并致辞，他充分肯定研讨主题的意义，希望通过媒体努力，倡导更多企业在发展中更好地承担社会责任。同时要关注企业社会责任传播中的媒体社会责任问题。乐施会企业社会责任项目经理梅家永从减贫和发展的角度谈了媒体、NGO与学界联动对企业社会责任运动发展的推动作用。《人民日报》编辑李浩燃以该报《求证》栏目为例，认为媒体在食品安全等民生问题上应当发挥舆论监督作用。《中国新闻周刊》战略发展部副主任孙忠一介绍了该周刊连续7年举办企业社会责任国际论坛的做法，认为媒体推动企业社会责任不仅要关注热点，进行社会责任话题的报道，还要参与社会责任的事业，推动社会责任理念的传播和普及。《新京报》经济新闻部首席编辑何晨曦结合该报对"活熊取胆""毒胶囊"事件的报道，认为企业应经得起公众放大镜的挑剔，必须尊重和满足公众的知情权。"企业产品一旦涉及民生问题，尤其是食品药品安全问题，就会引发高度关注，媒体责无旁贷进行监督，审视相关法规制度，通过报道揭露弊端并促使改进。"《南方周末》编辑曹海东结合该报连续3年通过推出"漂绿榜"对企业行为监督的做法，谈了媒体如何通过重新设置议程引导舆论以及如何在一些议题上与NGO形成合力的经验。他认为，媒体不仅要报道，还要有行动的力量，"媒体参与到具体行动中，有助于事件的正向解决"。《第一财经日报》资深记者章轲结合自身采访实践，认为在企业社会责任报道中媒体必须努力做到客观中立，通过专业化操作，报道做到滴水不漏、无懈可击。记者要坚守自己的职业准则，不能吃请、不能拿企业的红包，否则很容易出问题。《法制日报》经济新闻部主任万学忠认为，现有制度下，我国不同类别的媒体的社会角色和功能有所不同，在推动企业履行社会责任方面也可以发挥不同作用，市场类及都市类媒体挖掘一线新闻，做新闻的第一落点；机关报等主流媒体则可从制度和法律层面上跟进，做新闻的第二落点，推动问题的制度化解决。中国纺织工业联合会社会责任办公室推广部主任韦燕霞、公众环境研究中心副主任王晶

晶、社会资源研究所副所长吴晨等就行业协会、NGO 等利益相关者如何
与媒体互动推动企业履行社会责任谈了看法。中国人民大学农村发展学
院郑凤田教授作为特邀嘉宾与会，他提出新闻媒体应进一步提高对食品
安全问题原因的认识和分析能力。中国人民大学新闻学院教授、新闻与
社会发展研究中心新闻伦理与法规研究所所长陈绚主持研讨会并对一天
的研讨交流进行了总结。

　　通过与其他组织机构的合作，不仅为媒体从事企业社会责任传播工作
提供了有力的智力支持与专业组织力量，同时也有利于媒体认清自身在企
业社会责任传播工作中的不足与问题，为日后的工作提供了思路与努力的
方向。

第五章　NGO 的企业社会责任传播实践

第一节　认识 NGO

近年来，作为独立于政府和市场的"第三部门"，非政府组织（NGO）正日益强大起来。NGO 代表公众的利益去与企业和决策机构博弈，在食品安全、环境气候、企业社会责任、扶贫济困、助学助残、劳工权利、艾滋病防治等多个领域为完成其社会使命而越来越频繁地出现在公众和企业的面前，并得益于新媒体的助力，NGO 发声日益响亮。

从全球角度来看，进入 21 世纪后，NGO 正经历着一个重大的范式转换，即从 20 世纪关注政府和监管向 21 世纪初期以市场作为可持续发展的主要渠道过渡。

从我国来看，NGO 的发展则正从"借鉴国外"摸索着走向"自主创新"，很多民间组织结合自身专业背景及优势资源，不断加强机构及人员能力建设，积极扩大合作领域。越来越多的民间组织依靠媒体的力量推广项目活动和公益理念，特别是在新媒体的带动下，一批批草根组织得到了前所未有的发展机遇，逐渐为公众所熟知。目前中国的民间组织发展进入了新的阶段，涉及环保、扶贫、劳工等多个领域。民间组织与企业的互动更加频繁，也更加复杂。对于如何进行有效的、富有建设性的沟通，乃至达成合作，双方都在摸索中前行。努力的目标是通过政府、企业、民众、媒体和民间组织的共同努力，使经济发展和社会发展并驾齐驱、协调发展。

一 何谓 "NGO"

"NGO" 的英文全称为 "Non – governmental Organizations"，中文翻译为 "非政府组织"。NGO 一词最早出现在《联合国宪章》中，在 1945 年 6 月签订的《联合国宪章》的第 71 款中正式使用该词。该条款授权联合国经社理事会 "为同那些与该理事会所管理的事务有关的非政府组织进行磋商作出适当安排"。1952 年联合国经社理事会在其决议中将非政府组织定义为 "凡不是根据政府间协议建立的国际组织都可被看作非政府组织"。在当时，这主要是指国际性的民间组织。① 在不同的国家，NGO 也有不同的称谓，例如 "非营利组织"（Non-Profit Organization）、"公民社会组织"（Civil Society Organization）、"志愿组织"（Voluntary Organizations）、"民间组织"（Civil Groups）等。尽管这些称谓之间存在一定的差别，但其所指涉的范围基本一致，只是从不同角度来描述那些处在政府与私营部门之外的组织形态。这也就是 NGO 又被称为 "第三部门" 的原因。1973 年，美国学者列维特首次使用了这个名词。他认为，人们往往将社会组织简单地分为 "公" 和 "私" 两个部门，忽略了处于二者之间的组织形态。因此，他从部门划分的角度进行界定，将处于二者之间的组织统称为 "第三部门"。这些不同的称谓所指的组织形态与 NGO 基本是重合的，只是突出了各自不同的特性。如 "非营利组织" 突出非营利性，在欧美用得比较多，因为在欧美的法律下这类组织需要通过非营利资格认定，获得免税地位；"第三部门" 强调这类组织不同于 "第一部门"——政府、"第二部门"——市场，同时也强调现代社会需要性质不同、分工不同的三个部门共同合作；"公民社会组织" 强调这类组织在构建所谓 "公民社会" 中扮演关键角色，是平衡国家权力的重要社会力量。②

在我国，NGO 一词首次出现是在 1995 年。1995 年，第四届世界妇女大会在北京召开，在怀柔召开的世界妇女 NGO 论坛上 NGO 的概念首次被

---

① "非政府组织"，MBA 智库百科，http：//wiki. mbalib. com/wiki/NGO，2012 年 10 月 28 日访问。

② 何建宇：《中国非政府组织 NGO 观察》，参见何建宇的日志，http：//blog. renren. com/blog/261995640/846394823，2014 年 4 月 1 日访问。

引进中国。1998 年，国务院将民政部下属的社会团体管理局改为民间组织管理局，从此，在我国的官方用语中，"民间组织"成为我国"NGO"的官方用语开始被正式使用。2006 年 10 月 11 日，中国共产党第十六届中央委员会第六次全体会议通过了《中共中央关于构建社会主义和谐社会若干问题的重大决议》，首次提出了社会组织的概念，明确提出："健全社会组织，增强服务社会功能。坚持培育发展和管理监督并重，完善培育扶持和依法管理社会组织的政策，发挥各类社会组织提供服务、反映诉求、规范行为的作用。发展和规范律师、公证、会计、资产评估等机构，鼓励社会力量在教育、科技、文化、卫生、体育、社会福利等领域兴办民办非企业单位。发挥行业协会、学会、商会等社会团体的社会功能，为经济社会发展服务。发展和规范各类基金会，促进公益事业发展。引导各类社会组织加强自身建设，提高自律性和诚信度。"[1] 2007 年，党的十七大报告中，进一步确认了"社会组织"的概念，并进行了多方面的论述。如"发展基层民主，保障人民享有更多更切实的民主权利。人民依法直接行使民主权利，管理基层公共事务和公益事业，实行自我管理、自我服务、自我教育、自我监督，对干部实行民主监督，是人民当家作主最有效、最广泛的途径，必须作为发展社会主义民主政治的基础性工程重点推进……发挥社会组织在扩大群众参与、反映群众诉求方面的积极作用，增强社会自治功能"，"健全党委领导、政府负责、社会协同、公众参与的社会管理格局"，"重视社会组织建设和管理"等。在我国，NGO 通常被称为"民间组织"或"社会组织"。

从上述对 NGO 的多种称谓中，我们不难看出，不同国家的文化传统不同，加之官方和非官方对 NGO 认识的角度和功能定位不同，导致了这一概念存在某种程度上的混乱，这一点单从学者和政府对 NGO 的不同界定中就可见一斑。比如康晓光在《NGO 扶贫行为研究》中认为："只要是依法注册的正式组织，从事非营利活动，满足志愿性和公益性要求，具有不同程度的独立性和自治性，即可称为'NGO'。"[2] 清华大学的王名和贾西津两

---

① 《中共中央关于构建社会主义和谐社会若干重大问题的决定》，新华网，http://news.xinhuanet.com/politics/2006 – 10/18/content_ 5218639.htm，2012 年 10 月 23 日访问。

② 康晓光：《NGO 扶贫行为研究》，中国经济出版社，2001，第 2 页。

位教授认为：“定义我国 NGO 的基本条件是，不以营利为目的且具有正式的组织形式、属于非政府体系的社会组织，它们具有一定的自治性、志愿性或互益性，但并非面面俱到，需要客观而动态的加以观察和理解。严格满足组织性、非政府性、非营利性、自治性、志愿性的组织，可理解为狭义或典型的 NGO。”① 在我国，官方视角的 NGO 最早指的都是社会团体，具体表述见 1989 年和 1998 年《社会团体登记管理条例》。例如，1989 年《社会团体登记管理条例》中对社会团体的界定是：中华人民共和国境内组织的协会、学会、联合会、研究会、基金会、联谊会、促进会、商会等社会团体，均应依照本条例的规定申请登记。社会团体经核准登记后，方可进行活动。但是，法律、行政法规另有规定的除外。② 1998 年的《社会团体登记管理条例》第 2 条指出：“本条例所称社会团体，是指中国公民自愿组成，为实现会员共同意愿，按照其章程开展活动的非营利性社会组织。国家机关以外的组织可以作为单位会员加入社会团体。”③ 王颖在《社会中间层》一书中，将我国的 NGO 分为“官方 NGO”和“草根 NGO”两类。④ 其中，“官方 NGO”是指被官方正式认可的 NGO，也可称之为“法定 NGO”，主要是指在各级民政部门登记注册的社会团体，如扶贫、教育、儿童、妇女等社团组织；而“草根 NGO”是由民间自发组建，没有在民政部门登记注册，但开展着非营利、公益性的活动，在公益活动中发挥着积极的作用，也可以称为“非官方 NGO”。

从上述分析中我们可以看出，从概念界定的角度来看，NGO 并不具有明确的内涵和外延。但是，不同国家和地区对 NGO 的界定具有相似性，即对其基本特征的认识是比较统一的。目前，国际上普遍接受的 NGO 定义标准是由美国约翰 - 霍普金斯大学非营利组织比较研究中心的莱斯特·萨拉蒙教授提出的五特征法。萨拉蒙教授认为 NGO 应具有以下五个本质特征：①组织性：NGO 应该有内部规章制度和负责人，有经常性活动，而非临时

---

① 王名、贾西津：《中国 NGO 的发展分析》，《管理世界》2002 年第 8 期。
② 《社会团体登记管理条例》，《江西政报》1989 年第 2 期。
③ 《社会团体登记管理条例》，启东市政府网站，http://www.qidong.gov.cn，2012 年 10 月 25 日访问。
④ 王颖：《社会中间层》，中国发展出版社，1993，第 23～24 页。

性的、随意性的、非正式的聚会。②非政府性：NGO 不是政府的组成部分，与政府之间存在比较明确的组织边界。NGO 在体制上要独立于政府，并非由官方组建，不依靠政府权力驱动。③非营利性：NGO 不以营利为目的，这是其区别于其他私营组织的本质区别。但这并不意味着 NGO 不能赚取利润，只是其利润不能分配给所有者和管理者，而是要服务于组织的基本使命。④自治性：NGO 实行自我管理，不受制于政府和私营企业，以及其他非营利组织。⑤志愿性：参与 NGO 的活动是以志愿为基础的，NGO 的原动力是志愿精神。

二 NGO 的分类

从不同的角度切入，可以对 NGO 进行多种多样的划分。下文将从 NGO 起源、活动范围、活动领域等方面着手，对 NGO 进行划分。

1. 官方 NGO 与非官方 NGO

从 NGO 的起源来看，NGO 可以分为官方 NGO 与非官方 NGO。

（1）官方 NGO

所谓官方 NGO 是指被官方正式认可的 NGO，这些 NGO 是依法注册的，因此，也被称为"法定 NGO"。我国实行比较严格的 NGO 登记管理体制，规范 NGO 登记管理的主要法规有 3 部：《社会团体登记管理条例》（1998 年）、《民办非企业单位登记管理暂行条例》（1998 年）和《基金会管理条例》（2004 年）。按照上述法规的分类，我国的官方 NGO 主要包括以下三种类型：一是社会团体。1998 年的《社会团体登记管理条例》第 2 条指出"本条例所称社会团体，是指中国公民自愿组成，为实现会员共同意愿，按照其章程开展活动的非营利性社会组织"。[①] 社会团体是由有共同目标、利益或兴趣的成员组织的会员制非营利组织，简称为"社团"。二是民办非企业单位。1998 年 9 月 25 日，国务院第八次常务会议通过的《民办非企业单位登记管理暂行条例》确立了民办社会服务机构的法律地位，并将其纳入 NGO 的管理范畴之中，丰富了 NGO 的构成，深化了对

---

① 《社会团体登记管理条例》，启东市政府网站，http://www.qidong.gov.cn，2012 年 10 月 25 日访问。

NGO 的认识。第 2 条对 "民办非企业单位" 进行了界定，指出 "本条例所称民办非企业单位，是指企业事业单位、社会团体和其他社会力量以及公民个人利用非国有资产举办的，从事非营利性社会服务活动的社会组织"。① 也即民办的非营利社会服务机构。三是基金会。为了规范基金会的组织和活动，维护基金会、捐赠人和受益人的合法权益，促进社会力量参与公益事业，2004 年 2 月 11 日，国务院第三十九次常务会议通过了《基金会管理条例》。第 2 条称 "本条例所称基金会，是指利用自然人、法人或者其他组织捐赠的财产，以从事公益事业为目的，按照本条例的规定成立的非营利性法人"。② 简而言之，"基金会" 是指利用社会捐赠的财产从事公益事业的非营利组织。这些官方 NGO 业务范围涉及科技、教育、文化、卫生、劳动、民政、体育、环境保护、法律服务、社会中介服务、工伤服务、农村经济等社会生活的各个领域。但是，这类 NGO 的官方、半官方色彩与 NGO 所具备的非官方民间组织的特征不符，其职能也常常发生扭曲。

（2）非官方 NGO

与官方 NGO 不同，非官方 NGO 一般是指那些由民间自发组建，没有在民政部门登记注册的 NGO。尽管没有官方的正式认可，但这些组织同样以非营利为宗旨，开展着公益性的活动，为社会提供公益服务，在公益活动中发挥着积极的作用。这些非官方的 NGO 也可以被称为 "草根 NGO"。"草根" 一词来自英文的 "grass roots"，通常有两层含义：一是指同政府或决策者相对的势力；二是指同主流、精英文化或精英阶层相对应的弱势阶层。之所以叫草根，是因为草根一是顽强，二是广泛。③ 草根 NGO 的迅速发展成为过去 10 年我国 NGO 发展的一个非常突出的特征，在教育、环境保护、艾滋病防治与救助、扶贫等领域，草根 NGO 显得尤为活跃。例如，在环保领域里，草根 NGO 发起的项目都做得非常好，也颇具社会影响力。根据中华环保联合会的调查统计，截至 2005 年底，全国共有民间环保

---

① 《民办非企业单位登记管理暂行条例》，百度百科，http：//baike. baidu. com/view/438456. htm，2012 年 10 月 27 日访问。

② 《基金会管理条例》，百度百科，http：//baike. baidu. com/view/369234. htm，2013 年 4 月 27 日访问。

③ "草根 NGO"，百度百科，http：//baike. baidu. com/view/3002134. htm，2013 年 4 月 27 日访问。

组织 2768 家，其中民间自发成立的占 7.2%，学生环保社团占 40.3%，国际环保组织在华机构占 2.6%，这三类占了民间环保组织一半。在一系列具有全国影响的环保行动中，如怒江反坝运动、厦门 PX 项目、空调 26 度行动、反转基因食品等，都有民间环保组织的声音。①

在我国，草根 NGO 的构成是比较复杂的。从法律地位看，草根 NGO 绝大部分都没有在民政部门登记注册。其中，按照登记条例规定，有些草根 NGO 是属于单位内部的社团，所以无须登记；还有一部分是由于无法在民政部门登记，所以转向工商部门进行了登记；最后，也有一些是因为各种原因，没有进行任何登记。究其原因，主要是因为我国官方认可的 NGO 注册门槛过高，导致规模巨大的、未经注册认可的草根 NGO 的广泛存在，与经民政部门正式注册成立的 NGO 数量形成鲜明对比。据清华大学 NGO 研究所所长王名教授估计，目前我国拥有各种类型的 NGO 数百万家，但现在登记的只有 40 多万家，一个最主要的原因就是登记的门槛设定过高。他表示，中国 90% 以上的 NGO 实际上未获得现行法律的认可，也无法得到应有的保障，其发展受到制约。另据民政部公布的数据，截至 2010 年，我国在民政部门注册的社会组织约 44 万个，其中社会团体 24.3 万个，民办非企业单位 19.5 万个，基金会 2600 多个。而据中央编译局副局长、北京大学中国政府创新研究中心主任俞可平估计，在中国实际存在的社会组织可能超过 300 万个，且年均增长率在 8% ~ 10%。这意味着，近九成民间组织处于"非法状态"。② 除了注册门槛高、法律认可难以外，对于草根 NGO 来说，资金短缺与来源不稳定一直是困扰其生存、发展的难题。

2. 国际性 NGO、区域性 NGO 与全国性 NGO

从活动范围和影响力来看，可以将 NGO 分为国际性 NGO、区域性 NGO 和全国性 NGO 三类。

（1）国际性 NGO

20 世纪 80 年代，随着全球环境、贫困、人口、教育等问题的日益突出，单纯依靠政府和市场两种力量已无法解决人类的可持续发展问题。作为一种

---

① 何建宇：《中国非政府组织 NGO 观察》，参见何建宇的日志，http：//blog. renren. com/blog/261995640/846394823，2013 年 1 月 27 日访问。

② "NGO"，百度百科，http：//baike. baidu. com/view/1045. htm，2013 年 1 月 27 日访问。

回应，NGO 在全球范围内开始兴起，并迅速成长为推动人类社会发展的一支重要力量。在 1945 年 6 月签订的《联合国宪章》中最早使用了 "Non - governmental Organizations" 一词，意指得到联合国承认的国际性的非政府组织。从此以后，国际 NGO 开始作为一个重要的公共部门走上国际舞台，从事维护和平、人权保护、武器禁用、环境保护、慈善救济、消除贫困、促进教育、权益保护等事业，在国际政治、经济、文化、社会等领域扮演着重要的角色，日益发挥着不可替代的重要作用。例如，1992 年，联合国环境与发展大会在巴西里约热内卢召开，除了各国政府的正式代表外，另有来自 1400个 NGO 的 4000 多人出席了这次会议。与此同时，在主会场附近，还有来自 167 个国家的 25000 名代表不同 NGO 的个人，围绕同一主题举办了 "全球论坛"。更重要的是，在里约热内卢同时召开的这两个大会，最后通过的文件都强烈反映了重要的国际 NGO 对世界环境与发展问题的见解。① 目前，比较著名的国际 NGO 有：乐施会（Oxfam，开展扶贫及防灾救灾工作）、国际红十字会（Red Cross，使命是为战争和武装暴力的受害者提供人道保护和援助）、美国福特基金会（The Ford Foundation，维护国际和平和改善人类福祉）、英国救助儿童会（Save the Children，致力于实现儿童的权利）、日本笹川和平财团（促进国际理解交流与合作）、英国无国界卫生组织（Health Unlimited，提供医疗救助与赈灾援助）、微笑列车（The Smile Train，帮助全球唇腭裂儿童）、绿色和平组织（Greenpeace，促进公众对环境保护的支持）、世界自然基金会（World Wide Fund for Nature，致力于保护世界生物多样性，确保可再生自然资源的可持续利用，推动降低污染和减少浪费性消费的行动）、国际小母牛组织（Heifer International，致力于救助全球贫困与饥饿人群）、透明国际（Transparency International，以推动全球反腐败运动为己任）、大赦国际（Amnesty International，致力于争取思想犯的获释，政治犯的公平审判，以及死刑、刑训逼供的废止等）、世界劳工联合会（World Confederation of Labor，劳工立法，促进社会正义、维护世界和平）等。

（2）区域性 NGO

与国际性 NGO 相比，区域性 NGO 从事着大量的操作性工作，在某

---

① 参见百度知道，http：//zhidao. baidu. com，2013 年 1 月 27 日访问。

一特定区域具有重要影响。区域性的 NGO 主要有两类：一类是国际性 NGO 的分支机构或下级组织。例如，亚洲善待动物组织（PETA ASIA）。善待动物组织亚太分部（PETA Asia - Pacific）是美国善待动物组织（People for the Ethical Treatment of Animals，PETA）的分支机构，于 2005 年成立于我国香港地区，是善待动物组织在这一区域的活动基地，这一地区聚集了世界 1/3 以上的人口。善待动物组织亚太分部以及其他分支机构致力于保护所有动物，主要通过公众教育、虐待动物的调查研究、动物救助、立法、特别活动，以及利用名人效应，致力于在给最多动物造成长期最大痛苦的四大领域（工厂化养殖场、实验室、皮草贸易和动物娱乐产业）开展工作。另一类是独立的区域性 NGO。例如，欧洲环境教育基金会（Foundation of European Environmental Education，FEEE）。该基金会成立于 1981 年，是一个非政府和非营利组织，它的使命是通过诸如正规教育、对专业教学人员的培训和环境意识的提高等来促进环境教育的发展，主要通过对内举行会议，对外开展论坛和举行会议以及发行出版物等形式来开展工作。此外，在欧洲，来自 21 个国家的 126 个 NGO 组成了"欧洲环境组织"，这一非政府组织可以直接参加欧洲委员会的活动，在许多国际场合代表欧洲的 NGO。经过多年的发展与实践，有些区域性的 NGO 在不断地发展壮大，并逐步走向国际化，例如"日本热带森林行动网络"。该组织成立于 1987 年，经过几年的发展，到 20 世纪 90 年代初，其分支机构已经遍布亚洲、北美、拉美以及欧洲等地，逐渐由区域性的 NGO 网络发展成为国际性的 NGO 网络。

（3）全国性 NGO

随着 NGO 在全球范围内的兴起与迅速发展，不仅涌现出了一批极具影响力的国际性与区域性 NGO，而且在许多国家内部，本土的 NGO 也在迅速崛起，且数量庞大。它们热衷于响应国际 NGO 的号召，并就国家发展和社会进步过程中出现的种种问题游说政府，提出政策建议，制造舆论压力，在国家发展与社会进步中扮演着日益重要的角色。我国的 NGO 主要集中在环境保护、权益保障、社会福利、扶贫救助等领域，如中华慈善总会、中国扶贫基金会、中国妇女发展基金会、中国残疾人福利基金会、中国青年志愿者协会、自然之友、地球村、健康与发展研究会、阿拉善 SEE 生态协会等。在这里，主要介绍两个知名度较高、比较有代表性的国内 NGO，一个是自然之友，另一个是阳光下之家。①自然之友。这是中国第一个在国家民政部注册成立的民间环保团体，1994 年3 月 31 日在北京成立。创始人是梁从诫、杨东平、梁晓燕和王力雄。自创立起至今的十几年间，自然之友为我国的环保事业做出了极大的贡献，获得了"亚洲环境奖""地球奖""大熊猫奖""雷蒙·麦格赛赛奖"等国内国际许多奖项。与此同时，自然之友还在全国发动会员创办环保 NGO，共同开展环保工作，致力于中国环境问题的解决。历经十几年的发展，自然之友已成为国内知名度极高的环保 NGO，具备良好的公信力和巨大的影响力。②阳光下之家。这是国内最专业的为刑释解教人员提供社会帮教志愿服务的 NGO，也是国内首个刑释解教人员帮教中心，2003 年 9 月创办于深圳。阳光下之家主要为刑满释放、解除劳动教养人员，犯罪在逃人员，服刑人员，劳教学员，监管场所在押人员，以及他们的亲属提供社会帮教服务，失足青少年是重点服务对象。目前，阳光下之家为这些人员提供的主要服务项目有 6 个：一是投案自首及预防犯罪服务；二是监狱帮教及亲属服务；三是就业安置及职业发展服务；四是社区矫正及志愿者服务；五是法制宣传及心理疏导服务；六是中途宿舍服务。①

3. 行业 NGO 的划分

从 NGO 的活动领域来看，现实中的 NGO 大多致力于某一领域或某一行业内问题的解决和改善，其成员也多由某一领域内的专家、学者，或某一行业内部的专业人员组成。其活动的开展需要具备扎实的专业知识和技能，具有很强的专业性和权威性。由此，我们可以把这些需要专业知识和技术支撑、功能定位明确、目标指向清晰的 NGO 统称为行业NGO，如环保 NGO、教育 NGO、医疗 NGO、文化 NGO 等。从国际范围来看，不同的机构和组织对专业 NGO 的划分是有差异的，例如，联合国将专业 NGO 笼统地分为健康与社会工作 NGO、教育 NGO、其他社区社会 NGO 与个人服务活动 NGO；欧洲共同体将专业 NGO 分为五大类，

①　参见百度百科，http://baike.baidu.com/view/1045.htm，2013 年 1 月 27 日访问。

分别是研究发展 NGO、医疗健康 NGO、教育 NGO、娱乐文化 NGO 和其他公共服务 NGO。在对 NGO 的活动领域划分中，比较有代表性的当属约翰－霍普金斯大学非营利组织比较研究中心的划分。在充分考虑各国非政府组织的实际情况后，在尽量靠近联合国国际标准产业分类体系原则的基础上，该研究中心将专业非政府组织划分如下：①文化与休闲：文化与艺术、休闲、服务性俱乐部。②教育与科学研究：中小学教育、高等教育、其他教育、研究。③卫生：医院与康复、诊断、精神卫生与危机防范、其他保健服务。④社会服务：社会服务、紧急情况救助、社会救济。⑤环境：环境保护、动物保护。⑥发展与住房：经济、社会、社区发展，住房，就业与职业培训。⑦法律推进与政治：民权与推进组织、治安与法律服务、政治组织。⑧慈善中介与志愿行为鼓动。⑨国际性活动。⑩宗教活动和组织。⑪商会、专业协会、工会。⑫其他。总计 12 个大类，24 个小类。① 上述分类是迄今为止对 NGO 的专业类别与活动领域划分最为全面的一种分类方法，也是被许多研究人员普遍认可的一种分类标准。

除了上述三种分类方法外，还有一些其他的划分方法。例如，有的学者从功能的角度出发，将 NGO 分为动员资源型、公益服务型、社会协调型和政策倡导型等类型；有的学者按资金来源进行分类，将 NGO 分为政府资助组织、自主经营组织、慈善组织、互助组织与合作社、非营利企业等；也有的学者以公益性和互益性为标准，将我国的 NGO 分为会员制互益型组织、会员制公益型组织、运作型组织和实体型社会服务机构等。这些分类方法同样具有启发意义与参考价值，由于篇幅关系，故不再赘述。

第二节　NGO 在企业社会责任传播中的作用

一　NGO 推动企业社会责任传播的必要性分析

1979 年，卡罗尔（Archie B. Carroll）在《管理学评论》上发表了

---

① "非政府组织"，MBA 智库百科，http://wiki.mbalib.com/wiki/NGO，2013 年 1 月 28 日访问。

《公司社会表现的三维概念模型》一文，在总结前人观点的基础上提出了企业社会责任四责任理论。卡罗尔认为，"企业社会责任是指社会在特定时期内对经济组织在经济上、法律上、伦理上和自行裁量上的期望"。① 表明企业社会责任就是社会希望企业履行和承担的义务，社会不仅要求企业承担其经济上的义务，而且要求企业的行为要遵守法律法规、重视伦理道德、践行社会公益。因此，完整的企业社会责任应该是经济责任、法律责任、伦理责任和自愿责任四者的有机结合。然而，从现实的情况来看，大多数企业对社会责任的承担都停留在经济责任与法律责任层面，突出表现在把追逐经济利益放在企业生存与发展的首位，只有少部分企业能够承担伦理责任，承担慈善救济、环境保护、社区建设等自愿责任的企业为数更少。近年来，随着企业经营能力的不断提升，企业的规模在不断扩大，企业的触角也在不断延伸。同时，企业生产与经营过程中暴露出的责任缺失问题也越来越严重，涉及的领域也越来越广，涵盖了职业健康、权益保障、环境保护、社区发展、股东利益等方方面面的问题。社会问题的解决在很大程度上依赖于制度的安排，因此，从传统的视角来看，政府和市场是解决上述问题的两种手段。然而，在现实的经济运行中，政府和市场双双表现出失灵，未能对企业发展过程中造成的种种社会问题发挥有效的调节作用。在这种情况下，随着全球劳工组织、消费者组织、人权组织和环保组织等非政府组织的勃然兴起，NGO 开始作为"第三部门"登上国际政治经济舞台，并日益汇聚成一股强大的社会力量，不仅弥补了政府和市场在社会经济领域的失灵，而且成为推动企业承担社会责任的重要外部力量。

在美国、英国、德国等西方发达国家，非政府组织一直比较活跃，非政府组织的努力推动了企业承担社会责任的普及与推广，例如，20 世纪五六十年代的劳工组织、消费者组织和环境保护组织所开展的相关运动都成为企业承担社会责任的重要推动力量。作为民间组织，非政府组织代表了政府和企业之外的另一种力量；作为一种公共利益的代表，非政府组织对

---

① Archie B. Carroll, "A Three - dimensional Conceptual Model of Corporate Social Performance," *Academy of Management Review*, 1979（4）: 104.

政府和市场没有或不能解决的社会问题提供了新的途径。非政府组织以民间发起为主要形式，并积极和政府部门、媒体联手，共同推动企业社会责任理念的传播与发展。在企业社会责任领域，非政府组织已经成为监督企业行为、追究企业社会责任的不可或缺的重要主体，发挥着无可替代的作用，被人们视为政府和市场之外的第三股力量。在西方国家公民社会背景下，非政府组织与企业社会责任之间表现出高度的一致性与互补性。非政府组织在推动企业履行社会责任的过程中，不仅成为企业履行社会责任的宣传机构、监督机构、标准制定与评估机构，而且还是企业履行社会责任的战略合作与咨询机构。1997 年，在美国纽约成立了美国经济优先认可委员会，2001 年更名为社会责任国际组织（Social Accountability International），其宗旨是通过发展和实施社会责任标准促进工人工作条件的改善和增进劳资双方的理解。为了统一企业间的社会责任守则，该组织于 1997 年下半年制定并出版了 SA 8000 标准（企业社会责任标准），同时也是该标准的执行机构。SA 8000 标准是继 ISO 9000 和 ISO 14000 之后出现的规范企业社会责任行为的一个重要的国际标准。1999 年 1 月，联合国秘书长科菲·安南在达沃斯全球经济论坛年会上首次提出了"全球契约"（Global Compact）计划，于 2000 年 7 月在联合国总部正式启动。安南向全世界企业领导呼吁，以自主的行为，遵守有共同价值的标准，遵守商业道德、人权、劳工标准和环境方面的国际公认原则，实施一整套必要的社会规则，即"全球契约"。"全球契约"计划号召各公司遵守在人权、劳工标准、环境及反贪污方面的十项基本原则。在这些标准和计划的制订与实施过程中，不仅彰显了非政府组织在企业社会责任领域所做的努力，而且也使非政府组织的声音和观点得到了有力的表达。

把目光转向国内，我们会发现，就我国目前的经济发展而言，最突出的特点之一就是呈现底线竞争（The Race to the Bottom）的态势，企业社会责任意识普遍缺乏，导致企业利益与社会利益之间的矛盾日益凸显，企业社会责任事件频发。很多企业在竞争中为了达到自身的目的，往往逾越法律与伦理底线，不惜以牺牲环境、损害利益相关者的权益为代价。同时，很多地方政府为了自身政绩，片面追求 GDP 的增长，将经济利益置于社会效益之上，更看重经济增长的速度和规模，而不是社会的公平、公正和福利，政府监管职能缺失，未能对企业行为起到有效的规范作用，极大地纵容了企业违反社会责任的行为。种种迹象表明，在中国，由于企业普遍缺乏承担社会责任的意识与自觉性，加之政府功能的失灵，发挥非政府组织在企业社会责任传播与构建过程中的作用就显得尤为重要与紧迫。非政府组织凭借其强烈的使命感与责任感，凭借其特有的公益性和非营利性，将能够对政府和企业对社会资源的配置功能起到弥补和优化的作用。进入 21 世纪以来，中国涌现出了一些关注企业社会责任的非政府组织，它们积极地开展企业社会责任传播工作，推动了中国企业社会责任的发展。其中，比较具有代表性的组织有可持续发展工商委员会、中国企业联合会全球契约办公室、中国企业社会责任联盟、中国纺织工业协会、中国社会工作者协会企业公民委员会、社会资源研究所、广东省企业社会责任研究会和深圳当代社会观察研究所等。这些组织一方面密切关注我国企业的社会责任承担情况，积极与媒体和政府相关部门展开合作，共同监督企业的行为；另一方面通过举办论坛、研讨会、评奖等活动，向社会传播企业社会责任理念。也有一些非政府组织，如中国纺织工业协会，通过制定各类准则和标准为企业履行社会责任制定规则。这些企业社会责任领域内的非政府组织活动对我国企业社会责任的发展起到了巨大的推动作用。在这些非政府组织的推动下，有越来越多的企业也开始自觉地参与到企业社会责任运动中来，例如，有 46 家中国企业参加了联合国"全球契约"计划，承诺按照国际标准的要求，积极履行企业社会责任，加强企业社会责任的管理和建设。

随着"政府失灵"和"市场失灵"理论的相继提出，非政府组织在推动企业社会责任传播过程中的作用受到越来越多的关注。特别是在我国，相关监督制度不完善，法律法规不健全，政府职能缺位，导致企业盲目追求短期经济利益，致使我国企业社会责任的传播举步维艰。在这种情况下，发挥非政府组织在推动企业社会责任传播中的作用就显得格外重要。作为一种社会力量，非政府组织通过加强企业与社会的沟通，推动企业社会责任的发展，谋求企业与社会的良性互动。非政府组织对企业社会责任的提倡与传播，不仅能够提升企业的社会责任意识，促进企业更好地履行社会责任，同时也能通过责任的践行帮助企业树立良好的社会形象，为企业的发展创造有利的环境，从而促进企业与社会的和谐发展。

二 NGO 在企业社会责任传播中的作用

NGO 对企业社会责任的推动作用主要表现在以下三个方面。

1. 通过对抗性活动对企业施加压力

作为非营利组织，NGO 往往通过社会舆论或自身被赋予的权力（利）对与企业社会责任理念相悖的企业行为进行施压或惩戒，以此推动企业社会责任理念的传播，并倡导将企业社会责任付诸具体的实践活动。

NGO 是处于政府和企业之间的第三部门，这种特殊的性质决定了NGO 带有与生俱来的公益性，具有高度的社会责任感和使命感，反映到企业社会责任领域，这种使命感决定了 NGO 对企业活动中所涉及的社会问题的关注和监督。具体来说，NGO 对企业社会责任问题的监督主要是法规政策的执行情况，对社会道德和国际规则惯例、行业条款的履行状况等。在对企业社会责任行为监督的过程中，一旦发现企业的违规行为，NGO 会联合其他社会团体或机构（例如消费者组织、环保组织等）、政府相关部门（例如劳动保障部门、食品安全部门、质量监督部门、工商管理部门等）、大众媒体等共同对问题企业施加压力。这种压力机制主要通过三种途径发挥作用：一是通过开展对抗性活动，动员社会力量共同对政府部门施加压力，促使其通过法律和行政手段来规范和约束企业的行为，促使企业承担社会责任，直接推动企业社会责任的发展；二是通过社会运动的压力作用于金融市场，影响企业的投资方，使投资方将企业的社会责任表现纳入选择合作伙伴的标准中；三是 NGO 通过发起对抗性活动对消费者进行宣传引导，在消费者市场上引导消费者通过消费选择权对企业施加影响，促使企业履行社会责任。在 NGO 开展的对抗性活动中，企业将面临来自政府、投资者和消费者的三重压力，不得不将企业社会责任纳入企业战略的范畴，主动承担起对环境、对社会以及对利益相关者的责任。

2. 通过建立对话机制促进企业与利益相关方的沟通与协调

非政府组织在社会协调、参与社会治理方面有三个突出的特点。一是作为公民自发的组织形式，表达民意、传达民情、实现民权、维护民生。二是以志愿参与、利他互助、慈善公益等理念实现人际沟通，在人与人、人与社会、人与自然之间搭建理解、对话、互动的桥梁，化解人与人之间、不同群体及利益集团之间、人与社会之间以及人与自然之间的各种矛盾和冲突，在企业和消费者、企业与劳工之间起到桥梁作用。三是通过有组织的社会动员和社会参与，帮助其成员实现社会价值或更广泛的公益价值。非政府组织在倡导企业履行社会责任，影响企业行为方面发挥着积极的作用。在立法层面，非政府组织积极参与相关立法和公共政策的制定过程，代言特定群体尤其是弱势群体，传达他们的利益诉求和政策主张，在立法和公共政策制定过程中谋求实现更广泛的社会公正。在企业社会责任观念与相关法规政策普及方面，非政府组织通过媒体和社会舆论宣传与倡导，促进相关立法和公共政策的普及与实施，倡导和影响政策结果的公益性和普惠性。在影响企业行为方面，通过对企业履行社会责任行为的宣传，通过对公众观念的引导，以及相关法律政策的宣传，从而对企业形成压力，迫使其采取行动，履行企业社会责任。

3. 标准制定

非营利组织是企业社会责任标准的制定与推行机构。非营利组织对企业履行社会责任行为施加影响可以通过与其他社会团体联合，对政府和国际组织施加压力，制定具有强制性的社会责任准则。这主要有两种方式：一是通过科学研究和调查，揭示一些问题的严重性以及对社会的影响，并通过媒体进行报道和传播，从而引起公众的广泛关注，迫使政府的相关部门采取一定的措施或者制定相关政策加以解决；二是与相关的非营利组织（如行业协会）联合，就某一方面的社会责任问题制定国际标准并游说一些跨国企业率先示范，从而使其上升为行业标准。

例如 SA 8000 的制定和中国纺织企业社会责任管理体系 CSC 9000T 的制定等就体现了 NGO 的作用。其中 CSC 9000T 是由中国纺织工业协会倡导并发起，面向全国纺织企业推行的一套社会责任管理建设体系，其核心是通过推广引导企业实施这一体系，帮助企业规范管理行为，建立工会组织，健全员工劳动合同，建立和谐的劳资关系，促进企业尽到应尽的社会责任。又如国际标准化组织作为一个全球性的非政府组织，于

1993 年开始制定了 ISO 14000 环境管理系列标准，目的是规范全球商业、工业、政府、非营利组织等所有组织的环境行为，以达到节省资源、减少环境污染、改善环境质量、促进经济持续健康发展的目的，对消除非关税贸易壁垒，促进世界贸易具有重大作用。1997 年 4 月，我国国家技术监督局将 ISO 14000 系列标准中已颁布的前五项标准等同转化为我国国家标准，标准文号为 GB/T 24000 – ISO 14000，作为我国的一项标准性文件正式实施。

全球报告倡议组织（Global Reporting Initiative，GRI）是一家拥有多利益相关方的非营利性国际组织，1997 年由环境责任经济联盟（CERES）和联合国环境规划署（UNEP）共同在美国建立。其主要任务是"制定、推广和传播《可持续发展报告指南》（以下简称《指南》），为全世界企业编写可持续发展报告提供一个共同框架"，使这种关于经济、环境和社会三方面业绩的报告像财务报告一样形成惯例，"促进全球企业更好地履行企业社会责任，使全球企业编制、发布的可持续发展报告更具规范性，提高全球范围内可持续发展报告的可比性和可信度"。

GRI 的全球战略合作联盟包括经济合作与发展组织、联合国环境规划署、联合国全球契约和国际标准化组织，与地球宪章（The Earth Charter Initiative）、国际金融公司（IFC）及联合国贸易和发展会议（UNCTAD）存在协同关系。

2002 年，GRI 将总部迁到了荷兰阿姆斯特丹，也就是目前 GRI 秘书处的所在地。GRI 在中国、澳大利亚、巴西、印度和美国都设有区域办公室。目前，GRI 在全球拥有 3 万名成员，致力于"通过对机构提供引导和支持，实现可持续发展报告标准化"。目标是"实现一个可持续性的全球经济体，其中各个机构都负责任地管理它们的经济、环境、社会和治理绩效，并作出透明的报告"。

为了实现这一目标，GRI 制定并不断改进和推广可持续发展报告框架。该框架包括《指南》在内，列出了一系列的报告原则和指标，供机构来衡量和报告它们的经济、环境和社会绩效。《指南》免费提供给全球企业等社会机构使用。

GRI 北京区域办公室告诉笔者，GRI 编制和发布的文件族（GRI

Family of Documents）包括四类。一是《指南》，适用于各类组织，是 GRI 最主要的工作成果；二是行业补充文件（Sector Supplements）；三是技术协议（Technical Protocols）；四是特殊问题指导文件（Issue Guidance Documents），如专门针对南非的艾滋病问题。《指南》是所有其他文件的基础。考虑到各种行业可能会面临的特殊问题，GRI 提供了可与《指南》一起使用的行业补充文件。技术协议是关于指标计量的，类似于指导财务报告的公认会计原则（GAAP）。每个协议处理一个或一套特定指标，包括详细的定义、计量方法及程序、公式和参考。

GRI 于 2000 年首次发布了《可持续发展报告指南》，2002 年进行了修订，2006 年 10 月发布了第三版《可持续发展报告指南》（简称 G3）。G3 的权威语言为英语，已被翻译为包括中文在内的 10 种语言版本。截至 2005 年 12 月底，已有 750 家组织在 G3 的框架下编制了可持续发展报告。

2013 年 5 月，在阿姆斯特丹举办的 GRI 全球可持续发展和报告大会上正式发布《可持续发展报告指南》（G4）。G4 是目前世界上最新最完整的《可持续发展报告指南》。2014 年 1 月，G4 中文版完成翻译并发布，公众和机构可登录 GRI 官网免费下载。

在 G4 的"报告原则与标准披露"部分明确，报告原则是提高可持续发展报告透明度的基础，因此，所有机构在编制可持续发展报告时都应遵循这些原则。报告原则分为两类：界定报告内容的原则和界定报告质量的原则。

界定报告内容的原则说明在考虑机构的活动、影响、利益相关方的实质性期望和利益的情况下，确认报告应涵盖的内容及应采用的流程。

界定报告质量的原则就确保报告信息的质量（包括适当的列示）提供指导。信息质量的高低关系到利益相关方能否对绩效作出可靠、合理的评价并采取适当措施，因此十分重要。

（1）界定报告内容的原则

a. 利益相关方参与

原则：机构应当确认自己的利益相关方，说明如何回应利益相关方的合理期望和利益。

利益相关方既包括投入机构的各方，也包括与机构具有其他关系的各方。利益相关方的合理期望和利益是报告编制过程中许多决定的重要参考因素。

b. 可持续发展背景

原则：报告应当说明机构在可持续发展整体背景中的绩效。

关于绩效的信息应当结合相关背景阐述。可持续发展报告的出发点是披露机构如何（或希望如何）对当地、区域或全球的经济、环境和社会状况的改善或恶化产生影响。只报告个别绩效（或机构效率）的趋势无法满足这一点。报告应当将绩效放在更广泛的可持续发展背景中展现，包括以行业、当地、地区或全球的环境或社会资源的限制和需求为整体背景讨论绩效。

c. 实质性

原则：报告应反映机构对经济、环境和社会具有重要影响，或对利益相关方的评价和决策有实质影响。

机构可报告的主题十分广泛。在反映机构对经济、环境和社会的影响或对利益相关方之决定的影响方面，经合理判断的重要主题应当纳入报告。实质性是衡量是否具有报告价值的标尺。

d. 完整性

原则：报告应当涵盖充分的实质性方面及其边界，足以反映对经济、环境和社会的重要影响，使利益相关方可评价机构在报告期间的表现。

完整性主要涉及范围、边界和时间，也可以指收集信息的方式，以及信息的列示是否合理、适当。

（2）界定报告质量的原则

这一类原则的目标是确保报告信息的质量（包括适当的列示）。与准备报告信息的过程相关的决定应当与这些原则相一致。所有这些原则都是提高透明度的基础。信息质量的高低关系到利益相关方能否对绩效作出可靠、合理的评价并采取适当措施，因此十分重要。

a. 平衡性

原则：报告应客观地反映机构的正面与负面表现，让各方对机构的整体绩效作出合理评估。

报告内容的整体列示应公平地反映机构绩效的总体情况。报告应避免不当的影响阅读者决策或判断的信息选取、从略或列示方式。

b. 可比性

原则：机构对于信息的筛选、汇总和报告应遵循一致的标准。列示信息的方法应便于利益相关方分析机构绩效的长期变化，并与其他机构进行比较分析。

对于评价绩效而言，可比性不可或缺。利益相关方应当能够将机构的经济、环境及社会绩效与过去的绩效和目标相比较，并在可能的情况下，与其他机构的绩效进行比较。

c. 准确性

原则：报告信息应足够准确和详尽，供利益相关方评估机构的绩效。

对于经济、环境、社会管理方法的披露和指标，可采用定性说明、详细定量衡量等不同方式进行表述。决定准确性的要素因信息性质及使用者的不同而异。

d. 时效性

原则：机构应定期发布报告，使利益相关方及时获取信息，作出合理决定。

信息是否有用，与披露信息的时间能否让利益相关方根据信息作出有效决策高度相关。所谓时效性，是指报告是否定期发布，以及报告时间是否接近其中实际事件的发生时间。

e. 清晰性

原则：机构应当使信息便于利益相关方理解，并且容易获取。

信息的列示方式，应能让对机构及其活动有一定了解的利益相关方易于理解。

f. 可靠性

原则：机构应当收集、记录、编排、分析及披露在编制报告时使用的信息，使之可验证，并可确保信息的质量和实质性。

利益相关方应相信报告内容可查证，以确定报告内容的真实性，以及报告原则是否得到了适当应用。

G4 把标准披露项分为两类：一般标准披露项和具体标准披露项。

一般标准披露项适用于编制可持续发展报告的所有机构。机构应当根据选择的"符合"方案，确认必须报告的一般标准披露项。披露项分为 7

个部分：战略和分析、机构概况、确定的实质性方面和边界、利益相关方参与、报告概况、治理、商业伦理与诚信。

具体标准披露项分为三大类——经济、环境和社会。社会类别分为 4 个子类别：劳工实践和体面工作、人权、社会、产品责任。每个类别下都有相应的 GRI 方面（参见表 5 - 1）。

表 5 - 1　企业社会责任具体标准披露项的类别和方面
[GRI 2014 年发布的《可持续发展报告指南》（G4）中文版]

类别	经济	环境
方面[IV]	·经济绩效 ·市场表现 ·间接经济影响 ·采购行为	·物科 ·能源 ·水 ·生物多样性 ·废气排放 ·污水和废弃物 ·产品和服务 ·合规 ·交通运输 ·整体情况 ·供应商环境评估 ·环境问题申诉机制

类别	社会			
子类别	劳工实践和体面工作	人权	社会	产品责任
指标[IV]	·雇佣 ·劳资关系 ·职业健康与安全 ·培训与教育 ·多元化与机会平等 ·男女同酬 ·供应商劳工实践评估 ·劳工问题申诉机制	·投资 ·非歧视 ·结社自由与集体 ·谈判 ·童工 ·强迫与强制劳动 ·安保措施 ·原住民权利 ·评估 ·供应商人权评估 ·人权问题申诉机制	·当地社区 ·反腐败 ·公共政策 ·反竞争行为 ·合规 ·供应商社会影响评估 ·社会影响问题申诉机制	·客户健康与安全 ·产品及服务标识 ·市场推广 ·客户隐私 ·合规

第三节　NGO 与企业的沟通①

NGO 在西方诞生近两个世纪以来，逐步发展成为与政府和市场相抗衡、相补充的"第三部门"。在中国，虽然 NGO 还只是个"初生牛犊"，但其发展势头、影响力令人刮目相看。代表着公众利益的 NGO，不可避免地会与其他部门（比如企业）发生冲突或对接，不可避免地要与其他部门打交道。与企业打交道、与企业沟通，正日益成为多数 NGO 的一项最重要的日常工作。NGO 与企业打交道主要有三个原因：其一，抗议企业无视其社会责任，侵害消费者和社区利益，要求其立即改正；其二，向企业申请资金支持；其三，向企业提供某方面的服务项目，以成为企业的供应商。

NGO 与企业沟通的情境各种各样，存在多种分类方法。根据 NGO 实践中与企业沟通互动外在情态的不同，将 NGO 与企业间的沟通主要分为三种类型。

（1）对峙型：一些小型的或发展尚不够成熟或以倡导为主要工作手段的 NGO，与企业打交道往往会首先以"对峙"的形式进行。一个典型的例子是国际环保组织绿色和平（Greenpeace）。

（2）合作型：一些发展较为成熟的，或以研究、教育、服务为主要工作手段的 NGO，往往以与企业"合作"作为其主要沟通方式。具有代表性的是国际环保组织大自然保护协会（TNC）。

（3）复合型：与企业既对峙又合作，尤其是先对峙后合作的情况。这一复合型沟通方式是受国际 NGO 推崇的一种方式，是可持续的战略性沟通方式，虽然这种方式不可能适用于所有的 NGO，且目前尚不普遍。下文将结合 NGO 与企业沟通的案例阐释之。

一　NGO 与企业对峙

（一）NGO 为什么会与企业相对峙？

可以说，世界上最早的 NGO 是降生于腥风血雨中的。"美国反奴隶制

---

① 本节内容来自梅月《NGO 企业沟通手册》。

度社团"（American Anti‑Slavery Society）成立于 1833 年的美国，创始人是废奴主义者威廉·加里森（William Lloyd Garrison）和亚瑟·塔本（Arthur Tappan）。

在中国，最早的 NGO 于 1991 年成立于辽宁盘锦，名叫黑嘴鸥保护协会，发起人是《盘锦日报》记者刘德天。作为晚生于政府和企业数世纪的第三部门，NGO 相对力量弱小、经验不足。加之 NGO 所代表的公众利益受到部分企业的忽略甚至严重侵害，由此而产生一系列社会问题。因此，NGO 若想要有效地代表公众去监督企业行为，督促其履行其社会责任，解决社会问题，就不得不常常采取与企业相对峙的沟通形式，公开批评企业的不良行为，并要求其尽快改正。由此可见，NGO 之所以有时与企业对峙，主要是因为：①企业未尽其社会责任而与 NGO 发生利益上的冲突；②NGO 与企业存在力量和地位上的巨大差距，NGO 目前尚处于劣势；采用对峙的沟通方式最易引起企业的注意和重视。

企业社会责任具体标准可分为三个层级。

（1）必尽责任（Obligatory Responsibility），即企业对利益相关各方所必须尽到的社会责任；这是以法律作为杠杆的，是最低标准、是底线。

（2）应尽责任（Voluntary Responsibility），即企业在尽其社会责任方面再上一层楼，做得更多更好；这是以道德作为杠杆而定义的。

（3）愿景责任（Visionary Responsibility），即企业为其可持续发展而创新。

企业在任何一个层级的社会责任若未尽到，都有可能招致 NGO 的批评指责。

目前看来，三层级企业社会责任当中，第一个层级为必尽责任，最易导致双方间的冲突和对峙。也可理解为，今日的中国公众对企业社会责任的要求并不高，只不过要求企业守法而已。

说到底，NGO 与企业对峙终归只是一种手段，而非目的。目的是解决某些由企业行为引发的社会问题，实现社会公正，实现 NGO 对社区、对公众的承诺。

（二）NGO 与企业对峙手段有哪些？

NGO 与企业对峙的手段有很多，包括与企业面对面的对峙和间接对峙两大类，其中，间接对峙包括新闻发布会、网络发布（如借助网络媒体）、学术会议等手段。

1. 与企业面对面

拜访企业，递交声明、调查报告等文件；如有可能，开始谈判。若可以全球和某一地区同时行动，以类似于行为艺术的方式向企业表明立场，提出要求，则影响力更为广泛。面对面的沟通是各类对峙手段中最为有效的一种，能够让双方在较短时间内迅速了解各自的意图，并迅速作出反应，让沟通深入下去；同时便于记者采访，写出现场感、戏剧性较强的报道，让公众了解事情的全貌。但面对面的对峙需要 NGO 携带事先准备好的文字材料到现场；组织和实施的成本较高；具有一定的风险，需要事先对参与者严格约定行为准则，以防止现场发生严重的话语冲突和肢体冲突。

需注意之处：

提前将功课做到家，即调研和调查报告撰写需非常扎实、专业。若没有特别大的把握，不妨请专业人士指导和把关。若调查报告不够专业，则不仅会导致沟通失利，而且还会导致企业指责 NGO "无理取闹"，更加轻视 NGO，严重影响到 NGO 的公信力。

另一点需要注意的是，需要准备好各项事宜，包括交通费用、行动者衣着（比如，下列案例中绿色和平去李宁公司旗舰店门口跳舞，所着服装均为李宁服装，造价较高）、活动用品和活动经费等，控制好预算。

再一点需要注意的就是到达现场之后，应注意组织性、纪律性，严禁暴力行为，严禁污言秽语，否则很轻易地就让自己从主动陷入被动，甚至从正义变为不正义。

案例：绿色和平（Greenpeace）曝光李宁等知名服装品牌产品污染环境的丑闻，迫使公司改错

媒体链接： http://finance.sina.com.cn/stock/hkstock/ggscyd/20110826/180110387354.shtml

案例提供者： 绿色和平污染防治资深项目主任　李一方

在众多的 NGO 当中，绿色和平是与企业对峙的一个典型。与大企业尤其是知名国际品牌"对着干"一直是绿色和平的一个传统。而近年来，中国本土品牌也逐渐进入绿色和平的视野，并成为其目标。2011年夏，绿色和平通过媒体发布了两份调查报告，揭露耐克、李宁等全球服装品牌供应商污染环境，要求其改正错误行为，承诺在2020年前逐步淘汰在全球供应链上使用的全部的有毒有害物质，公开环境信息，并发表一个有明确时间表的行动计划。绿色和平的两份报告在中国大陆引发了近4000篇新闻报道。经过与公司高层决策人员和供应链管理部近3个月的谈判，李宁公司最终公开承诺淘汰供应链上所有的有毒有害物质。事情的经过如下。

2011年7月13日，绿色和平发布了《时尚之毒——全球服装品牌的中国水污染调查》。这份经一年半采样调查而写成的报告，揭露了耐克、阿迪达斯、李宁等国内外大品牌的供应商排放有毒有害物质，污染中国河流的事实。而在报告发布以前，绿色和平已给报告述及的所有企业都写了信，告知了绿色和平调查的情况。随即，李宁公司给绿色和平回了信，并索要了更多相关的信息。在绿色和平的报告发布之后，李宁公司一直没有与绿色和平有正面的联系。其间，绿色和平的报告引发了上千条的媒体报道，绿色和平一直与多个公司进行着对话，同时，绿色和平在全球10多个城市展开行动，呼吁这些品牌承诺淘汰有毒有害物质。例如，在7月23日，有600多个志愿者在中国、德国、荷兰、印尼等多个国家，在同一时间在品牌旗舰店前举行"快闪"行动，跳完一支舞之后将品牌的衣服脱下扔回店内，以此表达消费者期待品牌去毒的愿望。同时，网友们也加入了在微博上对品牌喊话的网上行动。彪马、耐克两个品牌在与绿色和平多次会谈之后相继作出公众承诺。

一个半月之后，8月18日，绿色和平又发布了第二份调查报告《时尚之毒2：毒隐于衣——全球品牌服装的有毒有害物质残留调查》。第二天，绿色和平的志愿者来到李宁公司香港总部，当时李宁公司正在召开董事会，公司的所有高层都在现场。绿色和平志愿者于是就直接把信交给了李宁公司的首席财务官。当天，李宁公司的公关部门就与绿色和平取得了联系。但绿色和平认为公关部门不是合适的沟通对象，因为沟通的目的是希望公司改变政策，绿色和平要求与公司的决策层以及具体负责社会责任和供应链管理的部门见面讨论。大约一周之后，绿色和平开始与李宁公司有关部门进行第一次正式会面。

虽然从公开信息中，没有看到李宁公司对于供应链造成的水污染问题有什么认识及举措，相比其他国际品牌同行在 CSR 政策方面仍有着较大的差距，但对于绿色和平第二份调查报告，李宁公司作出了正面回应。11 月份，即报告发布两个多月后，李宁公司向公众承诺淘汰有毒有害物质，开始联合其他国际品牌共同解决供应链上有毒有害物质的问题，并接受公众和环保组织的监督。年底，李宁公司还公开发布了公司的第一份化学物质限制清单。尽管这距离彻底淘汰有毒有害物质还有很长的一段路要走，但这无疑是李宁公司成为一个负责任公司的第一步。

该项目负责人、绿色和平污染防治资深项目主任李一方说："我们其实没有预料到民族企业会这么快就作出承诺。我们原本是计划进行起码一年多的活动，李宁公司才会有所改变的。但事实上，崛起的中国企业已经意识到，如果希望和国际大品牌去竞争，那么公司社会责任和环境表现就是公司竞争力当中重要的一部分。"

点评：

作为民族企业，李宁公司兴许是第一次遭遇一家国际性环保组织的"海陆空轰炸"：先是一份调查报告指出其忽略社会责任，污染环境，要求其立即改正；继而是媒体曝光，公共舆论哗然；接下来是绿色和平全球"快闪"行动，彪马、耐克两大品牌相继承诺改错；然后是第二份绿色和平调查报告；再后来是绿色和平来访，真人现身，谈判开始；同时在微博上一直都有消费者震耳欲聋的喊话……对李宁公司震撼冲击之大，是不难想见的，此后的正面配合也是在常理之中的。

2. 新闻发布会

有时候可与企业面对面沟通合并在一起举行，即发给记者事先写好的新闻稿，并带领记者一起到达现场，让记者观摩 NGO 与企业之间的沟通，一方面让记者了解事情的全过程，另一方面给企业造成较大的公众压力。

比如，2003 年 12 月，绿色和平经调查发现惠普公司的电脑产品有毒物质含量很高，就写成了一份调查报告，并且发给了惠普。惠普一开始不予理睬。绿色和平遂希望与惠普公司做面对面的沟通，当面指出其错误，并要求其改正。媒体知道后，很感兴趣。于是绿色和平在 2005 年三次带领大批记者直接到惠普办公室门前，当着记者的面将声明信等文件递交给公司。第一次抗议发生在 2005 年 6 月 20 日惠普中国公司庆祝在华成立二十周年的那一天，绿色和平代表向公司领导赠送"生日礼物"——惠普电脑及打印机配件和一封致惠普全球 CEO 马克·赫德的公开信，同时发给记者绿色和平新闻稿及相关文字材料。同年 11 月和 12 月又两次带领记者前往惠普公司门口抗议。毋庸置疑，这样的行动直接对企业产生了较大的威慑力，迫使其让步、改错。果然，面对绿色和平发起的长达 4 年的媒体攻势，惠普终于在 2007 年底公开承诺在 2009 年底以前逐步淘汰其电脑产品中的有毒物质。

鉴于新闻发布通常强调现场感，新闻发布会的地点也应尽量突出现场感。当然，除了现场感外，新闻的主题、拟邀请记者的人数多少、天气等因素也应予以考虑。所以，发布会的地点可有多种选择，如公司办公地点的会议室、企业办公地点门前、食品超市、社区活动中心、公园、学校、图书馆、展览馆、酒店等。比如，若希望通过发放某知识小手册向普通市民做某个主题的宣传，可在公园里召开新闻发布会。若希望向媒体展示 NGO 的摄影作品，则可在某展览馆内的图片展厅召开新闻发布会。

新闻发布会的地点固然重要，但时间包括时机更加重要。在挑选发布时机时，要注意勿与重大时政事件（比如"两会"）"撞车"，可在某重要日子，比如"3·15"消费者权益日的前夕发布某相关消息。时机若选对了，那么传播效果将会事半功倍。

新闻发布会有时还可与研讨会结合在一起，邀请专家和社区代表及志愿者一同出席新闻发布会。若研讨会时间为一整天，那么可以在上午开会之前用 1~2 个小时的时间在同一会场先召开新闻发布会。

虽然成本比较高，但新闻发布会是各类对峙手段中比较有效的一种，舆论造势，往往引发消费者和企业供应链的即时反应，比如，股东不满、产品即刻下架、消费者给企业打电话以示抗议、供应商中止合作等，从而给企业造成较大压力，迫使企业承诺改正错误，履行社会责任。

如果 NGO 预算不足，或事态的发展尚不需要立即召开新闻发布会，那么可由 NGO 工作人员直接向媒体投稿，或直接在微博上代表 NGO 发表言论，影响舆论，给企业造成公众压力。

需注意之处：

所有拟出席新闻发布会的工作人员，特别是新闻发言人，应当事先抽出时间来进行至少一次彩排。若发布会主题较为复杂、专业性较高，则需做多次彩排，直至发言人感觉比较轻松自如为止。

彩排时，应当由机构媒体专员扮演记者角色，就新闻主题敏感之处向发言人提问，问题越具挑战性越好，并与发言人一起定夺合适的回应。媒体专员还应就发言人衣着、发型等提出专业的建议。

在会场布置方面，除了将功课做好，即事先准备好专业水准的新闻稿、背景材料、调查报告、新闻发言人名片、推荐采访对象名单、常见问题问答等之外，会场布置需注意突出主题，主席台上姓名牌、海报、横幅及重要"物证"（比如，2005 年绿色和平调查湖北大米市场时收集到的转基因大米样本赫然放置在新闻发布会会场，引得记者们纷纷走过来拍照）——布置好，便于记者在极短时间内了解主题，并且拍到好图片。会场布置须尽量体现环保减碳理念，比如，文字材料双面打印；给到会记者提供玻璃水杯、纯净水，而不是纸杯、瓶装水；会场摆放绿色植物；将空调温度设在 26° 以上；发言人避免穿皮衣；等等。总之，如何准备和召开新闻发布会，其实是一门学问。

3. 网络发布

调查报告、数据库等在网络媒体特别是微博上的发布，包括通过微访谈与网民做现场互动问答等，这是 NGO 与企业沟通的一个新武器，而随着时间的推移，这种新武器正日见其强大。网络发布门槛低、成本低、速度快、时效性强、多点对多点、影响力大且为双向，可即刻引发各地网民的回应，给企业带来较大的舆论压力和市场压力。缺点是：不能跟企业做面对面的沟通，有时候不能将自己的意见准确无误地传达给对方，也很难立即准确领会到对方的回应，导致沟通进展比较缓慢，误解可能会加深。

需注意之处：

鉴于网络媒体目前公信力尚需提高，而 NGO 公信力也曾受到质疑，故 NGO 需慎用网络媒体，并且需下功夫提前做好功课，确保发布的数据、图片真实而准确，分析严谨、观点明晰、立场坚定。

案例：湖南湘潭环境保护协会通过微博曝光湘潭颜料化学有限公司超标偷排废水，严重污染环境，该条微博引起极大反响，导致该企业两天后即遭关停

媒体链接： http：//news.xinhuanet.com/politics/2012 - 08/06/c _ 112637232.htm

案例提供者： 湘潭环境保护协会常务理事　毛建伟

2011年9月17日，毛建伟在湘潭竹埠港化工区排污口发现排出红色的污水，立即用手机拍下照片发到微博，该微博"一石激起千层浪"，引发围观狂潮，24小时内转发4000多条，评论近2000条。19日，湘潭市环保局出动关停这家企业。该企业向全市人民及志愿者登报致歉。为排污而登报致歉在湖南省应该是第一次。

点评：

微博不微，草根非草，只要巧加利用，小行动＋许多人＝大不同。微博上博友之众，影响力之大，是2011年之前的人们所料想不到的。湘潭环保协会常务理事毛建伟一下子就抓住了这个时机，果断发声，迅速产生效果，达到了令企业改正错误的目的。纵观微博，仅以新浪为例，除了个人和家庭方面的内容，如时尚、婚恋、子女教育、人生哲理等，主要内容集中在社会发展方面，即民生、社会公正、食品安全、环保减碳等，而这正是NGO所关注的，说明了NGO的确代表了民众的利益。事实证明，微博是NGO特别是本土草根NGO与企业沟通最好的工具。

4. 学术会议

从地域上来划分，学术会议可分为国际会议和国内会议。影响力多为长期的、战略性的，可影响到新政策的制定、角力格局的重组。但总的来说，学术会议，尤其是国际学术会议的成本较高，且不能与企业做面对面的沟通（除非企业愿意派代表出席会议，甚至参与会议的筹办），很难准确地将自己的信息传达给对方，也很难立即准确了解对方的反应，即短期效果不明显。

需注意之处：

学术会议是最柔和的对峙方式，其战斗性较弱，短期内产生效果的可能性较小。故会议组织者需做到以下几点，方能够产生长期的战略方面的效果：①尽可能邀请到影响力较大的意见领袖前来出席会议并讲话；②会议文件事先准备充分、专业；③争取在会上达成某种协议；④通过媒体向公众传达会议达成的协议。

案例：乐施会（Oxfam）通过召开案例研讨会、参与微访谈、媒体发文和出版报告等方式，联合 NGO、媒体、学者和政府官员一同倡导雀巢公司履行社会责任

媒体链接：

http：//www. csrglobal. cn/publications_ detail. jsp? fid = 308197

http：//jjckb. xinhuanet. com/2011 – 10/25/content_ 339223. htm

http：//news. xinhuanet. com/fortune/2011 – 10/23/c_ 111117450. htm

http：//news. qq. com/a/20111101/001617. htm

案例提供者：乐施会企业社会责任项目官员　蔡睿

作为一家致力于消除贫穷的、独立的发展及人道援助机构，乐施会倾向于以一个协调者、技术支持者和资源投入者的角色，积极联合 NGO、媒体、学者以及政府官员一同来倡导企业履行社会责任，提高整个企业所在行业的标准。

双城雀巢公司位于黑龙江省养牛第一大市——哈尔滨下属县级市双城市。该公司是由瑞士雀巢公司与双城市乳食业公司共同投资兴建的一家合资企业。双方于 1986 年 12 月正式签署协议，1987 年 6 月破土动工，1990 年 6 月企业建成投产。公司主要以鲜奶为原料生产系列化乳制品。①

2011 年 10 月 23 日，一篇由新华社记者程子龙等发表的题为《世界

---

① 《雀巢克扣奶农，地方政府充当保护伞》，经济参考网，http：//jjckb. xinhuanet. com/2011 –
10/25/content_ 339223. htm，2014 年 5 月 3 日访问。

知名企业克扣奶农之道——双城雀巢低成本奶业经营模式调查》的报道揭露了雀巢公司在双城克扣奶农、垄断奶源以维持其低成本经营模式的现象。据记者调查发现，双城雀巢公司通过在牛奶计重秤上做手脚、计数器施行"八舍九入"、私设标准"以质论价"等多种方式克扣当地奶农；同时，据双城市奶农反映，在2010年黑龙江省实施鲜奶收购政府指导价之前，雀巢公司给奶农的收购价是最低的，有时才1.6元一公斤。

该报道发布后，引起了较大舆论反响。10月25日，雀巢中国有限公司集团事务部公关经理回应："雀巢不欺骗农民，我们也绝对不容忍这种做法的发生。"同一天，雀巢双城公司官方声明："不存在奶农看不到计量数据的问题，称奶计量方式'1、2、3归零，5至8变5'与设备程序有关。"

10月27日，双城雀巢公司总经理贺爱德回应："对'八舍九入'法的POS机，雀巢公司已责成供应商对设备进行重新调试，全部按实量计算。"

以扶贫为己任的乐施会一直非常关注农业和食品企业的社会责任表现。从新闻媒体了解到对本次"雀巢事件"的报道后，于10月29日乐施会企业社会责任项目官员蔡睿和同事王轩在《新京报》上发表了一篇评论性文章《雀巢承诺整改远远不够》，指出雀巢的回应还远远不够，应当拿出更完备、更有效、更长远的一揽子改进方案，确保收购过程公平、透明，订单明确保护价格，并保证农户有一定的灵活性。该文章得到近60家媒体的转载。

10月31日，乐施会与社会资源研究所在北京共同主办"从'雀巢事件'看农业企业社会责任"研讨会，旨在通过"双城雀巢克扣奶农"事件探索该问题出现的经济和社会背景。研讨会上，来自农业部农村经济研究中心、对外经济贸易大学以及中国农业大学的专家学者分别从农业产业化与订单农业方面的政策完善、跨国农业企业在华投资的法律监管、以产业链视角看农业招商引资的机遇和挑战等方面发表看法。乐施会、社会资源研究所以及到场专家们呼吁：跨国农业企业应更好地发挥带农增收的作用，农业企业须对企业生产给供应链农户生计带来的影响作出充分评估并广泛地与利益相关者保持积极沟通，政策制定者应对农户无法通过现行政策切实维护自己权益给予高度关注，代表着公众利益的各民间组织和媒体则需要密切关注食品行业领头企业的社会责任表现并发挥监督作用。研讨会当日有 23 家媒体到场，会后有 9 家媒体对会议内容进行了深度报道，截止到 11 月 15 日，相关文章被转载 80 余次。

一周以后，11 月 7 日，乐施会企业社会责任项目官员蔡睿和社会资源研究所副所长吴晨在新浪微博上就"从'雀巢事件'看农业企业社会责任"这一议题接受微访谈，就网友们提出的关于农业企业的社会责任、供应链利益分配、农民生计、食品安全、选资、政策监管等问题一一作答。

2012 年 3 月，为了使该事件以及与事件相关的行业问题、政策问题得到持续的关注和讨论，在乐施会的资助下，社会资源研究所编辑、出版并发布了报告《透视食品企业社会责任——以"雀巢被指克扣奶农"事件为例》，[1] 追溯了事件过程，记录了 NGO、媒体和学者对事件的评论和回应，更重要的是，就"招商引资政策""外资企业在华履行社会责任的法律法规""农业产业化政策"等方面作了深度的分析并给出了具体的建议，供政府、企业、学者、媒体和民间组织参考。

乐施会就"雀巢被指克扣奶农"这一新闻事件所采取的上述一系列活动在一定程度上促使媒体、学者和 NGO 等将讨论的焦点聚集到大型农业企业社会责任问题以及相关的政府政策问题上。蔡睿在总结这个案例时说："推动企业履行社会责任需要联合 NGO、媒体、学者和政府的共同力量，不同的利益相关者可以协同合作，分别采取各自擅长的方式，达到同一个目标。"

点评：

乐施会的做法是将研讨会与媒体活动（包括网络媒体活动）结合到了一起，由学者、记者、民间人士这三股力量一起来与雀巢博弈，给其造成巨大的公众压力，也给雀巢所一度依赖的某些地方势力造成巨大的舆论压力。媒体对乐施会的支持本就是意料当中的；而研讨会的意义远远超出了学术研究本身，可以说是意在干预社会、改良社会。这是一场深具公益意义的研讨会。乐施会能够在雀巢事件曝光后短短两周内组织

---

① 报告下载链接 http：//www.csrglobal.cn/publications_detail.jsp? fid = 308197，企业社会责任资源中心，2012 年 4 月 10 日。

召开这么一场有分量的研讨会，是与其几十年如一日的资源积累直接相关的。

（三）NGO 与企业对峙的主要话题有哪些？

NGO 与企业对峙最主要的话题是企业社会责任，即 CSR。具体话题往往都围绕着 CSR 展开。分别有：

指出某企业忽略其社会责任，因而导致某社会问题的产生；

明确要求企业立即纠正其错误；

警告企业：若不立即改正，则将面临一系列后果，比如消费者抗议、产品下架、媒体跟踪报道等；

抗议某个忽略其社会责任的企业获奖；

批评某企业"洗绿"行为等。

下面这个案例讲述了东北林业大学的"绿色使者志愿者协会"如何与校方沟通，迫使食堂停用一次性筷子的故事。

案例：东北林业大学"绿色使者志愿者协会"组织学生罢餐，抗议学校食堂使用一次性木筷，最终迫使学校食堂停用一次性木筷

案例提供者：时任东北林业大学"绿色使者志愿者协会"骨干，现任云南德宏师范高等专科学校科研处野生动物保护专业高级工程师 高陞先生

东北林业大学"绿色使者志愿者协会"首先在协会内部倡议拒绝使用一次性筷子，后一些学生自发组织罢餐，为了倡议校园内全面禁用一次性木筷，协会向学校提出申请，学校对此事非常重视，最终促成学校食堂停用一次性木筷。具体内容如下：

1999 年 3 月，各大高校食堂内普遍使用一次性木筷。东北林业大学"绿色使者志愿者协会"的志愿者们先内部规定停用一次性木筷，后一些同学向食堂负责人提交过一份关于取缔一次性木筷的倡议，但没有得到食堂管理层的积极响应，于是一部分志愿者串联了罢餐活动，数千名学生不到学校食堂就餐。协会将申请提交学校，校长高度重视并支持此事，还热

情接见了学生代表，调解罢餐活动并责成后勤处即刻停止使用一次性木筷，改善了食堂的环保就餐条件。

本案例提供者高陞先生，时任东北林业大学"绿色使者志愿者协会"骨干，现工作于云南德宏高等师范专科学校科研处，为野生动物保护专业高级工程师，教授"生态学""自然科学基础"等课程，目前正在注册"德宏生态文明促进会"。

点评：

东北林业大学"绿色使者志愿者协会"先是向食堂管理层递交了停用一次性木筷的倡议，等候其答复未果，不得已才举行罢餐活动，最终引起学校高层的重视，致使停用一次性木筷成为现实。对峙往往是弱小群体发声并促成问题解决的一个途径，特别是在你面对的企业对于 CSR 尚无认识或认可，对 NGO 的力量和地位尚不够重视的情况下。

二　NGO 与企业合作

（一）NGO 为什么要与企业合作？

虽然世界上最早的 NGO 是为废奴而生，是战斗性较强的组织，但其雏形（即公元 1800 年之前所有的国际组织）都是宗教组织，以宣传基督教为主要目的，形式包括医疗、教育、抚孤等，姿态都是和平、合作的。今天的中国，合作仍是 NGO 与企业之间比较常见的一种外在关系。NGO 与企业合作是有底线的，即：①企业的需求符合 NGO 的道德底线和社会使命；②在合作过程中，NGO 保持其相对独立性。此外，NGO 在精神上与企业平等，即得到企业的信任，与企业共同认可游戏规则，与企业一样拥有决策权。这样的合作，才有可能是平等的、长期的合作。

NGO 与企业之间之所以有可能合作，是因为双方是一种相互需要、相互补充的关系，可以找到共同利益、共同目标。一方面，企业可为 NGO 提供资金和合作项目，通过规模运作扩大 NGO 的影响力，优秀企业的管理模式还可供 NGO 借鉴学习；另一方面，NGO 特别是一些本土草根 NGO 社区关系较好，勇于创新，办事灵活，可为企业打开社区的大门，提升企业的美誉度和影响力，美化企业的公众形象，拓展其营销渠道，扩大企业的市场，充当企业与政府沟通的桥梁，同时还可为企业员工志愿者提供一个拓宽视野、直接参与社会变革的有益经历，从而增强企业内部凝聚力，改善企业内部的生态体系。

（二）NGO 与企业合作的步骤有哪些？

NGO 若想要与企业达成合作，就必须首先找到两者的共同目标。

NGO 与企业之间的共同目标至少包括这两点：①扩大双方的社区影响力；②扩大企业和 NGO 产品的营销渠道。

一旦确立了共同目标之后，双方即可开始考虑具体的合作。然而事实上，NGO 与企业之间的合作往往是极具挑战性的，原因在于：①双方的强弱程度不同，NGO 相对尚处于弱势；②双方从语言到思维、到行为模式都很不同；③在今日的中国，大多数本土企业对 CSR 的认识水平尚处于比较基础的小学生水平，尚看不到 CSR 对于企业长期发展壮大的种种益处，不愿意花大力气去承诺履行，因而会做出伤害消费者利益的事情，与 NGO 所代表的公众利益产生一定的冲突。

鉴于上述多种原因，NGO 与企业一旦合作起来，需要双方求大同、存小异；着眼于共同利益、共同目标；也需要 NGO 在合作过程中，尽快让自己成熟起来，尝试借鉴企业管理的理念和模式，逐步实现自身的商业模式，以企业家的思维来建设 NGO，注重结果，拿出独特的公益产品来，提高工作效率，提高专业能力，并且加强行业建设、行业间联合和行业自律，让整个 NGO 队伍尽快成熟起来，以争得与企业平等合作、平等对话的地位，从而有效影响企业，让企业看到 CSR 对企业可持续发展具有多么重要的意义。

NGO 与企业建立合作的具体步骤：

（1）知己知彼，了解 NGO 对企业的期待和企业对 NGO 的顾虑和期待。包括了解企业财年是从当年几月到来年的几月，做规划是做几年的，付款方式和频率，企业内不同的项目级别，有哪些不同的流程，等等。鉴于一些跨国公司提前两年做计划，NGO 应提前两年与公司相关工作人员联系。鉴于大多数跨国公司付款较慢，往往要求所有供应商包括 NGO 提前45～60 天把发票开给企业，付款要等 45～60 天才能到账，所以 NGO 应将资金流控制好。

（2）找到正确的部门和联系人，并且提前做好功课，提前约好见面时间；第一次见面即呈交有关书面文件，比如 NGO 机构介绍、项目建议书、合作意向函、声明等。注意穿戴整洁。做报告时言简意赅、落落大方。回答问题清楚明了，并在对方作答或做介绍时踊跃提问。

一般来说，公司负责 CSR 的工作人员会分布在公司人力资源部、政府事务部、公共关系部、公共事务部、环境健康安全部，或在相对独立的公众事业合作部、可持续发展部、CSR 部、公司志愿者协会等。

（3）找到共同目标：影响消费者，扩大营销渠道，扩大市场，提高品牌知名度和美誉度。

（4）找到共同项目，并指派专门的项目负责人。

（5）制定项目计划书，并耐心征求对方的反馈。

（6）一旦对方认可项目计划书，则明确对双方的要求和分工，制定项目执行时间表，同时制定项目验收标准。

（7）保证项目实施过程透明化、制度化。定期与企业沟通项目进展情况，并向企业通报 NGO 总体发展情况。

（8）发现问题及时沟通、及时处理。

（9）交付项目时了解企业的满意度，找出不足，以便改进。

（10）总结项目，奖励表现优秀员工，总结并分享成功经验。

（11）争取新的项目合作机会，力争与企业建立长期的合作伙伴关系。

合作关系建立起来后，如何将一次合作变成长期合作呢？这是令许多 NGO 深思的问题。事实证明，长期的合作并非不可能，只要 NGO 多下功夫，多做有心人，从建立起企业沟通体制到有意识提高机构的专业水平和管理能力，并推进整个行业的联合，一步一个脚印走下去，就有可能达成长期的合作。

（三）NGO 与企业合作的途径有哪些？

1. 服务

通过项目的实施，NGO 为企业提供某种服务，比如，

● 工艺品售卖。如上海欣耕工坊公益服务中心向 SAP 公司售卖残疾人制作的工艺品。

● 废品回收与利用。如欣耕工坊公益服务中心从 SAP 公司回收咖啡渣。

● 公益活动的策划、组织与协调。如安徽绿满江淮环境发展中心为 UPS 公司策划组织公益活动，天津绿色之友为奥的斯电梯（中国）投资有限公司策划节能减排活动。

2. 教育培训

● NGO 可为企业提供某方面的培训。比如，惠泽人志愿服务发展网为 IBM 公司提供公司志愿者培训。

● 企业也可为 NGO 提供某方面的培训。比如，拜耳公司为红丹丹教育文化交流中心提供能力建设培训，联想集团组织公益创投，IBM 公司向女性抗艾网络 – 中国提供关于 NGO 如何与企业合作的培训，等等。

● 企业与 NGO 合作搞培训。比如，商道纵横与中国民促会一起为 NGO 提供关于 NGO 如何与企业合作的培训。

3. 环境保护

● 企业资助 NGO 植树造林，以恢复无林地植被。如大自然保护协会与诺华公司的合作案例。

● NGO 敦促企业提高环保意识，加大环保力度，或帮助企业制定和实施具体的环保方案。如大自然保护协会与中国长江三峡集团公司的合作案例，全球环境研究所帮助某国企海外分公司设计和实施环保项目。

4. 志愿者活动

● NGO 邀请公司员工志愿者加入 NGO 活动。如拜耳公司与红丹丹合作案例。

● NGO 培训公司志愿者。如 IBM 公司与惠泽人合作案例。

● NGO 为公司设计和筹办志愿者活动。如安徽绿满江淮环境发展中心与 UPS 公司合作案例。

5. 社区宣传

● 企业资助 NGO 举办社区宣传推广活动。比如，青少年环境教育，或举办某一竞赛活动。如天津绿色之友通过与壳牌公司合作，十年如一日进行青少年环境教育并评选出优秀项目。

6. 新闻发布会

● NGO 与企业共同举办新闻发布会，发表某共同声明或协议，以达到符合企业发展利益的公益目标，比如，环境保护、社区居民培训、颁奖、助学等。如陕西某志愿者协会与某知名酒业公司的合作案例。

7. 公益创投

• 初创期的 NGO 作为企业公益创投的对象，接受企业的指导培训，尽快成长为有独立工作能力的民间组织。如联想集团案例。

8. 科研

• 企业资助 NGO 就某一课题开展科研。比如，可口可乐公司与 NGO 合作开展长江上游的水资源及生物多样性保护的研究项目，奥的斯电梯公司与天津绿色之友合作开展环境检测以制定节能减排方案的项目。

• 企业资助 NGO 建立一个临床营养发展中心。如雅培公司的雅培基金会联合美国世界健康基金会（Project Hope Foundation）和上海儿童医学中心合作建立了上海儿童医学中心 - 雅培/世界健康基金会临床营养发展中心（AFINS），共同应对中国儿童营养领域面临的挑战。

9. 助学

• 由企业出资、由 NGO 出面来资助贫困大学生。如陕西某知名酒业公司与陕西某志愿者协会的合作案例。

（四）NGO 与企业合作中易出现哪些问题？

合作中易出现的问题有：

（1）相互间信任不够，特别是大型跨国企业对本土草根 NGO 信任不够。

（2）相互间的误解，即对对方的工作语言、语境、组织机构、合作目的、顾虑和要求、分工、操作规程及评估标准等理解有误。比如，大型跨国公司往往认为本土草根 NGO 专业水平不高，人才短缺，组织结构不够先进，思维不够灵活，NGO 工作人员从着装礼仪到沟通方式、文案处理、项目实施、外语能力等多方面均不"达标"，公司的部分工作人员很难看到 NGO 处境的艰难，或将 NGO 的艰难处境简单归因于 NGO 工作人员素质不够高、机构管理模式及工作方式有问题等方面。而 NGO 则认为公司特别是跨国公司组织结构比较庞杂，层级过多，不易找到合适的沟通对象和沟通方式，门槛太高，财大气粗，内部运作较缓慢，要求过多过细，付款过慢，等等。

（3）没有找到对口的部门和个人，因而耽误项目的洽谈。

（4）因误解而影响工作气氛、工作质量和评估。

（5）NGO 事先功课做得不够好，对合作企业的对手和伙伴未作深入了解，因而在举办大型活动、有新闻媒体在场的时候，同时邀请了合作企业最反感的竞争对手，让合作企业感觉别扭。

（6）因对合作效果不满意而中止合作，或勉强完成此次合作，但项目完成后即终止合作关系。

（五）NGO 如何解决与企业合作中出现的问题？

解决方法：

（1）学会换位思考，学习商业思维模式，准确理解企业的心态，包括企业的危机意识。

（2）加强与同行间的团结。NGO 之间越团结，则越容易得到商业社会的信任。整个行业兴盛了，别的行业才会刮目相看。

（3）注意人才的吸纳和培养，尤其是传播和筹资方面人才的吸纳和培养，在可能的范围内尽量提高薪酬水平，留住人才，并加强人才培训，帮助员工提高工作能力和工作效率，提高项目管理水平，同时加强内部合作和交流，从而提高机构整体上的专业性。

（4）尝试以企业管理模式来管理 NGO，分工明确而合理，注重绩效和效率。

（5）加强与企业的沟通，特别是及时进行面对面的沟通，倾听企业的意见和建议。

（6）以开放的心态与企业合作，在坚守自己的道德底线和社会使命、坚持自己的相对独立性的前提下，改进自己的不足，发挥自己的强项，提高公益产品的质量，或与企业一起商讨对项目的计划做适当的调整，以确保其可行性。

（7）若项目评估结果不佳，则找出改进之处，研究改进方法，在时间允许的情况下，迅速改进。

（8）将项目执行的经验总结以及新项目计划分享给企业，让企业认可机构的发展潜力和发展前景。

（六）NGO 如何评估与企业合作的效果？

NGO 评估自己与企业合作的效果，应当从项目、人员、机构和行业这四个方面进行。

1. 项目

包括：项目目标是否及时达到了，企业是否通过项目而履行了社会责任，项目的服务对象（即公众）是否满意，项目管理过程是否专业，项目的评估体系是否清楚而公正，通过项目执行而总结出来的经验是否有利于下一次合作的开展及 NGO 的成长，是否通过该项目而与企业建立起了中长期合作伙伴关系。

2. 人员

包括：NGO 项目工作人员的创新意识是否被强化了，设计和制作公益产品的效率是否提高了，专业性是否提高了，眼界是否开阔了，中长期目标是否更清晰了。

3. 机构

包括：机构管理层是否向企业学到了商业模式，市场意识是否加强了，创新意识是否加强了，是否比以前更注重结果了，机构的组织结构是否改革得更灵活、实用、高效了，机构的文化氛围是否更加民主了，管理模式是否更加科学了，奖罚是否更加分明了，财务管理是否更透明了，招聘的人才是否更优秀了，机构公信力是否提高了。

4. 行业

包括：有关行业自律的法规是否更加健全了，执法是否更严了；与其他 NGO 沟通是否增加了，合作是否更频繁了，合作方式是否多样化了，合作效果是否更佳了；管理层是否更加重视行业自律了，管理层是否更注重财务等各方面管理透明公开了，管理层是否更乐于接受公众问责了。

案例：大自然保护协会（TNC）与诺华公司合作在四川西南为大熊猫栖息地森林恢复开展林业碳汇、社区和生物多样性项目

媒体链接：

http：//www. sc. xinhuanet. com/content/2011 -09/24/content_ 23773880. htm

案例提供者： 大自然保护协会业务拓展官员　周璐璐

作为地球之"肺"的森林，在过去的几十年间，为了支持国家建设，被大量砍伐而难以恢复并不是一个秘密。森林的消失，使野生动植物的栖息地逐步破碎化，原本森林生态系统的生态服务功能渐渐消失。与此同时，气候变化带来的影响正在威胁着人们的生计，也干扰了森林的健康。

国际环保 NGO 大自然保护协会应中国政府邀请，从 1998 年进入中国开始生态系统和生物多样性保护工作，其中恢复森林生态系统的健康是重要的工作策略。一些在华的跨国企业希望通过资助相关项目来履行其社会责任，这在中国正渐渐形成风气。这个案例不同寻常的是，从 NGO 到企业，到地方政府，到社区和农户，在较短时间内全都达成了一个共识，那就是：将眼光放长远，为子孙后代的生存质量着想，让一个森林植被恢复碳汇林项目同时达到三个目标——减缓和适应气候变化、保护生物多样性、社区可持续发展。如今，这样一个高难度高投入的项目已如期实施了，就在中国最贫困的区域之———四川西南的大凉山。

项目的地点位于四川省西南部凉山彝族自治州，长江上游金沙江和其重要支流大渡河的中下游，是全球生物多样性保护热点地区之一，同时也位于我国颁布的《生物多样性保护战略与行动计划》中 32 个陆地生物多样性保护优先区——横断山南段的优先区内。这里是大熊猫种群分布的最南端，众多珍稀濒危野生动植物赖以生存的重要栖息地。

从 2010 年底至 2014 年共 4 年间，"诺华川西南林业碳汇、社区和生物多样性项目"将在四川省凉山彝族自治州越西县、甘洛县、美姑县、雷波县、昭觉县 5 个县及麻咪泽、申果庄、马鞍山 3 个大熊猫自然保护区将近 4200 公顷的砍伐迹地和退化土地上实施。项目计划种植 1200 万株本地树苗，用于覆盖植被已遭破坏的山区土地，恢复大熊猫栖息地及关键廊道地带的森林植被。该项目预期将在未来 30 年内吸收大气中 120 万吨二氧化碳，即相当于吸收 4 万辆小汽车一年排放的 CO_2 总量（50 公里/天）。

除吸收二氧化碳、减缓气候变化之外，该项目还将增强当地森林生态系统的生态服务功能，涵养水源、保持水土，保护土壤不受侵蚀、预防山体滑坡和洪涝灾害，以提高当地社区和动植物适应气候变化的能力。项目有益于生物多样性的保护，帮助恢复多种动植物的栖息地，建立大熊猫等珍稀和濒危物种种群交流的廊道。项目的造林实施和未来的森林管护，将为当地社区提供大量临时就业机会和长期森林管护岗位，并通过参与项目的实施，获得劳务收入。当地村民也将接受土地保护、植树、森林维护和管理方面的培训，提高生活的技能。

四川省当地的造林企业——大渡河造林局作为项目的实施主体，负责项目的具体开发和实施；诺华公司作为资助者，通过投入项目开发和实施所需的资金，开展项目，购买项目未来产生的核证减排量；大自然保护协会作为项目的技术咨询和支持方，负责项目的前期开发和设计，以及为项目未来监测和核查提供技术支持；项目所涉及的地方政府和林业部门为项目的实施提供了巨大的政策及人力配套资金支持。截至目前，项目已经完成了前期开发，编制完成了项目设计文件（PDD），2011 年初由指定的第三方经营实体（DOE）对项目的开发进行了审定，项目在国家发改委和《联合国气候变化框架公约》CDM 项目执行理事会注册的工作正在进行当中。

项目是按照 CDM（清洁发展机制）造林再造林项目要求，采用 CCB（气候、社区和生物多样性）标准实施的林业碳汇示范项目。除了四川以外，大自然保护协会还在云南、内蒙古开展了相似的项目，将来还会在更多的保护优先区开展，目的是把森林多重效益标准，即气候、社区、生物多样性标准广泛推行开来。

大自然保护协会认为，项目开展两年以来，基本达到了事先设定的目标；而且大自然保护协会很高兴地看到，诺华公司总部重视生物多样性和碳减排的可持续发展战略得到有效的实现；同时，诺华中国办公室深度参与此项目，对于项目有了越来越多的主动性，对环保有了更多的理解和行动，CSR 意识明显加强了。

世界 500 强企业诺华公司是一家具有社会责任感的企业，一直致力于在发展中国家实施碳减排、碳足迹抵消项目。几年前，一个偶然的机会，大自然保护协会一位员工了解到诺华公司的这个需求，就推荐同事主动去与公司沟通，包括与公司总部环境能源部及其中国相关工作人员沟通，谈判进展顺利。虽然获得气候、社区和生物多样性标准认证的林业碳汇项目减排量的价格远高出普通林业碳汇价格，但由大自然保护协会开发出来的这类林业碳汇项目对气候、生物多样性和人具有重大的多重效益，诺华还是欣然选择项目落地中国，为的是做成最有成效的森林植被恢复项目。

关于 NGO 如何与企业沟通，大自然保护协会认为，作为 NGO，自己应该有一整套的解决方案提供给对方，并能让对方看到未来项目的成效，"不是纯粹去做慈善，是务实地去做事情，把捐赠的资金花在刀刃上"。之前做这类项目是摸着石头过河，现在经过了十几年的积累，大自然保护协会已经对这类项目有成熟的开发方案，成为业内林业碳汇项目的领军机构，经验的积累让开发团队更加懂得怎么去协调各个利益相关方、平衡各个相关方，包括企业和社区之间的诉求，推进项目更好地开发和实施。

点评：

一边是有志于为碳足迹抵消出资的全球 500 强公司，一边是致力于碳汇林建造以达到解决气候变化、生物多样性和人三大问题的知名国际环保 NGO，双方若不接触，就不会了解到对方的需求与自己的需求之间有交叉、有重叠。而一旦接触了，则一拍即合。找到双方共同需求，然后踏实做事，是 NGO 与企业沟通的开始。而在沟通合作的过程中，NGO 大大拓宽了企业原先的项目目标设定，虽报价高于普通林业碳汇价格，却因项目设计的专业性和前瞻性而让对方欣然埋单。NGO 实质上是为企业合作增加了价值，为企业形象增添了光彩。大自然保护协会的务实、科学态度又一次赢得了企业的肯定。合作几年下来，企业对 CSR 的认识明显加深，双方都得到了成长。

小贴士：何为碳汇？

"碳汇"（Carbon Sink）一词来源于《联合国气候变化框架公约》缔约国签订的《京都议定书》，该议定书于 2005 年 2 月 16 日正式生效，由此形成了国际"碳排放权交易制度"（简称"碳汇"）。通过对陆地生态系统的有效管理来提高固碳潜力，所取得的成效抵消相关国家的碳减排份额。

碳汇一般是指从空气中清除二氧化碳的过程、活动、机制。它主要是指森林吸收并储存二氧化碳的多少，或者说是森林吸收并储存二氧化碳的能力。与碳汇相对的概念是碳源（Carbon Source），它是指自然界中向大气释放碳的母体。

森林碳汇，是指森林植物吸收大气中的二氧化碳，放出氧气，并将二氧化碳固定在植被或土壤中，从而减少该气体在大气中的浓度。森林是陆地生态系统中最大的碳库，在降低大气中温室气体浓度、减缓全球气候变暖中具有十分重要的独特作用。森林碳汇是指利用森林的储碳功能，通过植树造林，加强森林运营管理、减少毁林、保护和恢复森林植被等活动，吸收和固定大气中的二氧化碳，并按照相关规则与碳汇交易相结合的过程、活动或机制。

案例：联想集团为众多本土 NGO 举办"联想公益创投助力社会发展项目"，缔造"授人以渔"的满意结果

媒体链接：

http：//tech. 163. com/09/1012/15/5LEEIR0E00093QJC. html

案例提供者：联想集团企业社会责任高级经理

"多背一公斤""山水自然""红丹丹"这些如雷贯耳的本土 NGO 名字，其萌芽期和转型期的助力何在？联想集团公益创投计划，自 2007 年启动以来，已支持了 60～70 个环保、教育、缩小数字鸿沟、扶贫赈灾类草根 NGO/个人。作为联想集团创新的公益实践，公益创投已经成为联想集团展示公益价值主张、承载 CSR 的重要平台之一，也为企业探索公益模式创新做出了表率。

"联想公益创投助力社会发展项目"始于 2007 年的北京，覆盖全国，突破了传统的捐资概念，在开放的平台上，扩展为在专家指导下，从战略规划、人力资源管理、信息技术，以及品牌推广和财务规范等多方位给予公益组织扶助，达成"授人以渔"的理想。联想公益创投以前瞻性的公益模式在业界树立了良好的口碑，引起了热烈反响。"参加联想公益创投，并不仅仅是资金上的支持，而是登上了一个平台，得到媒体的关注，专家的亲临教导和指导，能力建设，以及同期伙伴们的互助。"这是"2011 年微公益"获奖选手——榕树根创始人李旸的真情流露。

截止到 2011 年该项目已达成两个目标：一是帮助解决社会问题；二是创公益创投品牌。

该项目运作首先是寻找公益伙伴，搭建合作伙伴平台。

联想特聘 CSR 咨询公司明善道（北京）管理顾问有限公司邀请政府、媒体、公益导师等利益相关方参与核心策划；接下来，在全国范围内征集本土 NGO/个人的公益建议书进行海选；成功晋级选手参加公益训练营，提高公益理论和实操能力，完善他们的项目建议书。从每年参与联想项目的 NGO 中选出至少 10 个表现较佳的 NGO，颁发奖金 10 万元，发送电脑等产品用 IT 助力公益发展。未来计划每个月都有固定活动，是企业与 NGO 伴随式的、可持续的合作。2012 年的计划是培养出两个 NGO 种子选手。

挑选 NGO 需要经过一个了解的过程，了解的渠道有：参与 NGO 活动，比如工作坊，听别人分享，也会与别人分享；阅读 NGO 的内部通讯，比如慈善总会的、动物资源研究所的；借助大公司 CSR 负责人网络。了解的内容主要是该 NGO 的能力。如果达到了联想的标准，那么接下来就做进一步的沟通。如果沟通很顺畅，那么双方就开始建立合作伙伴关系，并且通过 NGO 与公司志愿者协会互动，让公司员工了解 NGO，了解社会上的一些情况，比如"公益义卖"，对员工来说就是一个很好的与 NGO 沟通交流的机会。

联想 CSR 负责人认为，做公益创投项目这几年，不管从外部还是从自己本人来看，都发生了正面的变化。从外部（即工作方面）来看，企业的 CSR 意识得到了唤醒，将 CSR 与业务相结合，实现可持续发展；NGO 的专业化程度有所提高，对公司的需求和程序有了更多的了解，从以前的单纯募资转变为找到了自己的愿景、使命，找到了自己的领域，使得企业更容易与其合作。

该负责人说，从个人方面来看，通过负责公益创投项目，也发生了一些变化。以前她对企业是"帮助型"的，现在是平等共赢式的沟通，而企业员工与 NGO 之间也开始了互动，企业与 NGO 找到了共同的利益，关系得到了升级，相互了解进一步加深，建立起合作伙伴关系，而且是长期合作的关系。NGO 是联想的老伙伴，联想是与 NGO 共同成长的。此外，她感觉自己的视野一下子开阔了许多，了解到很多社会问题，所以人生态度更加开放、愉悦了，物质生活方面更加崇尚自然、节俭了。

该负责人回顾项目 5 年的发展，指出联想一直以创新的思维来挑选每一年的主题，目的是更好地满足社会需求。

1. 2007 年为项目第一年，分析社会需求之后，发现当时 NGO 还很弱小，于是项目组就请了专家对 NGO 进行能力建设，做了很多关于 NGO 品牌建立、市场开拓方面的培训工作，请媒体宣传 NGO，提高了整个公益领域的知名度。

2. 2009 年，很多大学生找不到工作，联想就希望通过项目来帮助大学生满足自己的需求，所以组织了大学生公益创业活动。

3. 2011 年，很多大公益组织受到了挑战，比如红十字会。大家更相信身边的微公益，而且 2011 年是中国的微博迅猛发展的一年，联想遂通过微博举办了微公益活动。联想公益创投负责人 2003 年曾在佳能公司工作，2006 年到世界自然基金会（WWF）工作，2010 年加入联想，近 10 年来从事的全都是与 CSR 有关的工作。

点评：

该案例向我们展示了一个公司、公司员工、NGO 通过 CSR 项目而共同成长、共同服务社会的故事。这已超出了双赢的范畴，已达到了多赢、共赢。正如联想项目负责人所言，她作为公司 CSR 高级经理，主要工作就是通过与 NGO 建立合作伙伴关系，达到共赢。"这样的状态令人愉悦。"这是她的肺腑之言。可以说，这位 CSR 负责人是笔者采访过的 40 多人当中对 CSR 话题最认同、最富有激情和灵感的一位。她的跨界履历，从外企到国际 NGO，再到民企，决定了她视野比较开阔，工作态度较正面积极，易于吸收新事物，擅长换位思考和内省。可以说，无论是企业实现 CSR，还是 NGO 与企业合作开展 CSR 项目，最需要的就是这样的跨界人才。

三　NGO 与企业对峙加合作

（一）NGO 为什么会与企业既对峙又合作？

如上文所述，NGO 与企业合作也好，对峙也罢，其主要目的是代表公众的利益，监督企业解决其因 CSR 缺失而造成的社会问题，敦促其履行社会责任。所以比较成熟的、可持续的沟通方式，往往是复合式的，即对峙加合作的沟通方式。这样才能够最终与企业建立起长期有效的对话机制，建立长期的平等伙伴关系。这样的例子，在今日中国已经出现了，比如公众环境研究中心联合多家 NGO 敦促 31 家 IT 品牌厂商整顿其供应链的案例，以及淮河卫士的"莲花味精"模式案例。

复合式沟通方式似乎是 NGO 的"无心之作"，即一开始 NGO 往往是与企业相对峙的，是和企业叫板的，而非合作。但后来企业迫于公众压力主动向 NGO 表达了正面沟通的诚意，又经过双方一段正面沟通之后，企业向 NGO 递交其纠错的日程表，付诸实施后，邀请 NGO 参与检查其纠错效果。待到事态发展到这一步，双方即实现了"不打不成交"，化敌为友，对峙加合作的复合式沟通方式遂得以形成。

复合式沟通方式，是迄今为止各种企业沟通方式中最具有战略性的、可持续的沟通方式，合作效果往往令双方都很满意。更为重要的是，让 NGO 服务的社区和公众比较满意。这样的沟通往往比较持久。

若来自不同地域的一个以上的 NGO 同时使用复合式沟通方式与某一企业沟通，那么需合理调配地域资源，即当本地 NGO 与外地 NGO 联合批评某企业 CSR 缺失行为时，一个唱红脸、一个唱白脸：由外地 NGO 严正批评企业不良行为，包括通过新闻媒体揭露企业丑闻，要求企业立即改正；而本地 NGO 不与企业翻脸，而是与企业坐下来心平气和地沟通，诚恳指出其错误，帮助其制定改正方案。在这样的情况下，企业迫于外在压力，又借助当地 NGO 的公益资源，往往会较快地开展改错纠错工作，甚至在改错之后，还会邀请 NGO 前来公司检查，再与其一起发表声明或联合召开新闻发布会，向公众宣布其改正情况，包括新制定和实施的政策和标准。这样的做法，既可解决问题，又可巧妙地保存好当地 NGO 资源，使该 NGO 在当地得以长久地发展。

（二）复合式沟通方式是否适用于每一个 NGO？

需要强调的是，复合式沟通方式并不适用于所有的 NGO，因为并不是所有的 NGO 都可以与企业化敌为友的。一旦 NGO 与企业合作的前提不能保证，即企业需求与 NGO 的道德底线和社会使命相冲突，或在合作过程中，NGO 的相对独立性不能够得到保证，那么 NGO 就不可能与企业合作，而只能对峙。

说到底，复合式沟通方式只是 NGO 企业沟通方式中的一种。每个 NGO 都应本着自己的优劣势、愿景使命、战略规划、服务对象、项目内容，以及外部大环境等多种因素，采用最适合于自己的沟通方式，甚至创造出自己独有的新颖的沟通方式。除了对不同的企业采用不同的沟通方式之外，还可考虑在与同一企业的沟通过程中，在不同的阶段或同一阶段的不同时间交互使用不同的沟通方式。

（三）　复合式沟通方式对 NGO 的自身素质有何要求？

复合式沟通方式对 NGO 自身的素质要求较高。到目前为止，国内 NGO 使用复合式沟通方式比较成功的多半是公益领域中发展最为成熟的环保行业。这与环保类 NGO 公众人员素质相对较高、经验相对较丰富、机构发展较成熟、行业自律及行业联合较成功是分不开的，尤其与这类 NGO 领袖人物的素质密不可分。

这类 NGO 领袖人物的素质包括：

具备比较坚定的信仰信念、较强的独立思考能力、较长远的战略眼光及较高的专业水准；抗压能力强，善用新闻媒体（包括网络媒体），有的本身曾经是新闻记者，属于典型的快笔头、神笔类人才；善于利用政府公布的信息数据，学习、调研能力较强，工作效率较高，视野较开阔，个性柔和，包容他人，与同行及社会资源（比如：专家、志愿者）合作意愿较强，对于机构内部组织管理自有方略，也乐于适时调整；等等。

（四）　使用复合式沟通方式应注意哪些问题？

坚持原则，坚守底线，是 NGO 使用复合式沟通方式时最应当注意的问题。NGO 与企业沟通，不论是对峙还是合作，都不过是一种手段。使用这些手段的目的，是促使企业采取行动，解决因其不良行为和政策而导致的社会问题。如果企业没有任何悔改之意，那么 NGO 只能抗争到底。也有一种情况，即一开始企业向 NGO 表示了悔改的意图，但在改正过程中无视 NGO 的独立性，不尊重 NGO 的专业性，剥夺 NGO 的知情权和话语权，排斥 NGO 于监督、评估其改正效果的团队之外，在这种情况下，即使此前 NGO 已与企业化敌为友，也照样可再一次起而攻之。

NGO 开展行动无论何时都应以坚守自己的道德底线和社会使命、保持自身的相对独立性为原则。这样的 NGO 才会既得到服务对象的尊重，又得到企业的尊重。只有在受到尊重的情况下，NGO 与企业的平等对话方可真正开始。

案例：淮河卫士批评莲花味精污染环境，经过一段时间的对抗，莲花味精改变态度开始正面沟通，最终选择了合作，并改正自己的错误

媒体链接：

http：//www. legaldaily. com. cn/bm/content/2010 – 05/13/content _ 2138726. htm？node = 20739

http：//gongyi. sohu. com/20111202/n327729519. shtml

案例提供者： 淮河卫士会长　霍岱珊

2005 年至 2008 年，在河南省项城市，淮河卫士（全称为淮河水系生态环境科学研究中心）与大型国有企业莲花味精从对抗到对话到合作，共同治理污染，向公众公示污水排放量、排放去向等各项重要的环境指数，并实现了余热、废水废料的循环使用，演绎了一段 NGO 和企业双赢的故事，成为环保界的佳话——"莲花模式"。下面请看访谈记录。

故事背景：

淮河"十年治污一场梦"，企业环境治理不达标，需要寻找一条有效途径，实现经济发展与环境保护的双赢。

故事梗概：

莲花味精是淮河流域的排污大户，淮河卫士与其长期交锋，但高度对立并没有实现环境质量的改善。2005 年，双方开展合作共建项目，从对立、对抗走向对话，实施企业污染的深度治理；2007 年挂上"环境信息公示牌"，由莲花味精每天向公众公示污水的排放量、排放去向、COD 和氨氮的含量，以便于公众监督，结果促进其做到余热、废水的循环利用，还把作为废料排放的味精废渣生产成有机复合肥，实现了循环经济，当地河段水质也明显好转。这种双赢局面标志着"莲花模式"的成功。

主要沟通的企业部门或负责人为企业环境保护部、总经理办公室、分管环保的副总经理。

您是如何了解到这个企业的相关情况的？

1. 倾听企业周边村民的诉说；

2. 企业排污口下游生态恶化，公众发出一致的环保呼声；

3. 本机构对企业排污口长期的大量观察；

4. 调查当地河流与村庄生态变化的状况；

5. 依据中国环境决策，对比企业环保差距。

您是如何逐步从无到有建立起联系的？

与企业从对立、对抗走向对话，是一个逐步发展、不断升级的过程。

1. 2005 年与该企业总经理首开会谈（在此之前，莲花味精因环境问题于 2003 年受到环保总局的严厉处罚，企业被罚款 1200 万元，企业老总被罚款 5 万元，当地环保局局长也因此被解职；企业的合作方"日本味之素"于 2005 年撤出了全部投资；企业陷入低迷状态），对方接受了 NGO 的环保主张，确定以绿色诚信为前提，进行企业环境治理，首先做到达标排放，实行环境信息公开，并接受公众监督，验证其诚信程度。

2. 在实现上述前提条件下，双方开展合作共建（共建环境友好绿色家园）。这是在双方所代表的人群对美好环境需求一致的共识下发展而成的合作项目。有了合作项目，双方对话、沟通交流的频率就相应增加，对话效率发生质的变化。

3. 相互尊重，双方处在平等位置上的对话与合作。

4. 共同出席相关的环保会议，争取话题、语境、语言、思维方向的一致性。

5. 共同外出进行项目交流，共用一个 PPT 发表演讲。

6. 共同举办项目研讨会。

沟通最后产生了哪些影响？是否实现了您的既定目标？

1. 加快了实现环保目标的速度。长期的对立、对抗没有实现环境的改变，而实现沟通对话以后，很快就有了效果。

2. 莲花味精把作为废料排放的味精废渣生产成有机肥，不仅收回用于环保的全部投资，还实现环保净盈利 2200 万元。

3. 莲花味精污水排放总量由每天 12 万吨降低为 1.2 万吨。

4. 莲花味精排放的污水中 COD 含量由 12000mg/L 降低为 70mg/L；氨氮由 320mg/L 降低为 5mg/L；8 个排污口减少为 3 个；每吨味精用水量由 35.7 吨减少为 4.26 吨；87 眼深水井向生产线供水减少为 7 眼井供水。

5. 实现了经济发展与环境保护的双赢。

6. 多方受益。

（1）行业受益——创建"莲花模式"之前，全国取消味精行业的呼声很高，决策层也有这种打算。有了"莲花模式"的成功，证明该行业的高污染状态是可以逆转的，便不再取消这个行业，因此避免了全国100万名工人的失业和由此产生1000万名贫困人口。

中国环境保护部以"莲花模式"所创造的污水治理标准为蓝本，重新修订了中国味精行业污水排放标准。

（2）公众受益——"莲花模式"获得成功之后，当地河流水质明显好转，水里有了鱼，绝迹多年的水鸟回归故地筑巢繁衍，人们也由躲避河水发展到恢复了捕鱼、在河边锻炼身体等近水活动。

（3）政府受益——当地政府曾经因为莲花味精造成的环境问题而承受公众舆论的压力，"莲花模式"的成功使当地政府有功可居，受到当地百姓称赞。

企业的态度、观念和做法发生了哪些改变？

1. 恢复绿色诚信——认真进行企业环境治理，首先达标排放，而后又进行深度治理，实现循环经济。

2. 接受公众监督——实行企业环境信息公开，接受公众监督。

3. 接受NGO环保建议，迅速落实为行动。

（1）2007年进行排污渠道清淤，消除既往污染所造成的影响；

（2）2008年实行生产线余热利用和循环水再利用；

（3）2010年实现烟囱废气治理。

4. 协助NGO在沿河村庄建造生物净水装置，以解决村民的清洁饮水问题。

5. 把企业形象宣传由虚夸"国内首创，世界领先"改为"莲花味精，立足诚信、以德生财"。

您的态度、观念和做法发生了哪些改变？

1. 对话要体会研磨与磨合的功力，不能急于求成。

2. 对话要真诚，要换位思考。

3. 妥协与包容。妥协不是背叛，不是丧失原则、立场，妥协是为了更快地实现目标，我们的目标是实现公众利益最大化，这一点在"莲花模式"中得到了很好的体现。

4. 沟通与对话是能力的提升，是战略发展的需要。

您从中学到了什么？

1. 适应角色的转换——过去的角色是卫士，现在更多地扮演护士的角色（生态修复、以呵护的心态发展对话）。

2. 合作的技巧——提出方案时衡量需求与可能，充分沟通，使对方理解、接受与配合。

3. 真诚与宽容——个人意见不强加于对方，倾听对方不同的表达。

4. 因势利导，水到渠成，往往事半功倍。

5. 以导求顺，以顺求进。

如果还有机会重新来过，您会有哪些新的做法？

在中国 NGO 目前的情况下，从一开始就直接和企业沟通、合作，几乎是不可能的，对立、对抗与沟通、对话是不同阶段的具体步骤，对应着当时的局面，体现着不同的战略、手法，当抗（对抗、抗衡）则抗，当和（对话与合作）则和；具体就"莲花模式"而言，我会更注重对话、合作过程中的协议文本与记录，一是对历史负责；二是利于今后发展。同时，有了"莲花模式"的经验，我会更加自信，操作更加自如，行动更加迅速。当然，产出也会更加丰富。

点评：

摄影记者出身，辞去公职，背起相机，从淮河源头走到淮河尽头，专拍污染镜头，两个儿子大学毕业后成为他手下没有报酬的民间环保人，霍岱珊十年守望一条河，拼死不让淮河变成第二条黄河。老百姓赠予他一个头衔：淮河卫士。而为了解决莲花味精污染环境的问题，他经历了一个从"卫士"到"护士"的转变过程，从批评的心态转变为以呵护的心态去与企业对话，不仅提出问题，而且试图与对方一起去解决问题；不仅帮助企业治理污染，而且变废为宝；不仅挽救了一家嘘声一片的企业，而且挽救了几近被叫停的味精行业 100 万人的生计。一个 NGO 与企业之间的、企业内部的以及整个味精行业内部的良性循环得以形成。"莲花模式"现已成为环保 NGO 圈内的传奇和佳话。

第六章　政府的企业社会责任传播

第一节　政府在企业社会责任传播中的作用分析

自 20 世纪 90 年代以来，以美国、英国为代表的发达国家政府在推动本国企业社会责任建设方面发挥了至关重要的作用。这些国家和地区先后制定了有关企业社会责任的法律，将有关员工健康、环境保护、工资福利等企业社会责任的内容纳入相关的法律法规中，为企业社会责任建设提供法律保障。此外，这些国家的政府还致力于建设推行企业社会责任的组织，如美国的社会责任商会（BSR）、英国的道德贸易促进会（ETI）、日本的良好企业公民委员会（CBCC）等。

在我国现阶段，全社会范围内对企业社会责任缺乏认知基础，不仅企业自身缺乏履行社会责任的自觉性，而且社会公众也普遍缺乏参与性，企业社会责任建设更多地表现为媒体对问题企业的曝光与事后监督，政府职能存在严重缺位，这种局面导致了我国企业社会责任建设力量单一、监督乏力、监管缺失的现状。因此，发挥政府在企业社会责任建设中的主导作用就显得尤为迫切。

近些年来，随着企业社会责任理念的传播，我国政府也开始主导并积极推进企业社会责任建设，探索适合中国国情的企业社会责任发展道路。从国外经验和中国实践来看，政府在企业社会责任传播中的作用主要体现在以下几个方面。

一　鼓励和倡导企业履行社会责任

企业社会责任的传播离不开政府的积极鼓励和倡导。在企业社会责任传播过程中，各级政府及相关部门应明确企业社会责任的政治导向，表明政府对企业社会责任建设的决心，提高社会各界对企业社会责任重要性的认识，鼓励和倡导企业履行社会责任。

从企业社会责任传播来看，政府的引导作用主要体现在两个方面。

一是政府是有效制度安排的主要供给者，并具体表现为扮演法规制定者和政策引导者的角色。例如，国资委、银监会、深圳市、上海市、浙江省、山东省等相继出台了企业履行社会责任的指引性文件。近年来，我国各级政府出台了多个用于引导企业自觉履行社会责任的政策文件。2012年12月4日，《WTO 经济导刊》在北京发布《金蜜蜂中国企业社会责任报告研究 2012》，对政府部门在促进企业履行社会责任中的作用给予肯定，认为政府部门引导成为企业发布报告的重要动力。报告数据显示，国务院国资委直接管理的中央企业发布了 103 份社会责任报告；上海市政府、卫生局等政府机构带动文明单位发布社会责任报告数量超过 98 份；天津经济技术开发区环保局统一组织发布了 30 份社会责任报告。①

二是政府加强对企业履行社会责任的宣传，倡导、鼓励和培养全体公民的社会责任意识，形成企业履行社会责任的外部环境与氛围，推动公众和企业对企业社会责任认识的提升。尤其是近年来，党和国家领导人多次在公开场合强调企业社会责任，这对引导和激励中国企业主动、正确履行社会责任产生了重要影响。2006 年 3 月，温家宝总理对国家电网发布的中央企业第一份企业社会责任报告作出重要批示："这件事办得好，企业要对社会负责，并自觉接受社会监督。"表明了中央政府对企业承担社会责任的要求与肯定。2007 年 6 月，胡锦涛主席出访瑞典期间，两国政府共同签署了《关于企业社会责任合作的谅解备忘录》。② 2007 年 12 月 29 日，国

---

① 《2012 年 CSR 报告的"十大发现"》，http://www.chinadaily.com.cn，2012 年 12 月 20 日访问。

② 张国庆主编《企业社会责任与中国市场经济前景》，北京大学出版社，2009，第 189～193 页。

务院国资委发布《关于中央企业履行社会责任的指导意见》。

随着我国企业社会责任的推进和发展，政府部门纷纷开展与企业社会责任相关的管理体系、责任标准、责任指引及推进措施等的研究、制定与实施工作，如中国企业联合会全球契约办公室开展全球契约企业社会责任技术指标体系研究，中国纺织工业协会制定实施中国纺织企业社会责任管理体系 CSC 9000T，上海银监局实施上海银行业金融机构企业社会责任指引，深圳证券交易所发布上市公司社会责任指引等。目前我国政府企业社会责任传播与推动的相关部门主要有：商务部及其跨国公司研究中心、人力资源和社会保障部及国际劳工信息研究所、民政部及其社会工作协会、国家发改委、国家环境保护部、国家认证认可监督管理委员会等。①

在企业社会责任传播中，政府要树立正确的舆论导向，加大对企业社会责任的宣传力度，提升全社会的社会责任意识，营造良好的社会氛围，共同促进企业承担社会责任，推动企业社会责任建设。

二　制定并实施企业社会责任法律规范

企业社会责任法律法规体系，不仅是企业履行社会责任的外在强制力量，也为企业社会责任建设工作提供了强有力的法律保障。通过制定相关的法律法规，创造良好的法制环境，强化企业社会责任意识，政府对企业社会责任的法律规范支持了企业履行社会责任行为。在企业社会责任传播中，政府部门一方面要不断完善有关企业社会责任的立法工作，另一方面要加强普法宣传，提高社会各界的法制意识。

在企业社会责任立法方面，美国政府是先行者。早在 1936 年，美国政府就修订了《国内税收法典》，明确规定了公司在慈善、科学、教育等方面的捐赠可以扣减所得税。之后，美国政府又陆续修订或颁布了《公司法》《基金法》等法律法规，通过法令手段对企业社会责任行为进行规范。受到美国政府的影响，英国、法国、德国、意大利等欧盟国家都在各自立法中确立了与企业社会责任密切相关的规定，主要涉及员工健康、就业保

---

① 　张伟炜：《基于企业社会责任建设的我国政府作用研究》，苏州大学硕士学位论文，2009。

障、工资福利等方面的内容。2001 年 5 月，法国政府推行新经济规制法律，成为第一个对上市公司发布三重底线报告提出强制要求的国家。此外，法国政府推出的《公共采购法》授权在公共采购合同条款中加入社会与环境因素。①

尽管我国在企业社会责任建设方面起步较晚，但相应的法律法规也在逐步制定和完善中。2005 年 10 月 27 日，第十届全国人大十八次会议通过了《中华人民共和国公司法》，第 5 条明确要求公司从事经营活动，必须"承担社会责任"，这标志着企业社会责任在法律上已经成为对公司经营活动的内在要求。

我国政府在消费者权益保护、环境保护、劳工权益等有关企业社会责任方面的立法工作也在逐步完善中。例如，环境问题历来是我国企业社会责任问题的重灾区之一，我国政府非常重视环境保护方面的立法工作。据统计，自 1949 年以来，全国人民代表大会及其常务委员会制定了环境保护法律 9 部、自然资源保护法律 15 部。1996 年以来，国家制定或修订了包括水污染防治、海洋环境保护、大气污染防治、环境噪声污染防治、固体污染环境防治、环境影响评价等环境保护法律；国务院修订了 50 余项行政法规，发布了《国务院关于落实科学发展观加强环境保护的决定》等法规性文件。国务院有关部门、地方人民代表大会和地方人民政府为实施国家环境保护法律和行政法规，制定和颁布了规章和地方法规 600 多件。②

企业社会责任法律体系的完善是依法推动企业承担社会责任的重要保障，但法制能否落到实处，对企业的行为起到事前约束作用，而非事后的制裁，首先取决于企业的法律意识，而这一切又需要政府加大对企业社会责任相关法律法规的宣传和普及。目前，政府在企业社会责任中正担负着愈来愈重要的角色，在相关法律的强制下，企业社会责任逐渐成为一种共识，得到公众和企业的普遍接受，越来越多的企业主动采取措施承担社会责任。在企业社会责任法律法规传播活动中，不仅要发挥中央政府的主导作用，而且要充分调动地方政府的积极性，切实将企业

---

① 郑承志、刘宝：《企业社会责任推进中的政府行为》，《学术界》2009 年第 4 期。
② 张国庆主编《企业社会责任与中国市场经济前景》，北京大学出版社，2009，第 44 页。

社会责任的普法工作落到实处，对企业的行为发挥切实的指导、约束和规范作用。《产品质量法》《消费者权益保护法》《环境保护法》《反不正当竞争法》《劳动法》等相继出台，企业社会责任也随之迈入进一步完善和成熟时期。

三 营造企业社会责任传播的政策环境

在企业社会责任传播中，政府通过营造良好的政策环境，为企业社会责任传播提供有效的激励机制，刺激和引导企业承担社会责任。在营造政策环境方面，欧盟委员会的做法非常值得借鉴。自 20 世纪 90 年代以来，欧盟委员会就把企业社会责任纳入战略发展中心，并作为企业参与营造友好的欧洲商业环境的组成部分。为此，2001 年，欧盟委员会发布了《促进欧洲企业社会责任框架》绿皮书，试图为企业社会责任议程中的关键问题提供指导和参照点，从而提高企业社会责任实践与工作的透明度与可信性。①

也有一些国家的政府通过公共采购、融资优惠、资信评级或减免税收的方式给履行社会责任的企业直接的经济奖励，引导企业社会责任投资流向，如英国政府推出的绿色公共采购政策和社区投资税减免政策等。2007 年 3 月 16 日，第十届全国人大第五次会议审议通过《中华人民共和国企业所得税法》，对积极担负社会责任的企业提供了相应的税收优惠。如第 27 条规定，"企业的下列所得，可以免征、减征企业所得税：……（二）从事国家重点扶持的公共基础设施项目投资经营的所得；（三）从事符合条件的环境保护、节能节水项目的所得"。② 2008 年 4 月 24 日，第十一届全国人大常委会第二次会议修订通过了《中华人民共和国残疾人保障法》。该法第四章第 36 条明确规定"国家对安排残疾人就业达到、超过规定比例或者集中安排残疾人就业的用人单位和从事个体经营的残疾人，依法给予税收优惠"。③ 为了促进企业承担社会责任，我国政府先后出台了多个涉及企业捐赠免税的条款，详见表 6-1。

---

① 张伟炜：《基于企业社会责任建设的我国政府作用研究》，苏州大学硕士学位论文，2009。
② 《中华人民共和国企业所得税法》，中国网，www. china. com. cn，2012 年 10 月 22 日访问。
③ 《主席令（第 3 号）：〈中华人民共和国残疾人保障法〉》，中央人民政府网站，www. gov. cn，2012 年 10 月 21 日访问。

表 6 – 1 我国企业捐赠免税政策

出台时间	政策条款	主要内容
1991 年	中华人民共和国外商投资企业和外国企业所得税法	在计算应纳税所得额时可以列为成本、费用和损失的会计项目中,包括"用于中国境内公益、救济性质以外的捐赠"
1993 年	中华人民共和国企业所得税暂行条例	纳税人用于公益、救济性的捐赠,在年度应纳税所得额3%以内的部分,准予扣除
1994 年	中华人民共和国企业所得税暂行条例实施细则	企业捐赠必须通过"中国青少年发展基金会、希望工程基金会、宋庆龄基金会、减灾委员会、中国红十字会、中国残疾人联合会、全国老年基金会、老区促进会以及经民政部门批准成立的其他非营利性公益性组织进行,直接向受赠人的捐赠税额不允许扣除"
1999 年	中华人民共和国公益事业捐赠法	进一步规范了企业的捐赠和受赠行为,从法律上确立了捐赠人、受赠人和受益人的合法权益,推动了我国的企业公益捐赠事业的健康发展
2000 ~ 2004 年	调整受赠领域的有关规定	对公益性青少年活动场所的捐赠,向红十字事业的捐赠,向慈善机构、基金会等非营利机构的捐赠,向福利性、非营利性的老年服务机构的捐赠准予全额扣除。对文化事业的捐赠,对公益性的图书馆、博物馆、科技馆、美术馆、革命历史纪念馆的捐赠,对重点文物保护单位的捐赠准予在年度纳税所得额10%以内的部分扣除
2000 ~ 2004 年	调整捐赠渠道的有关规定	增补联合国儿童基金组织、光华科技基金会、中国扶贫基金会、中国煤矿尘肺病治疗基金会、中华环境保护基金会、中国青年志愿者协会、中国绿化基金会、中国之友研究基金会、中国文学艺术基金会、中国人口福利基金会、中华健康快车基金会、孙冶方经济科学基金会、中华慈善总会、中国法律援助基金会和中华见义勇为基金会等慈善公益机构为合法受赠社团
2007 年	调整免税额度	第十届全国人民代表大会第五次会议通过的《中华人民共和国企业所得税法》第9条专门规定了"企业发生的公益性捐赠支出,在年度利润总额12%以内的部分,准予在计算应纳税所得额时扣除"

资料来源:张伟炜:《基于企业社会责任建设的我国政府作用研究》,苏州大学硕士学位论文,2009。

四 促进企业社会责任的交流与合作

在传播企业社会责任理念时,政府可以搭建沟通的平台,促进各方主体之间的交流与合作，在多边的沟通与对话中，不断增强社会各界履行社会责任的意识，调动各方主体参与企业社会责任建设的积极性，从而推动企业社会责任实践活动的发展。

2005 年，意大利政府成立了一个由政府、企业、工会、社会团体等代表参加的多边对话论坛，增加企业执行社会责任标准的透明度，推广企业社会责任文化。同时，政府也努力通过公司合作推进企业社会责任的交流与合作，例如，托斯卡纳地方政府与当地行业协会开展密切协作，推动了托斯卡纳中小企业的 SA 8000 道德认证工作。[①] 2005 年 12 月，由国务院国有资产监督管理委员会和中国企业改革与发展研究会等单位和组织共同发起成立了"中国企业社会责任联盟"，并在人民大会堂召开了"2005 年中国企业社会责任论坛"，制定了国内第一部《中国企业社会责任标准》。2006 年 2 月 16～17 日，商务部国际贸易经济合作研究院、跨国公司研究中心联合举办了 2006 年跨国公司中国论坛——"中国企业，公司责任与软竞争力"。2006 年 2 月 22 日，由国务院侨办、中国新闻社指导，《中国新闻周刊》杂志社主办的"中国·企业社会责任国际论坛"在北京隆重举行。2006 年 4 月 27 日，由中国商务部和联合国贸易和发展会议联合主办，由中国集团公司促进会和商务部国际贸易经济研究院共同承办的中国企业"走出去国际论坛 2006"在北京召开。2006 年 7 月，由中国—欧盟世贸项目、欧盟企业总司联合中国国家发展和改革委员会共同主办"中欧企业社会责任高层论坛"。中国和欧盟高层官员就企业社会责任的理念达成了广泛共识。

随着企业社会责任逐渐成为一种世界潮流和趋势，政府在推动企业社会责任传播时，不仅应加强国内各利益相关方的交流与合作，更需要由政府牵头加强企业社会责任的国际交流与合作。一方面，使国内企业和社会公众了解世界范围内企业社会责任发展的动态和趋势，学习并借鉴其他国家开展企业社会责任传播方面的做法和经验；另一方面，通过对外传播，不仅可以表明中国政府推动企业社会责任传播的决心和努力，而且可以树立良好的政府形象，在企业社会责任的国际传播舞台上取得主动地位。

---

① 张国庆主编《企业社会责任与中国市场经济前景》，北京大学出版社，2009，第 44 页。

综上，在企业社会责任传播中，政府是一支重要的主导力量。诚如有的学者所指出的，政府不仅具有信息、资金、技术、人才、组织及信用等方面的优势，同时政府有能力通过法律、法规、条款等正式制度将某些行为规则强加于企业，使企业承担基本的社会责任。政府也有能力对意识形态进行投资，通过教育、引导、示范等形式影响非正式制度的演进，使企业自觉遵守高于基本社会责任的伦理责任、慈善责任等。①

第二节　政府企业社会责任传播实践——以白酒塑化剂事件为例

一　事件回放

1. 事件引爆："酒鬼酒"塑化剂超标

2012 年 11 月 19 日，21 世纪网一篇题为《酒鬼酒塑化剂超标高达 260%、毒性为三聚氰胺 20 倍》的调查报道称，21 世纪网在酒鬼酒实际控制人中糖集团的子公司北京中糖酒类有限责任公司购买了 438 元/瓶的酒鬼酒，并送上海天祥质量技术服务有限公司进行检测。检测报告显示，酒鬼酒中共检测出 3 种塑化剂成分，分别为邻苯二甲酸二（2 - 乙基）己酯（DEHP）、邻苯二甲酸二异丁酯（DIBP）和邻苯二甲酸二丁酯（DBP）。其中，邻苯二甲酸二丁酯的含量为 1.08mg/kg，超过规定的最大残留量。

21 世纪网所称的"规定"是指 2011 年 6 月卫生部签发的 551 号文件《卫生部办公厅关于通报食品及食品添加剂中邻苯二甲酸酯类物质最大残留量的函》，这份文件规定 DBP 的最大残留量为 0.3mg/kg。该报道同时指出，并不排除在国内生产的其他白酒，特别是高端白酒中也有含塑化剂的可能。

中国酒业协会于 11 月 19 日发布声明表示，通过其对全国白酒产品大量全面的测定，白酒产品中基本上都含有塑化剂成分，最高 2.32mg/kg，最低 0.495mg/kg，平均 0.537mg/kg。其中高档白酒含量较高，低档白酒

---

① 张伟炜：《基于企业社会责任建设的我国政府作用研究》，苏州大学硕士学位论文，2009。

含量较低。这种说法引起轩然大波。

11 月 21 日，国家质检总局公布检测结果，通报了湖南省质量技术监督局于当天向质检总局报告的结果。经湖南省产商品质量监督检验研究院对 50 度酒鬼酒样品进行检测，结果显示，DBP 最高检出值为 1.04mg/kg，按照卫生部的 551 号文件规定的标准计算，酒鬼酒中的塑化剂超出 247%，与媒体送检的结果基本一致。

白酒塑化剂事件从此引爆，整个白酒行业被推到了风口浪尖。

2. 事件蔓延：茅台、五粮液、洋河等相继卷入

11 月 29 日，自称是茅台投资者的一个叫"水晶皇"的网友在雪球网个人主页声称将自己在香港的茅台专卖店购买的两瓶 53 度飞天茅台酒送到了香港一家机构进行检测。他之所以这样做，是因为迟迟等不到茅台集团对于塑化剂问题的表态。

12 月 7 日，茅台集团就此事首度公开回应称，经自查及机构检测，茅台出厂产品塑化剂指标均符合国家相关监管部门限量要求。

12 月 9 日，网友"水晶皇"公布了检测数据，称送检茅台酒的塑化剂超过了香港食物安全中心的规定标准，送检茅台含有塑化剂 DEHP 残留量为 3.3mg/kg，超标 1.4 倍。该报告一经公布，便引起社会的广泛关注。

12 月 10 日，茅台集团发布自送产品至国家食品质量监督检验中心、贵州省产品质量监督检验院、上海天祥质量技术服务有限公司 3 家权威检测机构检测报告，文件显示部分茅台酒被检出含微量塑化剂 DEHP，含量低于卫生部 551 号函中标准，另外多种塑化剂未检出。

12 月 12 日，茅台集团召开媒体说明会。茅台集团董事长袁仁国会上称，白酒塑化剂问题被人为放大。茅台集团名誉董事长季克良把矛头指向卫生部 551 号函：它是一个函，不是一个正式发布的标准。这个函是很粗线条的参考，把不同的产品用一个数值限定本身是不科学的。在茅台新闻发布会的现场，中国酒业协会副理事长兼秘书长王琦表示，茅台酒产品全部符合国家食品规定，"酒协此前关于国内白酒产品中基本上都含有塑化剂"的报告存在文字错误。王琦说，塑化剂来源于造酒中使用的塑料管道和塑料容器，其含量应与在塑料管道和容器里停留时间和频次有关，跟高档酒、低档酒毫无关系，这是在处理文件过程中的失误。他同时表示，上

述报告的最后已经注明，参与抽检企业经过自查和改变，其产品符合国家的规定。

12 月 13 日，雪球网认证为"北京中能兴业投资咨询有限公司"的官方账号，发布了其自行送检的 11 份塑化剂检测报告，以卫生部 551 号函（塑化剂 DBP、DEHP 最大残留量分别为 0.3mg/kg、1.5mg/kg）为参考，茅台汉酱 51 度 DBP 含量 6.37mg/kg，是标准的 21 倍；五粮液 52 度、五粮液 52 度 1618、洋河 52 度梦之蓝的 DBP 含量也都超过 3mg/kg，是标准的 10 倍左右。据该机构发布的报告，茅台的兄弟品牌也未能幸免，53 度金质习酒和习酒窖藏 1988 的 DBP 含量约为 0.5mg/kg 和 0.7mg/kg。

继酒鬼酒之后，茅台、五粮液、洋河等国内知名白酒企业也陷入塑化剂风波，塑化剂事件进一步蔓延。

3. 各方反应：竭力开脱、乱象重生、真假难辨

（1）酒企：竭力开脱

①酒鬼酒

酒鬼酒股份有限公司副总经理范震用"一头雾水"来形容得知此事的反应，检测够不够权威，甚至拿去检测的是不是酒鬼酒都是公司的疑问。他说："我们也在和他们联系，把这个情况搞清楚，现在我们也是一头雾水。这个报道他提供的检测依据的这一家机构，它不是我们国家的权威检验机构，检验机构提供的检验报告，我们已经拍到照片了，检验报告上只写白酒 1 号、2 号，有若干号，上面并没有说明是酒鬼酒的检验报告，我们还不好认证一定就是酒鬼酒的产品的样品。"

11 月 21 日 23 时 58 分，酒鬼酒股份有限公司在新浪官方认证微博上发出一则声明，"对所谓'塑化剂'超标事件给大家造成的困惑与误解表示诚挚的歉意"。该声明称，经质量监督检验部门对公司的严格检查和对 50 度酒鬼酒的检测，未发现人为添加塑化剂的情况，有可能是在转运、包装过程中发生的迁移。公司还表示，作为国家标准，白酒中尚未包含塑化剂检测项目。据此酒鬼酒股份有限公司称，国际食品法典委员会、中国及其他国家均未制定酒类中 DBP 的限量标准，故不存在所谓塑化剂超标的问题。在塑化剂适量的情况下，不会对身体健康造成损害，可以放心饮用。

②茅台

为了证明自身的清白，茅台集团曾两度发布公告，并出具了3份权威机构的检测报告，称产品符合相关要求。在12日的媒体说明会上强调茅台酒塑化剂含量没有超标，并认为白酒工业不会因为塑化剂风波而停止发展和成长的步伐。

茅台集团总工程师王莉表示，在运行平台和研发平台的基础上，公司大力地建设食品安全监控平台，严格实行对原辅料与酒接触的器具和产品的全过程监控，根据公司自查以及与权威检测机构比对结果，公司出厂产品的塑化剂指标均符合国家相关监管部门的限量要求。

茅台集团董事长袁仁国表示，食品中的塑化剂不是一个问题，是制造出来的问题。"塑化剂本来不是问题，有人想利用大众对食品安全的重视和关切心理，把一个不是问题的问题，利用和放大食品安全问题，制造公众恐慌，打击白酒行业，损害投资者利益，从中牟利。"

有"茅台集团灵魂人物"之称的茅台集团名誉董事长季克良表示，外界质疑茅台塑化剂超标让他"非常痛心"。"我做白酒几十年，生产工艺我最熟悉。只有疯子才会给白酒添塑化剂！"

③五粮液

自中能兴业投资咨询公司发布报告后，五粮液集团有限公司发布公告显示，公司产品在生产过程中绝不添加塑化剂类物质，不接触塑料制品。

五粮液集团有限公司一位工作人员接受记者采访时表示，五粮液此前已经在内部完成改造，内部基本没有用塑料导管和塑料桶的地方，现在发现含有塑化剂，如果事情确实是真的，只能说是以前的基酒，因为现在喝的五粮液至少是3年前生产的。至于为何越是高档酒越超标，该工作人员认为，主要是高档酒存的时间较长。

④洋河

酒鬼酒塑化剂风波被爆出后，洋河酒厂股份有限公司也在业内率先表示，所有产品均不存在塑化剂等食品安全问题。洋河酒厂股份有限公司还提供了2012年9月一批有关塑化剂的专项检测报告，检测机构分别是宿迁市产品质量监督检验所、江苏省质检院和国家食品质量监督检验中心，在涉及塑化剂的 16 项具体指标中，检验结果都是"未检出"。①

中能兴业投资咨询公司的报告发布后，洋河方面表示，公司产品一直接受国家食品监督检验中心及省、市质监部门检验，公司产品在历次检验中无一不合格，更不存在塑化剂超标等食品安全问题；公司对产品实行"批批检验"，所有产品均符合《卫生部办公厅关于通报食品及食品添加剂中邻苯二甲酸酯类物质最大残留量的函》的相关要求；获悉网上传闻后，洋河酒厂股份有限公司第一时间安排对产品历年留样进行全面复检，检验结果均符合国家相关标准。

（2）协会：前后矛盾

中国酒业协会于 11 月 19 日发布声明表示，通过其对全国白酒产品大量全面的测定，白酒产品中基本上都含有塑化剂成分，最高 2.32mg/kg，最低 0.495mg/kg，平均 0.537mg/kg。其中高档白酒含量较高，低档白酒含量较低。

12 月 12 日，在茅台集团新闻发布会的现场，中国酒业协会副理事长兼秘书长王琦表示，茅台酒产品全部符合国家食品规定，"酒协此前关于国内白酒产品中基本上都含有塑化剂"的报告存在文字错误。

中国食品工业协会副秘书长马勇表示，"这完全是有预谋的事件"，白酒塑化剂问题其实是一个"背后有着巨大经济利益的企业或个人制造出来的问题"。他认为，这个问题迎合了大众对食品安全的重视以及关切心理，有人把一个不是问题的问题利用媒体渠道放大为食品安全问题，其真实目的是通过制造公众恐慌做空白酒行业，从中渔利。

（3）专家：无害说

北京大学公共卫生学院教授李可基在茅台集团新闻发布会上提醒公众，并无科学证据证明塑化剂有害人体，塑化剂检测并无国际或者国内标准。即使按照目前限量规定，白酒产品塑化剂含量对人体危害风险极低，公众不必恐慌。

中国食品工业协会副秘书长马勇在 12 日贵州茅台集团的媒体见面会上

① 王锦：《机构送检塑化剂 知名酒企 11 款白酒 9 款超标》，中国新闻网，http://www.chinanews.com，2012 年 12 月 19 日访问。

也表示，"白酒的塑化剂，所有报道出来的检测、检出值，现在无法判定是否超标，因为现在世界各国没有这方面的标准，包括世界卫生组织。说明塑化剂的危害性并不是确定性的，塑化剂对人造成的风险是存在的，但是风险并不等于危害"。① 并指出，如果按照"水晶皇"报道，茅台DHP检出值3.3mg/kg，按照欧盟食品安全局给出的每日每公斤体重50微克的标准值，我们每人每天喝2斤茅台酒，是符合欧盟食品安全局给出的人体耐受量限值的。②

（4）政府：失声

自塑化剂事件爆发以来，各种力量轮番上场，各种乱象丛生，送检报告不断。酒企、协会、专家各执一词，而政府权威部门始终未就此事发表公开透明的调查言论。

（5）公众：质疑和恐慌

面对各方的争执不休与层出不穷的送检报告，留给公众的是越来越多的质疑与恐慌：白酒中是否都含有塑化剂？塑化剂到底是否超标？对人体到底是否有害？危害程度有多大？在怀疑与恐慌中，公众急切期待来自权威部门的声音。

国家行政学院教授汪玉凯指出，"行业协会说行业协会的话，企业说企业的话，专家说专家的话，社会公众频发质疑，各种声音相去甚远，在这种情况下，如果说政府不及时出面，我想这个事很难做下去"。他认为，多种声音中，更需要政府权威的声音，唯有权威机构才能给公众一个比较满意的解答。

二　塑化剂风波中的政府失声

在企业社会责任事件爆发后，企业往往会找出各种理由来百般推脱，行业协会也通常会为企业进行辩护，相关专家学者的观点又往往大相径庭，媒体也在试图通过各种渠道来探测真相，一时间社会上各种声音相互

---

① 王锦：《机构送检塑化剂　知名酒企11款白酒9款超标》，中国新闻网，http://www.chinanews.com，2013年4月19日访问。

② 赵旭东：《"塑化剂"事件远没有到烟消云散的时候》，中国新闻网，http://www.chinanews.com，2013年4月21日访问。

混杂，真相究竟如何变得扑朔迷离，留给公众的是更多的疑问。在这种情况下，亟须政府出面来给出一个权威的解释，来平息各方的争论，来揭开事实的真相。然而，在此次塑化剂风波中，随着一波又一波的企业卷入其中，塑化剂风波在不断发酵，各种猜测和传闻也随之甚嚣尘上。争论在升级，疑问在增加，政府部门却始终未发出权威之声。

1. 检测报告是否真实可信？

在此次塑化剂风波中，出现了民间送检潮，第一波是酒鬼酒，由 21 世纪网将其购买的酒鬼酒送上海天祥质量技术服务有限公司进行检测；第二波是茅台酒，由一位自称为"水晶皇"的网友声称将自己在香港的茅台专卖店购买的两瓶 53 度飞天茅台酒送到了香港一家机构进行检测；第三波是茅台、五粮液、洋河，由雪球网认证为北京中能兴业投资咨询有限公司的官方账号，声明其自行将上述企业的产品送到一家隶属于北京市科学技术研究院的北京市某分析测试中心进行检测。

作为对民间送检潮的回应，企业也邀请相关机构进行检测来证明自身的清白，例如茅台集团邀请国家食品质量监督检验中心、贵州省产品质量监督检验院、上海天祥质量技术服务有限公司 3 家权威检测机构来进行检测并发布报告，宣称不仅没有超标，而且含量甚至可能为零。事件爆发以来，在短短的 1 个月内，各类检测报告层出不穷，粗略算来有 40 多份，送检者有网站、个人、媒体、企业，检测机构有上海、湖南、香港等地的，也有国家级的。

人们不禁要问：究竟谁有权力进行检测？谁有权力发布报告？到底谁的报告才是真实可信的？这样一个非常需要客观公正的检测结果，我们却能在不同机构的不同报告中看到不同的检测结果，确实匪夷所思。对此，有白酒企业相关负责人表示，"塑化剂风波持续了 20 多天，各种乱象不断，真真假假很难判断，而官方也未就此发布公开透明的调查言论"。"目前这个阶段，酒企无论说什么都是苍白无力的，希望此事件尽快有说法，让白酒行业健康有序地发展。"对于中能兴业投资咨询有限公司送检的结果，五粮液、洋河等企业均表示已知悉此事，对自身产品有信心，但因目前无法确定该报告的真实性，所以暂时不愿对此事做过多评论。希望相关部门就此事件公开透明地与公众沟通，尽快公布官方真实的调查结果，使这种混乱的局面早日终止。更多的民间送检并无益于真理的明晰，只会使情况越来越复杂混乱，最权威的还是需要国家相关部门及时站出来，就此事件给公众一个公开透明的调查解释，也让整个白酒行业结束混乱状态。[①]

塑化剂风波以来，以酒鬼、茅台、五粮液为代表的整个白酒行业被推向了风口浪尖。民间的报告、酒企的回应、协会的表态、公众的质疑，不同力量纷纷登场加入混战。有媒体形容，中国的白酒产业链如今可谓"兵荒马乱"。就在这一片纷扰之中，人们期待一个可信的定论、详尽的调查来看清真相。

2. 超标与否的标准究竟为何？

此次塑化剂风波中，争论的焦点之一就是卫生部的551号文件是否可以作为判断白酒中塑化剂含量是否超标的参照标准。

2011年6月，卫生部签发551号文件《卫生部办公厅关于通报食品及食品添加剂中邻苯二甲酸酯类物质最大残留量的函》，该文件规定，塑化剂DEHP、DINP、DBP在食品及食品添加剂中的最大残留量分别为1.5mg/kg、9.0mg/kg、0.3mg/kg。塑化剂风波中，许多检测报告所宣称的白酒中塑化剂含量超标，所参照的标准就是上述对塑化剂限量的规定。对这一标准的合法性与有效性，酒企、协会、专家和官员给出了不同的解释。

茅台集团名誉董事长季克良在媒体见面会上表示，卫生部551号文件不是一个正式发布的标准。这个文件是很粗线条的参考，把不同的产品用一个数值限定本身是不科学的。

中国酒业协会副理事长兼秘书长王琦在茅台集团的新闻发布会上表示，塑化剂既没有国际标准，也没有国内标准。"希望政府在行业里赶快出台一部有关酒类塑化剂含量或者限量的标准，也督促企业抓紧自查和改进。"中国食品工业协会副秘书长马勇在会上重申，根据现有报道出来的检测值，无法判定白酒塑化剂是否超标，因为现在世界各国没有关注这方面的标准，包括世界卫生组织。[②]

中国农业大学食品科学与营养工程学院的副院长韩北忠说："我觉得

---

① 李静、廖爱玲：《网曝11份检测报告指五粮液等"涉塑"》，《新京报》2012年12月13日。

② 李芊：《四问白酒塑化剂风波》，《北京商报》2012年12月13日。

这不是一个标准，因为这个文件是去年在台湾塑化剂事件发生以后，为了查处塑化剂的非法添加，卫生部签发的一个函，其中规定邻苯二甲酸酯最大限量为每公斤 0.3 毫克，所以我觉得白酒中塑化剂的限量应该说还没有标准，这样根据现有报道出来的检测的限值，我觉得也无法判定白酒塑化剂是否超标，所以我觉得说'超标'这个词还不一定准确。"①

中国农业大学食品科学与营养工程学院副教授朱毅在接受中新网财经频道采访时曾表示，卫生部对塑化剂迁移到食品中的含量有明确规定，即酒业只能借鉴这个标准，就算制定自身标准，也不能逾越卫生部的规定，只能比这个规定更加严格。

卫生部卫生监督局局长苏志说，551 号文件规定的食品中塑化剂限量值，参照了国际上其他国家的相应标准。制定该标准的专家认为，如果食品中的塑化剂含量超过限量值，就要认真追查原因。

卫生部的 551 号文件到底可不可以作为白酒塑化剂是否超标的参照标准？如果可以，那为什么还会有这么多不同的声音？如果不可以，那么报告中所称的白酒塑化剂含量超标一说也就无从谈起。卫生部没有对此给予正面回应，这样一来就导致没有标准或者说是标准模糊，也就意味着塑化剂风波所涉及的企业可能没有超标和违规，这也使得关于白酒塑化剂的检测处在一个尴尬的境地。而这一切都需要政府部门就此给出一个明确而合理的解释，为整个白酒行业提供一个明白无误的参照标准。

3. 具体的应对措施有哪些？

针对公众广泛关注的白酒塑化剂事件，卫生部卫生监督局局长苏志表示，相关部门正在做塑化剂标准制定方面的工作，卫生部也会在风险检测中重点防控食品塑化剂风险，并会公布相关检测结果。

在酒鬼酒检出塑化剂后，对于白酒中塑化剂的可能来源，国家质检总局要求企业认真查明可能导致白酒含有邻苯二甲酸酯类物质的原因，从源头抓紧进行整改，包括采取调整工艺设备、更换接触材料和产品包装等措施，并向监管部门报告。

---

① 《"塑化剂"风波，需要最权威的声音》，《新闻 1 + 1》2012 年 12 月 14 日。

　　国家质检总局在 12 月 11 日上午召集国内龙头企业董事长级别的会议，要求白酒企业汇报预防塑化剂渗入所采取的措施。包括茅台、五粮液、洋河等在内的龙头企业以及国内一、二线白酒企业负责人都参加了。国家质检总局表示，近期将对茅台产品进行检查，给市场一个公正的检测结果，并且呼吁"在正式的检验报告还未出来之前，市场对传言一定要谨慎对待"。

　　尽管质检总局已部署对全国白酒生产企业展开深入排查，但至今尚未公布白酒排查情况，媒体公众还在等待着调查结果的公布。而且有关部门除了要求企业要认真查明可能导致塑化剂超标的原因外，并没有就自身如何应对白酒行业可能存在的塑化剂超标问题提出具体的解决办法，也未就相关企业可能存在的违规行为提出相应的治理与处罚措施。

　　4. 谁来保护公众的知情权？

　　面对层出不穷的检测报告、无法辨别的检测动机、面目不清的投资机构、相去甚远的各方观点、不断卷入的名牌酒企，塑化剂风波首先应该给广大公众一个交代。

　　自塑化剂风波爆发以来，公众一直在等着一个真相。然而，越等事情变得越混乱，越等真相变得越模糊。人们不禁要问：想知道一点儿真相怎么就这么难呢？谁来保护公众的知情权？

　　知情权是指知悉、获取信息的自由与权利，包括从官方或非官方知悉、获取相关信息，是公民作为民事主体所必须享有的人格权的一部分。在此次塑化剂风波中，社会公众从非官方的渠道获得了大量的信息，有来自白酒企业的，有来自专家学者的，有来自各种机构的，还有来自媒体的。信息不可谓不丰富，但问题也同样明显：各方的观点存在很大差异，多种声音、多种口径，有的甚至前后矛盾。在这种情况下，真理并非越辩越明，公众所期待的真相反而越发模糊。

　　对此，中央电视台主持人李小萌在《新闻 1＋1》栏目 12 月 14 日播出的《"塑化剂"风波，需要最权威的声音》中评论道："食品安全问题的警报几乎可以随时拉响，它的信息这种杀伤力所向披靡，人们最需要的并不是站在道德制高点上的口诛笔伐，也不是说一个互相推诿的过程，更需要的是真相，只有真相才能够平息风波，然而真相却就像是沙漠里的一滴水一样，弥足珍贵，甚至是稍纵即逝，怎么会这样？……为什么我们期待的官方声音这么迟迟不来？"①

三　政府失声的影响

企业社会责任事件的发生不仅会影响到企业自身的利益，也会波及利益相关者，特别是一些食品生产企业所发生的责任缺失事件，更是与每一位社会公众的切身利益息息相关。因此，在企业社会责任事件爆发后，一方面，是社会各界对相关信息的需求量急剧上升，大家都渴望明白事情的真相，据此作出判断，以消除不确定性所带来的恐慌；另一方面，包括企业在内的各种组织、社会团体、专家学者、大众媒体会发出各种声音，各说各的理。如果在这时，政府部门不能及时出面给出一个明确的解释，不断增加的信息只会使事情变得更加混乱，质疑与恐慌将不断升级，从而导致事件愈演愈烈。

此次塑化剂风波中，政府的失声恰好印证了这一点。由于政府的缺位，塑化剂风波不但没有迅速平息，反而愈演愈烈，对白酒企业（行业）、政府形象等都产生了极为负面的影响。

首先，塑化剂风波不仅给涉事企业，而且给整个中国白酒行业都带来了沉重的打击。自 11 月 19 日酒鬼酒因爆出塑化剂超标而停牌后，19 日白酒股集体暴跌，市值一天蒸发了 330 亿元。23 日酒鬼酒复牌，但开盘即跌停，拖累整个白酒板块走势低迷。据 Wind 统计，19 日酒鬼酒塑化剂风波爆发至 22 日的 4 个交易日中，在交易的白酒股无一幸免，全部大幅下跌。剔除停牌的酒鬼酒，白酒板块区间累计均跌 7.52%，水井坊、老白干、五粮液跌幅居前，分别跌 12.85%、11.33%、11.16%。受股价大跌影响，白酒股市值 4 天累计蒸发了 436.2 亿元。市值蒸发最多的分别是五粮液、洋河、茅台，分别蒸发 130.96 亿元、125.82 亿元、73.81 亿元。由于具有放大效应，股市深受拖累。这对上市公司具有巨大的震慑力，因为股价下跌、市值缩水，不但损害企业形象，也会对后续的再融资、上项目产生实质性影响。

---

① 《"塑化剂"风波，需要最权威的声音》，《新闻 1 + 1》2012 年 12 月 14 日。

在塑化剂问题未得到真正解答之前，市场和消费者对整个白酒行业仍然没有信心。虽然从酒鬼酒到茅台、五粮液、洋河，4家酒企都否认存在塑化剂超标问题，但随着恐慌情绪蔓延，11月份以来白酒板块下跌近20%。在这场持续发酵的风波中，两大疑点有待解答。其一，白酒里的塑化剂到底从何而来？至今没有权威的监管部门给予解释。其二，卫生部关于食品塑化剂含量的相关规定是否适用于白酒行业目前仍存争议。上海市酒类流通行业协会秘书长瞿一鸣认为："酒企自称符合标准，没有足够的说服力。因为网民会觉得送检的产品都是企业挑好的，只有权威政府部门或者独立第三方机构从市场上直接抽检，才可对其产品质量下公正的结论。""白酒塑化剂事件一直没有官方答案，这酒以后还能喝不？"网友的疑问，道出了塑化剂风波蔓延1个月仍然无法画上句号的原因。① 然而，一个不容置疑的事实是，自11月19日塑化剂事件曝光不到1个月的时间，整个白酒板块市值损失逾1000亿元。

其次，塑化剂风波中，政府的缺位对政府形象带来了极为负面的影响，也对政府公信力提出了严峻挑战。针对政府在塑化剂风波中的缺位现象，国家行政学院教授汪玉凯指出："这对我们政府食品、药品安全这种公信力是很大的考验，我认为这个问题首先出来以后，政府应该快速地组织相关部门进行研究，拿出一些解决方案，我们现在白酒的状况如何，把这些最关键的问题，还有一些企业公布的信息到底有多大的真实性，告知公众。如果没有把这些最主要的东西及时给社会以回馈的话，我想老百姓对政府质疑的声音就不会小，所以从这个意义上讲，我认为政府在这方面应该说还有更大的改革空间、改进空间，要积极回馈公众的这样一种诉求和反映。"

"现在当一个食品安全事件出来之后，我们看到是这样的循环，事情出来了，公众忧心忡忡，媒体口诛笔伐，企业疲于应对，舆论乘势而上，然后慢慢归于平淡，坐等下一个事件再次出现，而一个正常的循环应该是事件出来了，主管机构立马出手，主导调查来进行一切该做的事情，其实这个时候产品可以下架，企业可以倒闭，但是监管机构却是铁打的营盘，

---

① 《塑化剂事件第三波来袭，股民用钱为食品安全投票》，《东方早报》2012年12月15日。

是信心最后的保障。"① 在塑化剂风波中，面对各种舆论的甚嚣尘上，政府一而再、再而三的失声行为给公众传递了一个非常消极的信号：政府对公众诉求的漠然与职能的缺位。长此以往，不仅会贬损自身形象，而且会失信于民。因此，在塑化剂风波中，在多种声音的争辩中，更需要政府权威的声音，只有权威的机构才能给公众一个满意的解答，这样事态才能够平息，才能够保护我们的民族品牌白酒，才能够树立起政府的威信。

四　政府如何不再失声

白酒塑化剂事件持续至今仍然没有定论，大家还在焦急地等待政府部门给出权威的解释。因此，我们不得不思考：当类似事件发生后，政府部门如何不再失声？

首先，政府部门应该增强企业社会责任引导与管理意识。塑化剂风波中的政府缺位现象反映出的一个基本问题就是，政府部门对企业社会责任的引导与管理意识还存在很大的提升空间。企业社会责任事件往往关系到社会的方方面面，既影响企业本身，也对政府的执政能力提出了严峻的挑战。因此，政府部门应提高警惕，加强企业社会责任意识，提高应对企业社会责任事件的管理水平。

其次，政府部门应建立企业社会责任应急反应机制。近些年来，企业社会责任事件屡见不鲜，特别是一些食品、药品领域的社会责任事件更是牵动着社会大众的每一根神经。因此，在提高企业社会责任意识的同时，政府部门还应该建立企业社会责任突发事件反应机制，只有这样，才能对事件做出快速的反应，避免事件蔓延开来，给企业、利益相关者及整个社会带来不必要的影响。

再次，政府部门应不断完善企业社会责任相关标准与法律。在谈到塑化剂风波中政府缺位的可能原因时，国家行政学院的汪玉凯教授分析认为，政府部门在制定食品、药品安全标准过程中，没有制定白酒方面的相关标准是导致政府失声，不能很快给公众和社会一个回应的主要原因之一。标准的缺失，使得政府无法给出权威的解释，同时也导致了社会上有

---

① 《"塑化剂"风波，需要最权威的声音》，《新闻1＋1》2012年12月14日。

关塑化剂超标有无标准、报告所称超标是否属实之争。因此，尽快制定和完善企业社会责任相关标准与法律，是政府企业社会责任建设中的当务之急。

最后，政府部门应重视并积极回馈社会公众的诉求。"取信于民"是政府执政的基础。作为公共权力的行使者和公共利益的代表者，政府有义务对公众关心的问题给予及时的回馈。企业的产品出现问题，直接影响消费者的身心健康，牵涉公众的切身利益，因此，政府部门理应在第一时间澄清事实，给广大公众一个说法，然而，在此次塑化剂风波中的政府表现着实让公众失望。因此，在面对企业社会责任事件时，政府部门应高度重视社会公众的呼声，并积极对其诉求给予回馈，满足公众的知情权，切实发挥政府部门在企业社会责任传播中的积极作用。

后　记

　　本书是我国第一部有关企业社会责任传播理论与实践研究的著作，是由乐施会资助、中国人民大学新闻与社会发展研究中心新闻伦理与法规研究所承担的研究项目——"媒介传播与社会发展视野下的企业社会责任"的最终成果。

　　在课题从 2012 年 4 月立项到 2014 年 5 月完成研究报告的两年多时间里，乐施会企业社会责任政策倡导部项目经理梅家永和项目专员王轩、贾丽杰持续支持、关注研究进展，与课题组联手举办企业社会责任传播的媒体研讨会，并提供了大量国内外企业社会责任的前沿资料，使课题研究获得国际视野，并形成理论与实践相结合的特点。

　　本课题研究得到中国人民大学新闻学院执行院长倪宁教授，中国人民大学新闻与社会发展研究中心主任、中国人民大学新闻学院郑保卫教授和杨保军教授的指导和帮助。他们的帮助使本研究得以具备较为深厚的理论根基，较好地开垦了企业社会责任传播这一传播学研究的处女地。

　　在本书的写作过程中，乐施会、中国纺织工业联合会社会责任办公室、公众环境研究中心、社会资源研究所等机构，《人民日报》《中国新闻周刊》《南方周末》《新京报》《第一财经日报》《法制日报》《每日经济新闻》以及中国网等媒体给予了大力支持，在此一并表示诚挚的谢意！

　　课题组由中国人民大学新闻与社会发展研究中心研究员兼博士生导师、重庆大学新闻学院特聘教授陈绚领衔负责，山东大学（威海）文化传播学院副教授、中国人民大学传播学博士张文祥和东北林业大学文法学院教师、中国人民大学新闻学院博士生李新颖执笔。

　　本书吸收借鉴了诸多学界同仁的研究成果，但一定还存在不少不足之处，我们诚恳地期待各位贤达先进赐教。

作者
2014 年 6 月 4 日

图书在版编目（CIP）数据

企业社会责任传播：理论与实践/张文祥，李新颖著.—北京：
社会科学文献出版社，2014.10
ISBN 978 - 7 - 5097 - 6384 - 1

Ⅰ.①企…　Ⅱ.①张…②李…　Ⅲ.①企业责任 - 社会责任 -
研究 - 中国　Ⅳ.①F279.2

中国版本图书馆 CIP 数据核字（2014）第 193804 号

企业社会责任传播：理论与实践

著　　者/张文祥　李新颖

出　版　人/谢寿光
项目统筹/周　琼
责任编辑/单远举　关晶焱

出　　版/社会科学文献出版社·社会政法分社（010）59367156
　　　　　地址：北京市北三环中路甲 29 号院华龙大厦　邮编：100029
　　　　　网址：www.ssap.com.cn
发　　行/市场营销中心（010）59367081　59367090
　　　　　读者服务中心（010）59367028
印　　装/三河市尚艺印装有限公司

规　　格/开本：787mm×1092mm　1/16
　　　　　印张：13.75　字数：217 千字
版　　次/2014 年 10 月第 1 版　2014 年 10 月第 1 次印刷
书　　号/ISBN 978 - 7 - 5097 - 6384 - 1
定　　价/56.00 元